超ビジュアル！　歴史人物伝

織《お》田《だ》信《のぶ》長《なが》

矢部健太郎／監修

西東社

織《お》田《だ》信《のぶ》長《なが》 大《だい》解《かい》剖《ぼう》!!
これが織《お》田《だ》信《のぶ》長《なが》だ!!
身長は約《やく》170cm
やせ型《がた》で筋《きん》肉《にく》質《しつ》!
性《せい》格《かく》は恐《こわ》い!
たまに
とてもやさしい!
生《せい》年《ねん》月《がっ》日《ぴ》は
1534年5月12日
戦《せん》国《ごく》大《だい》名《みょう》たちが
領《りょう》土《ど》を広げようと
各《かく》地《ち》で争《あらそ》った戦《せん》国《ごく》時代、
天下をほぼ統《とう》一《いつ》した!

肖像《しょうぞう》

肩衣袴姿《かたぎぬばかますがた》の信長像《のぶながぞう》

信長《のぶなが》の死から1年後
にえがかれた肖像画《しょうぞうが》。

長興寺所蔵・豊田市郷土資料館写真提供

出身地《しゅっしんち》は尾張《おわり》(現在《げんざい》の愛知県《あいちけん》)

両親は

父・織田《おだ》信秀《のぶひで》

母・土田《どた》御前《ごぜん》

肖像《しょうぞう》

束帯姿《そくたいすがた》の信長像《のぶながぞう》

朝廷《ちょうてい》の儀式《ぎしき》での正装《せいそう》
「束帯《そくたい》」を着た信長《のぶなが》。

きょうだいは

弟・織田《おだ》信行《のぶゆき》

妹・お市《いち》の方《かた》

死亡年月日《しぼうねんがっぴ》は
1582年6月2日
享年《きょうねん》49歳《さい》(満《まん》47歳《さい》11か月)
本能寺《ほんのうじ》の変《へん》で自害《じがい》

神戸市立博物館所蔵・Photo : Kobe City Museum / DNPartcom

信《のぶ》長《なが》の人物相《そう》関《かん》図《ず》!!

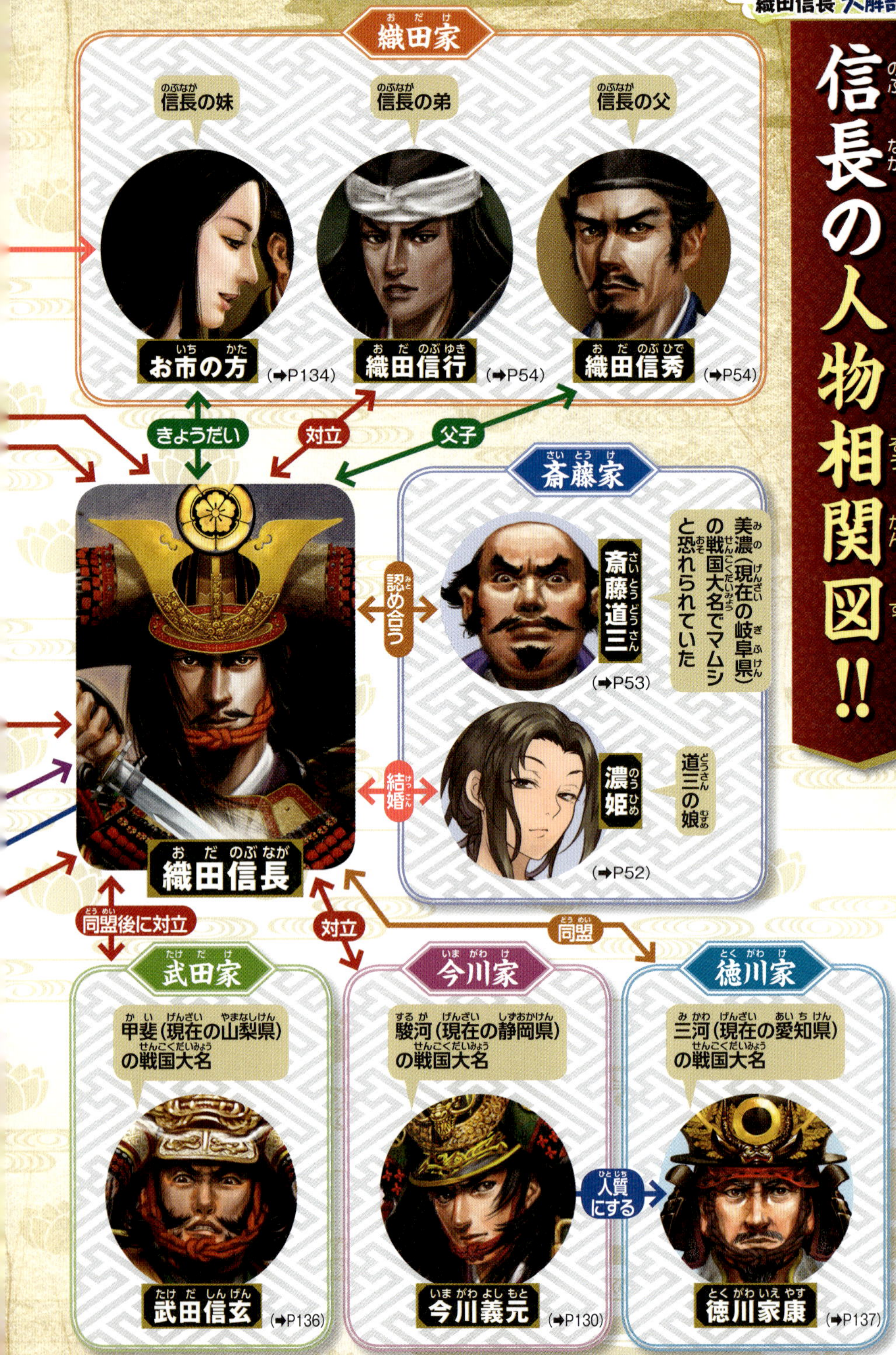

織田家《おだけ》
信長《のぶなが》の妹
お市《いち》の方《かた》
(➡P134)
信長《のぶなが》の弟
織田信行《おだのぶゆき》
(➡P54)
信長《のぶなが》の父
織田信秀《おだのぶひで》
(➡P54)
きょうだい
対立
父子
織田信長《おだのぶなが》
斎藤家《さいとうけ》
認《みと》め合う
斎藤道三《さいとうどうさん》
美濃《みの》(現在《げんざい》の岐阜県《ぎふけん》)の戦国大名《せんごくだいみょう》でマムシと恐《おそ》れられていた
(➡P53)
結婚《けっこん》
濃姫《のうひめ》
道三《どうさん》の娘《むすめ》
(➡P52)
同盟後《どうめい》に対立
対立
同盟《どうめい》
武田家《たけだけ》
甲斐《かい》(現在《げんざい》の山梨県《やまなしけん》)の戦国大名《せんごくだいみょう》
武田信玄《たけだしんげん》
(➡P136)
今川家《いまがわけ》
駿河《するが》(現在《げんざい》の静岡県《しずおかけん》)の戦国大名《せんごくだいみょう》
今川義元《いまがわよしもと》
(➡P130)
人質《ひとじち》にする
徳川家《とくがわけ》
三河《みかわ》(現在《げんざい》の愛知県《あいちけん》)の戦国大名《せんごくだいみょう》
徳川家康《とくがわいえやす》
(➡P137)

上杉家《うえすぎけ》

越後《えちご》（現在《げんざい》の新潟県《にいがたけん》）の戦国大名《せんごくだいみょう》

上杉謙信《うえすぎけんしん》（➡P203）

朝倉家《あさくらけ》

越前《えちぜん》（現在《げんざい》の福井県《ふくいけん》）の戦国大名《せんごくだいみょう》

朝倉義景《あさくらよしかげ》（➡P133）

同盟《どうめい》

浅井家《あざいけ》

近江《おうみ》（現在《げんざい》の滋賀県《しがけん》）の戦国大名《せんごくだいみょう》

浅井長政《あざいながまさ》（➡P132）

結婚《けっこん》

同盟後《どうめいご》に対立

対立

合戦《かっせん》で勝利《しょうり》

信長《のぶなが》の家臣団《かしんだん》

北陸《ほくりく》地方を攻《せ》める軍団長《ぐんだんちょう》

柴田勝家《しばたかついえ》（➡P55）

農民《のうみん》出身で、中国《ちゅうごく》地方の毛利《もうり》攻《ぜ》めの軍団長《ぐんだんちょう》

豊臣秀吉《とよとみひでよし》（➡P131）

明智光秀《あけちみつひで》（➡P224）

本能寺《ほんのうじ》の変《へん》を起こす

松永久秀《まつながひさひで》（➡P201）

信貴山城《しぎさんじょう》の戦《たたか》いを起こす

荒木村重《あらきむらしげ》（➡P202）

有岡城《ありおかじょう》の戦《たたか》いを起こす

信長《のぶなが》を裏切《うらぎ》る

石山本願寺《いしやまほんがんじ》

石山本願寺《いしやまほんがんじ》（大阪府《おおさかふ》）のリーダー

顕如《けんにょ》（➡P135）

対立

利用《りよう》

反乱《はんらん》

足利将軍家《あしかがしょうぐんけ》

室町幕府《むろまちばくふ》15代将軍《しょうぐん》

足利義昭《あしかがよしあき》（➡P134）

これが信《のぶ》長《なが》の人生だ!!

14歳《さい》 1547年 はじめて合戦《かっせん》で戦《たたか》う

➡P28

吉良《きら》・大浜《おおはま》の戦《たたか》いではじめて合戦《かっせん》に参《さん》加《か》する。

15歳《さい》 1548年 濃姫《のうひめ》と結婚《けっこん》する

➡P30

斎藤道三《さいとうどうさん》の娘《むすめ》・濃姫《のうひめ》と結婚《けっこん》する。

20歳《さい》 1553年 斎藤道三《さいとうどうさん》と会う

➡P46

道三《どうさん》に自分の能力《のうりょく》を認《みと》めさせる。

23歳《さい》 1556年 稲生《いのう》の戦《たたか》い

➡P48

弟の信行《のぶゆき》と争《あらそ》って勝利《しょうり》する。

27歳《さい》 1560年 桶狭間《おけはざま》の戦《たたか》い

➡P66

今川義元《いまがわよしもと》を奇襲攻撃《きしゅうこうげき》でうち取る。

各地《かくち》の戦国大名《せんごくだいみょう》が領地《りょうち》の拡大《かくだい》を目指す中、
わしは全国の約《やく》3分の1を支配《しはい》したのだ!

34歳《さい》 1567年 稲《いな》葉《ば》山《やま》城《じょう》の戦《たたか》い

➡P68

斎藤氏《さいとうし》から美濃《みの》をうばい取る。

35歳《さい》 1568年 浅《あざ》井《い》長《なが》政《まさ》と同《どう》盟《めい》を結《むす》ぶ

➡P70

妹・お市《いち》の方《かた》と浅井長政《あざいながまさ》を結婚《けっこん》させて、同盟《どうめい》を結《むす》ぶ。

35歳《さい》 1568年 足《あし》利《かが》義《よし》昭《あき》を将《しょう》軍《ぐん》にする

➡P90

京都《きょうと》に入り、義昭《よしあき》を室町幕府《むろまちばくふ》15代将軍《しょうぐん》にする。

37歳《さい》 1570年 金《かね》ケ《が》崎《さき》の戦《たたか》い

➡P94

朝倉氏《あさくらし》を攻撃《こうげき》中、浅井長政《あざいながまさ》に裏切《うらぎ》られる。

37歳《さい》 1570年 姉《あね》川《がわ》の戦《たたか》い

➡P96

徳川家康《とくがわいえやす》とともに、浅井《あざい》・朝倉軍《あさくらぐん》と戦《たたか》って勝利《しょうり》する。

37歳《さい》 1570年 石《いし》山《やま》合《かっ》戦《せん》がはじまる

➡P112

石山本願寺《いしやまほんがんじ》(大阪府《おおさかふ》)との合戦《かっせん》を開始する。

P8へ

38歳《さい》 1571年

比叡山《ひえいざん》を焼《や》き打ちにする

➡P116

比叡山延暦寺《ひえいざんえんりゃくじ》を火《ひ》攻《ぜ》めにして、僧《そう》たちを殺《ころ》す。

信長《のぶなが》が室町幕府《むろまちばくふ》をほろぼす

40歳《さい》 1573年

一乗谷城《いちじょうだにじょう》の戦《たたか》い

➡P120

朝倉義景《あさくらよしかげ》を一乗谷《いちじょうだに》に追いつめ、朝倉《あさくら》氏《し》をほろぼす。

41歳《さい》 1574年

伊勢長島一揆《いせながしまいっき》（第三次）

➡P124

長島《ながしま》の一向一揆軍《いっこういっきぐん》を皆殺《みなごろ》しにする。

42歳《さい》 1575年

長篠《ながしの》の戦《たたか》い

➡P150

武田騎馬隊《たけだきばたい》を大量《たいりょう》の鉄砲《てっぽう》を使って破《やぶ》る。

43歳《さい》 1576年

天王寺《てんのうじ》の戦《たたか》い

➡P154

天王寺砦《てんのうじとりで》の明智光秀《あけちみつひで》をたすけに向かう。

43歳《さい》 1576年

安土城《あづちじょう》を築《きず》きはじめる

➡P172

琵琶湖《びわこ》の東岸に豪華《ごうか》な安土城《あづちじょう》をつくる。

44歳《さい》

1577年

➡P160

手取川《てどりがわ》の戦《たたか》い

上杉謙信《うえすぎけんしん》が柴田勝家《しばたかついえ》の率《ひき》いる織田軍《おだぐん》を破《やぶ》る。

45歳《さい》

1578年

➡P178

木津川口《きづがわぐち》の戦《たたか》い（第二次）

鉄甲船《てっこうせん》で毛利水軍《もうりすいぐん》の火攻《ひぜ》めをはね返す。

45歳《さい》

1578年

➡P180

有岡城《ありおかじょう》の戦《たたか》い

裏切《うらぎ》って、有岡城《ありおかじょう》に立てこもった荒木村重《あらきむらしげ》を破《やぶ》る。

48歳《さい》

1581年

➡P186

京都《きょうと》で馬揃《うまぞろ》えをおこなう

天皇《てんのう》を迎《むか》えて馬の行進をおこない、自分が天下人であることを示《しめ》す。

49歳《さい》

1582年

➡P190

天目山《てんもくざん》の戦《たたか》い

武田勝頼《たけだかつより》を追いつめて自害《じがい》させる。

49歳《さい》

1582年

➡P212

本能寺《ほんのうじ》の変《へん》

家臣《かしん》の明智光秀《あけちみつひで》の裏切《うらぎ》りによって本能寺《ほんのうじ》で自ら命を絶《た》つ。

信長《のぶなが》ゆかりの地!!

尾張《おわり》(現在《げんざい》の愛知県《あいちけん》)に生まれた信長《のぶなが》。尾張周辺《おわりしゅうへん》には古戦場《こせんじょう》や城跡《しろあと》などが残《のこ》っている。

延暦寺《えんりゃくじ》

天台宗《てんだいしゅう》の総本山《そうほんざん》で、信長《のぶなが》によって焼《や》き打ちにされたが、豊臣秀吉《とよとみひでよし》が再建《さいけん》した(滋賀県《しがけん》)。

一乗谷城跡《いちじょうだにじょうあと》

信長《のぶなが》に攻《せ》められた朝倉義景《あさくらよしかげ》の本拠地《ほんきょち》。写真の唐門《からもん》は再建《さいけん》されたもの(福井県《ふくいけん》)。

1582年5月頃《ごろ》の
信長《のぶなが》の勢力図《せいりょくず》
福井市《ふくいし》
比叡山《ひえいざん》
京都市《きょうとし》
大阪市《おおさかし》
P11地図

長篠城《ながしのじょう》
長篠《ながしの》の戦《たたか》い

石山本願寺跡《いしやまほんがんじあと》

信長《のぶなが》に10年間抵抗《ていこう》した石山《いしやま》本願寺《ほんがんじ》は、現在《げんざい》の大阪城《おおさかじょう》の場所にあった。

本能寺跡

本能寺跡《ほんのうじあと》

信長《のぶなが》が明智光秀《あけちみつひで》におそわれた本能寺《ほんのうじ》の場所には、現在《げんざい》、石碑《せきひ》が立っている。

わしはおもに東《とう》海《かい》・近畿《きんき》地方で戦《たたか》ったのだ!

姉川古戦場《あねがわこせんじょう》

姉川《あねがわ》の戦《たたか》いがおこなわれた場所。戦《たたか》いの後、川は血で染《そ》まったという（滋賀県《しがけん》）。

小谷城跡《おだにじょうあと》

信長《のぶなが》にほろぼされた浅井氏《あざいし》の本拠地《ほんきょち》で、現在《げんざい》は石垣《いしがき》などが残《のこ》る（滋賀県《しがけん》）。

岐阜城《ぎふじょう》

信長《のぶなが》は、斎藤氏《さいとうし》からうばった稲葉山城《いなばやまじょう》を改造《かいぞう》し、岐阜城《ぎふじょう》と改《あらた》めた（岐阜県《ぎふけん》）。

戦国《せんごく》時代の尾張周辺《おわりしゅうへん》地図

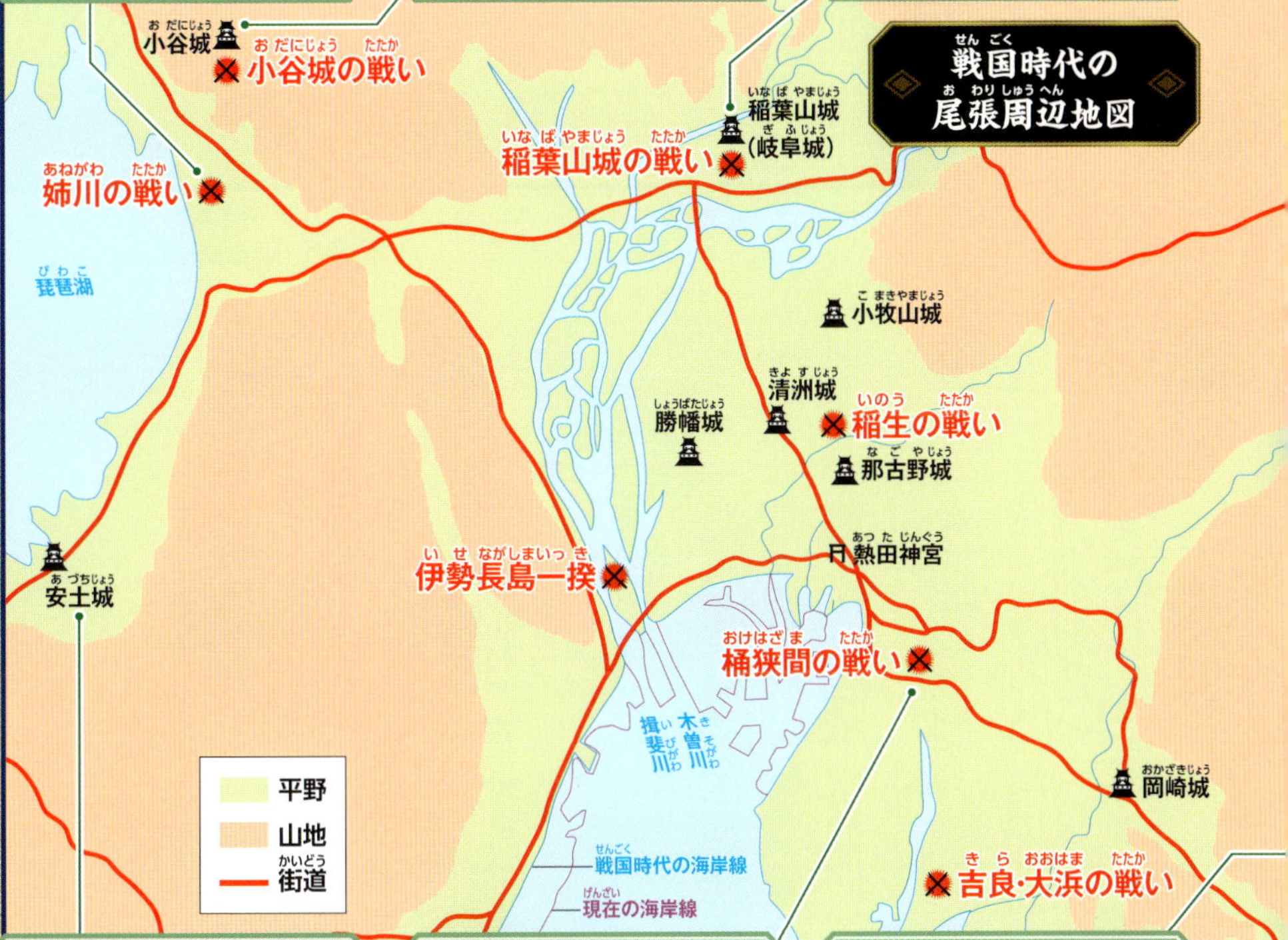

小谷城《おだにじょう》
小谷城《おだにじょう》の戦《たたか》い
姉川《あねがわ》の戦《たたか》い
琵琶湖《びわこ》
稲葉山城《いなばやまじょう》（岐阜城《ぎふじょう》）
稲葉山城《いなばやまじょう》の戦《たたか》い
小牧山城《こまきやまじょう》
清洲城《きよすじょう》
勝幡城《しょうばたじょう》
稲生《いのう》の戦《たたか》い
那古野城《なごやじょう》
熱田神宮《あつたじんぐう》
安土城《あづちじょう》
伊勢長島一揆《いせながしまいっき》
桶狭間《おけはざま》の戦《たたか》い
揖斐川《いびがわ》
木曽川《きそがわ》
岡崎城《おかざきじょう》
平野
山地
街道《かいどう》
戦国《せんごく》時代の海岸線
現在《げんざい》の海岸線
吉良《きら》・大浜《おおはま》の戦《たたか》い

安土城址

安土城跡《あづちじょうあと》

信長《のぶなが》が築《きず》いた安土城《あづちじょう》は完成《かんせい》から３年後に焼失《しょうしつ》し、現在《げんざい》は石垣《いしがき》だけが残《のこ》る（滋賀県《しがけん》）。

桶狭間古戦場《おけはざまこせんじょう》

信長《のぶなが》が今川義元《いまがわよしもと》をうち取った桶狭間《おけはざま》には、信長《のぶなが》と義元《よしもと》の銅《どう》像《ぞう》が立っている（愛知県《あいちけん》）。

長篠《ながしの》・設楽原古戦場《したらがはらこせんじょう》

長篠《ながしの》の戦《たたか》いで信長《のぶなが》が武田騎馬《たけだきば》隊《たい》を破《やぶ》った設楽原《したらがはら》には、馬防《ばぼう》柵《さく》が復元《ふくげん》されている（愛知県《あいちけん》）。

超ビジュアル！ 歴史人物伝

織田《おだ》信長《のぶなが》

もくじ

織田《おだ》信長《のぶなが》 大解剖《だいかいぼう》!!

1章 尾張《おわり》の大うつけ

2章 天下統一《とういつ》への道

3章 覇王《はおう》の快進撃《かいしんげき》

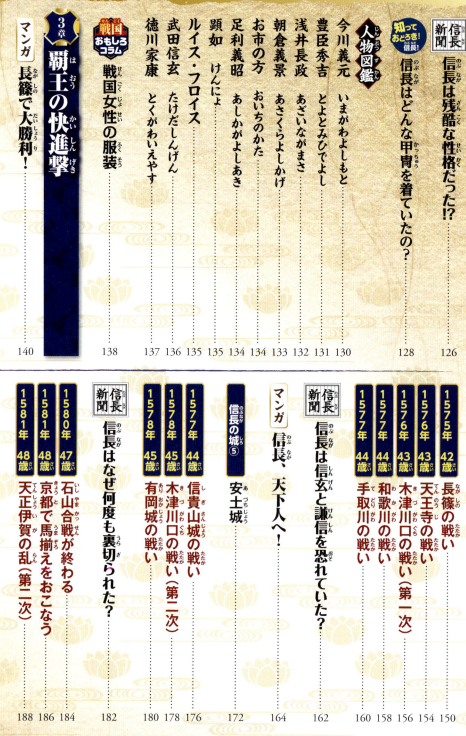

4章 本能寺《ほんのうじ》に散《ち》る

この本の使い方

信長《のぶなが》の年齢《ねんれい》

できごとが起きたときの信長《のぶなが》の年齢《ねんれい》を示《しめ》しています。

できごとイラスト

できごとの場面をイラストで再現《さいげん》しています。想像《そうぞう》でえがいた場面もあります。

西暦《せいれき》と年齢《ねんれい》

できごとが起きた年と、そのときの信長《のぶなが》の年齢《ねんれい》を記しています。

1553年
20歳
道三は信長のすごさにおどろく!
斎藤道三と会う

ビジュアル資料《しりょう》

できごとに関連《かんれん》する絵や写真などの資料《しりょう》です。

地図

できごとや合戦《かっせん》が起きた場所を示《しめ》しています。

できごと

信長《のぶなが》の人生で起こった重要《じゅうよう》なできごとを取り上げて紹介《しょうかい》しています。

人物のプロフィール

重要《じゅうよう》な人物を取り上げて、どのような人物だったかを簡単《かんたん》に説明《せつめい》しています。各章《かくしょう》の最後《さいご》の「人物図鑑《じんぶつずかん》」で、さらにくわしく説明《せつめい》しています。

なるほどエピソード

紹介《しょうかい》したできごとに関連《かんれん》するエピソードを紹《しょう》介《かい》します。

トンデモ伝説《でんせつ》!

信長《のぶなが》に関《かん》する信《しん》じられないようなエピソードを紹介《しょうかい》します。

発見《はっけん》!

現在《げんざい》でも見ることができる史《し》跡《せき》などです。

ウソ!ホント!?

絶対《ぜったい》に本当とは言えないけれど、おどろくような説《せつ》を紹介《しょうかい》します。

名勝負

信長《のぶなが》に関連《かんれん》する人物の合戦《かっせん》を取り上げて解説《かいせつ》します。

- 年齢《ねんれい》は数え年(生まれた年を「1歳《さい》」として、以降《いこう》1月1日を迎《むか》えるたびに1歳《さい》ずつ増《ふ》やして数える年齢《ねんれい》)で示《しめ》しています。
- マンガ、イラストは基本的《きほんてき》に史実《しじつ》に基《もと》づいていますが、想像《そうぞう》でえがいた場面もあります。
- 人物の生没年《せいぼつねん》、できごとの日時・場所などには別の説《せつ》がある場合もあります。
- 人物の名前が複数《ふくすう》ある場合は最《もっと》も一般的《いっぱんてき》なものに統一《とういつ》しています。

1章

尾《お》張《わり》の大うつけ

ゴオオ
1547年
吉良《きら》・大浜《おおはま》
（現在《げんざい》の愛知県《あいちけん》）——
今川勢《いまがわぜい》の砦《とりで》は
これで全部
燃《も》やしたな……
しかし敵《てき》は多いし
もどるしかないか……
これで帰るのは
つまらんな……
のう、じい……
今に見て
おれよ！

＊世話や教育をする役職《やくしょく》

＊尾張《おわり》(現在《げんざい》の愛知県《あいちけん》)南部を支配《しはい》していた織田氏《おだし》の当主。

今日からこいつは
わしの家来じゃ！
テテーーーーン・
はい!?
村が焼《や》かれて行く当てもないというので、連《つ》れてきた！
ビシバシきたえるぞ!!
信長《のぶなが》の家臣《かしん》には、両親を失《うしな》った子や農民《のうみん》出身の者が多かったという——
まぁ……
家来選《えら》びも才能《さいのう》のうちじゃな
……

＊ポルトガルやスペインなどのこと。

南蛮《なんばん》は進んでおる！
チャッ
これを大量《たいりょう》に使えばどんな合戦《かっせん》にも勝てるだろう
すべての戦《たたか》いに勝てば、戦《たたか》いの世は終わる
戦《たたか》いがなくなれば世の中は平和になる
だから、わしは天下を統一《とういつ》する
そのために
竹千代《たけちよ》、小助《こすけ》、わしとともに戦《たたか》おうぞ！
ところでその小助というのは…
おまえの名だ！
今考えた!!
ええ～…

この頃《ころ》、織田信秀《おだのぶひで》の最大《さいだい》の敵《てき》は美濃《みの》(現在《げんざい》の岐阜県《ぎふけん》)の戦国大名《せんごくだいみょう》・斎藤道三《さいとうどうさん》だった。
斎藤道三《さいとうどうさん》
道三《どうさん》に負け続《つづ》けていた信秀《のぶひで》は、仲直《なかなお》りをするため、信長《のぶなが》と道三《どうさん》の娘《むすめ》・帰蝶《きちょう》(濃姫《のうひめ》)との結婚《けっこん》を提案《ていあん》した。
結婚《けっこん》すれば、ついでに跡取《あとと》りの自覚《じかく》も芽生《めば》えましょうぞ!
なんだついでって
美濃《みの》——
ほおう!
信秀《のぶひで》め、おもしろいことを言う!
おまえと織田《おだ》の跡取《あとと》り息子を結婚《けっこん》させろだと
まぁ……!
道三《どうさん》の娘《むすめ》
帰蝶《きちょう》(濃姫《のうひめ》)

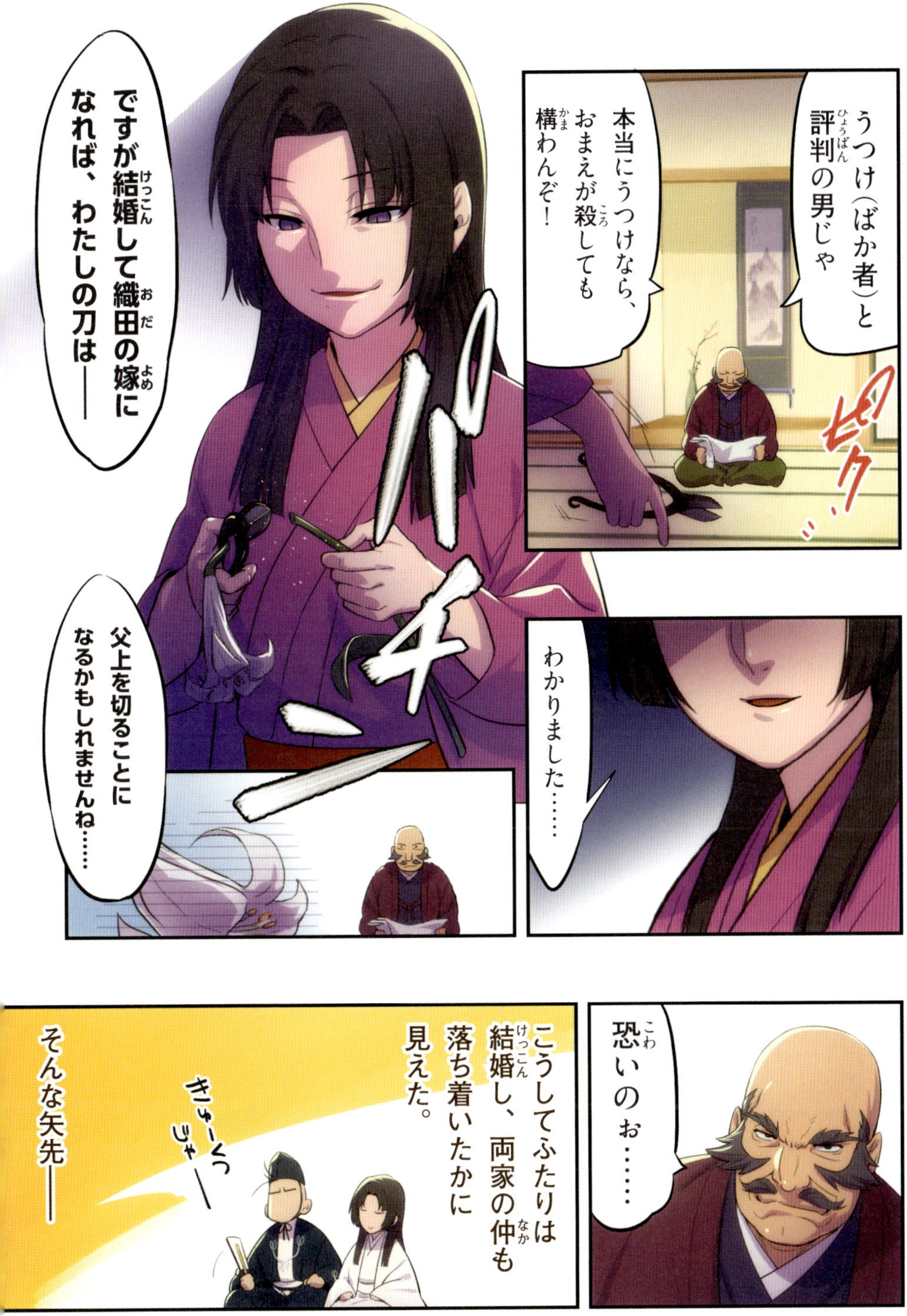
うつけ（ばか者）と評判《ひょうばん》の男じゃ
本当にうつけなら、おまえが殺《ころ》しても構《かま》わんぞ！
ピク
ですが結婚《けっこん》して織田《おだ》の嫁《よめ》になれば、わたしの刀は――
わかりました……
父上を切ることになるかもしれませんね……
恐《こわ》いのぉ……
こうしてふたりは結婚《けっこん》し、両家の仲《なか》も落ち着いたかに見えた。
きゅーくつじゃー
そんな矢先――

1551年
父・信秀《のぶひで》が病気のため
突然《とつぜん》この世を去った——
ばっ!
えっ!
ちょっ……
信長様《のぶながさま》!?
どよ どよ
信長様《のぶながさま》!
なぜあんな!
ばか者……
勝手に死におって……!
あっ……

ドカカッ
ドカッ
なんということを……
ザワ
ザワ
ザワ
あれが当主になるのか！
これで織田《おだ》家《け》も終わりだ！
政秀《まさひで》は信長《のぶなが》をいさめるために、自ら命を絶《た》った。
ダン！
くそっ!!
じいまでっ！
なぜっ……待てなかった!!
『わしはいつか 天下を取る！』
ちくしょう……っ!!

1547年
14歳《さい》

はじめて合戦《かっせん》で戦《たたか》う

火攻《ひぜ》めで今川軍《いまがわぐん》を攻撃《こうげき》して活躍《かつやく》する

1534年、尾張《おわり》(現在《げんざい》の愛知《あいち》県《けん》)南部を支配《しはい》していた織田信秀《おだのぶひで》に、男の子が生まれ、吉法師《きっぽうし》と名づけられた。吉法師《きっぽうし》は2歳《さい》で那古《なご》野城《やじょう》(⬇P32)を与《あた》えられ、13歳《さい》で元服《げんぷく》(大人になるための儀式《ぎしき》)をおこない、「信長《のぶなが》」と名乗った。

その翌年《よくとし》、駿河《するが》(現在《げんざい》の静岡県《しずおかけん》)の今川氏《いまがわし》が織田《おだ》の領地《りょうち》の吉良《きら》・大浜《おおはま》(現在《げんざい》の愛知県《あいちけん》)に攻《せ》めこんできた。信長《のぶなが》は今川軍《いまがわぐん》を迎《むか》えうつため、守役《もりやく》(世話役)の平手政秀《ひらてまさひで》とともに、はじめて戦《たたか》いに参加《さんか》した。

信長《のぶなが》は風が強い日に今川軍《いまがわぐん》の陣《じん》地《ち》に一気に攻《せ》めこみ、砦《とりで》などを火矢で攻撃《こうげき》した。しかし、織田軍《おだぐん》は今川軍《いまがわぐん》よりも兵力《へいりょく》が少なかったので、信長《のぶなが》は反撃《はんげき》されないよう、次の日には那古野城《なごやじょう》に帰った。父の信秀《のぶひで》は、信長《のぶなが》の見事な

吉良《きら》・大浜《おおはま》の戦《たたか》いの流れ

1 今川軍《いまがわぐん》が尾張《おわり》に攻《せ》めこむ

駿河《するが》の今川義元軍《いまがわよしもとぐん》が、尾張《おわり》の織田信秀《おだのぶひで》の領地《りょうち》に攻《せ》めこみ、吉良《きら》・大浜《おおはま》を支配《しはい》した。

2 信長《のぶなが》が軍《ぐん》を率《ひき》いて出発する

信秀《のぶひで》から今川軍《いまがわぐん》と戦《たたか》うように命じられた信長《のぶなが》は、平手政秀《ひらてまさひで》らとともに那古野城《なごやじょう》を出発し、吉良《きら》・大浜《おおはま》に向かった。

3 吉良《きら》・大浜《おおはま》の砦《とりで》に火矢を放つ

信長《のぶなが》は風の強い日に、吉良《きら》・大浜《おおはま》に攻《せ》めこみ、今川軍《いまがわぐん》の砦《とりで》などに火矢を放った。信長《のぶなが》は翌日《よくじつ》には那古野城《なごやじょう》に帰った。

信長《のぶなが》は最初《さいしょ》の合戦《かっせん》で活躍《かつやく》する！

火矢で攻撃《こうげき》する信長《のぶなが》

吉良《きら》・大浜《おおはま》に出撃《しゅつげき》した信長《のぶなが》は、敵《てき》の陣地《じんち》などに火矢を放って攻撃《こうげき》した。

戦《たたか》いぶりを喜《よろこ》んだという。

しかしその後、信長《のぶなが》は、しだいに変《か》わった行動をとるようになった。派手《はで》な服装《ふくそう》をして、柿《かき》などをかじりながら町中を歩き回っていたので、世間の人びとから「尾張《おわり》の大うつけ（大ばか者）」と呼《よ》ばれた。守役《もりやく》の政秀《まさひで》は、信長《のぶなが》の将来《しょうらい》をとても心配していたという。

1548年
15歳《さい》

濃姫《のうひめ》と結婚《けっこん》する

織田《おだ》家《け》と斎藤《さいとう》家《け》が同盟《どうめい》を結《むす》ぶ！

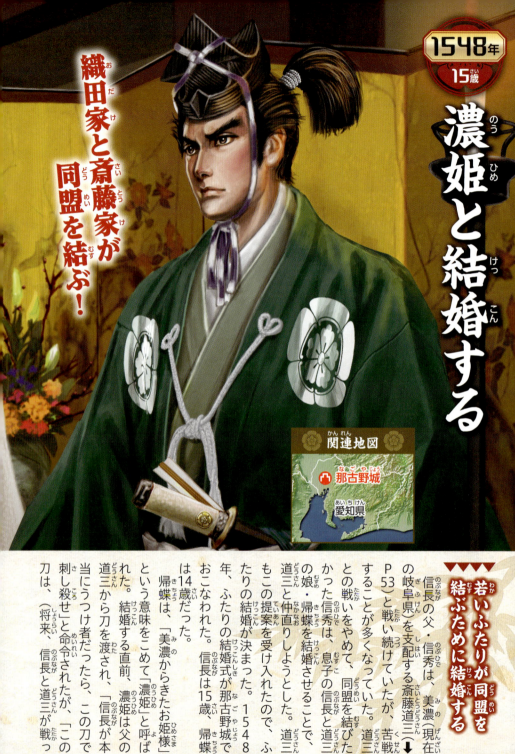

若《わか》いふたりが同盟《どうめい》を結《むす》ぶために結婚《けっこん》する

信長《のぶなが》の父・信秀《のぶひで》は、美濃《みの》（現在《げんざい》の岐阜県《ぎふけん》）を支配《しはい》する斎藤道三《さいとうどうさん》（⬇P53）と戦《たたか》い続《つづ》けていたが、苦戦《くせん》することが多くなっていた。道三《どうさん》との戦《たたか》いをやめて、同盟《どうめい》を結《むす》びたかった信秀《のぶひで》は、息子《むすこ》の信長《のぶなが》と道三《どうさん》の娘《むすめ》・帰蝶《きちょう》を結婚《けっこん》させることで、道三《どうさん》と仲直《なかなお》りしようとした。道三《どうさん》もこの提案《ていあん》を受け入れたので、ふたりの結婚《けっこん》が決まった。１５４８年、ふたりの結婚式《けっこんしき》が那古野城《なごやじょう》でおこなわれた。信長《のぶなが》は15歳《さい》、帰蝶《きちょう》は14歳《さい》だった。

帰蝶《きちょう》は、「美濃《みの》からきたお姫様《ひめさま》」という意味をこめて「濃姫《のうひめ》」と呼《よ》ばれた。結婚《けっこん》する直前、濃姫《のうひめ》は父の道三《どうさん》から刀を渡《わた》され、「信長《のぶなが》が本当にうつけ者だったら、この刀で刺《さ》し殺《ころ》せ」と命令《めいれい》されたが、「この刀は、（将来《しょうらい》、信長《のぶなが》と道三《どうさん》が戦《たたか》っ

信長《のぶなが》と濃姫《のうひめ》の結婚式《けっこんしき》

15歳《さい》の信長《のぶなが》は、14歳《さい》だった斎藤《さいとう》道三《どうさん》の娘《むすめ》・濃姫《のうひめ》と結婚《けっこん》した。

信長《のぶなが》と斎藤家《さいとうけ》の関係《かんけい》

※濃姫《のうひめ》と明智光秀《あけちみつひで》は、いとこどうしではなかったという説《せつ》もある。

濃姫《のうひめ》(1535〜1612?)

斎藤道三《さいとうどうさん》の娘《むすめ》で、信長《のぶなが》と結婚《けっこん》した。信長《のぶなが》との間に子どもはいなかった。本能寺《ほんのうじ》で信長《のぶなが》と一緒《いっしょ》に死んだという説《せつ》がある。(➡P52)

たときに)父上を刺《さ》す刀になるかもしれません」と答えたという。

ふたりが結婚《けっこん》する準備《じゅんび》を進めた守役《もりやく》(世話役)の平手政秀《ひらてまさひで》は、「結婚《けっこん》すれば、信長様《のぶながさま》も落ち着くはず」と考えていたが、信長《のぶなが》のうつけ行動は全然《ぜんぜん》直らなかったそうだ。

ウソ!ホント!?

戦国《せんごく》時代のお姫様《ひめさま》は人質《ひとじち》にされた!?

戦国武将《せんごくぶしょう》は、敵対《てきたい》する戦国大名《せんごくだいみょう》と同盟《どうめい》を結《むす》んだり、仲直《なかなお》りをしたりするときに、自分の娘《むすめ》や妹、姉などを敵《てき》の武将《ぶしょう》と結婚《けっこん》させることが多かった。もし、結婚《けっこん》後に裏切《うらぎ》ったら、殺《ころ》されることもあった。お姫様《ひめさま》たちは人質《ひとじち》だったのだ。

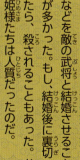

信長《のぶなが》の城《しろ》①

那《な》古《ご》野《や》城《じょう》

那古野城《なごやじょう》は、もともとは信長《のぶなが》の父が本拠地《ほんきょち》にした城《しろ》。「尾張《おわり》の大うつけ」と呼《よ》ばれた少年時代の信長《のぶなが》がすごし、濃姫《のうひめ》との結婚式《けっこんしき》もおこなわれた。

2歳《さい》の信長《のぶなが》が城主《じょうしゅ》となり少年時代をすごす

那古野城《なごやじょう》は、信長《のぶなが》の父・信秀《のぶひで》が今川氏《いまがわし》からうばった城《しろ》である。信《のぶ》秀《ひで》は那古野城《なごやじょう》を本拠地《ほんきょち》にすると、尾張《おわり》(現在《げんざい》の愛知県《あいちけん》)に支配地《しはいち》を広げていった。那古野城《なごやじょう》は土塁《どるい》や水《みず》堀《ぼり》で囲《かこ》まれた、防御力《ぼうぎょりょく》の高い城《しろ》だった。信秀《のぶひで》は2歳《さい》の信長《のぶなが》に那古《なご》野城《やじょう》をゆずると、新しく築《きず》いた古《ふる》渡城《わたりじょう》に移《うつ》った。

城主《じょうしゅ》となった信長《のぶなが》は、吉良《きら》・大《おお》浜《はま》の戦《たたか》いのとき那古野城《なごやじょう》から出陣《しゅつじん》した。濃姫《のうひめ》との結婚式《けっこんしき》も、この城《しろ》でおこなわれた。那古野城《なごやじょう》は、「尾張《おわり》の大うつけ」と呼《よ》ばれた少年時代の信長《のぶなが》がすごした城《しろ》だった。

城《しろ》の位置《いち》

なるほどエピソード

母と弟は那古野城《なごやじょう》に住まなかった!?

乱暴《らんぼう》な信長《のぶなが》を嫌《きら》っていた母の土田御前《どたごぜん》は、弟・信行《のぶゆき》を連《つ》れて、那古野城《なごやじょう》の東にある末森《すえもり》城《じょう》に一緒《いっしょ》に住んだ。父の信秀《のぶひで》は古渡城《ふるわたりじょう》に住んでいたため、少年時代の信長《のぶなが》は、両親と離《はな》れて、那古野城《なごやじょう》で暮《く》らしていたのだ。

那古野城《なごやじょう》の想像図《そうぞうず》

那古野城《なごやじょう》が、当時はどんな姿《すがた》だったのかわかっていないが、土塁《どるい》(土を盛《も》り上げてつくった壁《かべ》)で囲《かこ》まれ、川を水《みず》堀《ぼり》として利用《りよう》した城《しろ》だったと考えられている。信長《のぶなが》は、那古野城《なごやじょう》で生まれたとされる(勝幡城《しょうばたじょう》という説《せつ》もある)。

那古野城跡《なごやじょうあと》

那古野城《なごやじょう》のあった場所には、江戸《えど》時代に名古《なご》屋城《やじょう》が建《た》てられた。現在《げんざい》の名古屋城《なごやじょう》の二之丸《にのまる》には、那古野城跡《なごやじょうあと》を示《しめ》す石碑《せきひ》が立っている。

現在《げんざい》の名古屋城《なごやじょう》

徳川家康《とくがわいえやす》が那古野城《なごやじょう》のあった場所に築《きず》いた城《しろ》で、天守《てんしゅ》は1612年に完成《かんせい》した。

これが若《わか》き日の信長《のぶなが》だ!!

若《わか》い頃《ころ》の信長《のぶなが》は、「うつけ者」と呼《よ》ばれたように、とても派手《はで》な格好《かっこう》をしていた。また、鉄砲《てっぽう》の練習に打ちこみ、槍《やり》を長くするといった工夫《くふう》もしていた。

信長《のぶなが》の「うつけ者」姿《すがた》

若《わか》い頃《ころ》の信長《のぶなが》は、湯帷子《ゆかたびら》を着て、家臣《かしん》の肩《かた》に寄《よ》りかかり、柿《かき》や瓜《うり》、餅《もち》などをかじりながら町中を歩いていた。

茶筅髷《ちゃせんまげ》
まとめた髪《かみ》を紐《ひも》などで巻《ま》いて立てる髪型《かみがた》。信長《のぶなが》は赤色や黄緑色の紐《ひも》で髪《かみ》を巻《ま》いていたそうだ。

湯帷子《ゆかたびら》
風呂《ふろ》に入った後にはおる着物。信長《のぶなが》は袖《そで》の部分を取って、外出のときも着た。

麻縄《あさなわ》
太い麻《あさ》の縄《なわ》を腕《うで》に巻《ま》いていた。

火打ち袋《ぶくろ》
火を起こすための火打ち石などが入っている。

ひょうたん
水などを入れる容《よう》器《き》で、信長《のぶなが》は7～8個《こ》もつけることがあった。

太刀《たち》
鞘《さや》(刀を入れる筒《つつ》)は赤色で、柄《え》にはわらでつくった縄《なわ》が巻《ま》いてあった。

半袴《はんばかま》
足首までの長さの袴《はかま》。信長《のぶなが》はトラやヒョウの皮でつくった半袴《はんばかま》をはいていた。

信長《のぶなが》の工夫《くふう》
槍《やり》を長くして重くならないように、柄《え》は細くて丈夫《じょうぶ》な木でつくらせた。

三間半《さんげんはん》の槍《やり》

家臣《かしん》に槍《やり》の練習をさせていた信長《のぶなが》は、「短い槍《やり》はよくない」と考え、槍《やり》の長さを三間《さんげん》（約《やく》5.5m）か三間半《さんげんはん》（約《やく》6.4m）にそろえさせた。

鉄砲《てっぽう》の練習をする信長《のぶなが》

10代の信長《のぶなが》は最新兵器《さいしんへいき》の鉄砲《てっぽう》に目をつけた。鉄砲《てっぽう》が日本に伝来《でんらい》して６年後の1549年、信長《のぶなが》は16歳《さい》で、鉄砲《てっぽう》を500丁も注文している。

トンデモ伝説《でんせつ》！

信長《のぶなが》は女性《じょせい》の服を着たことがある!?

信長《のぶなが》が20代前半のとき、領《りょう》地《ち》の農民《のうみん》たちを喜《よろこ》ばせるために、仮装踊《かそうおど》りを見せた。信長《のぶなが》は、天女《てんにょ》（天に住む女性《じょせい》）の服を着て小鼓《こつづみ》（小型《こがた》の太鼓《たいこ》）を打ち、女性《じょせい》の踊《おど》り方で踊《おど》った。家《か》臣《しん》たちは鬼《おに》や地蔵《じぞう》などの格好《かっこう》をして踊《おど》ったという。

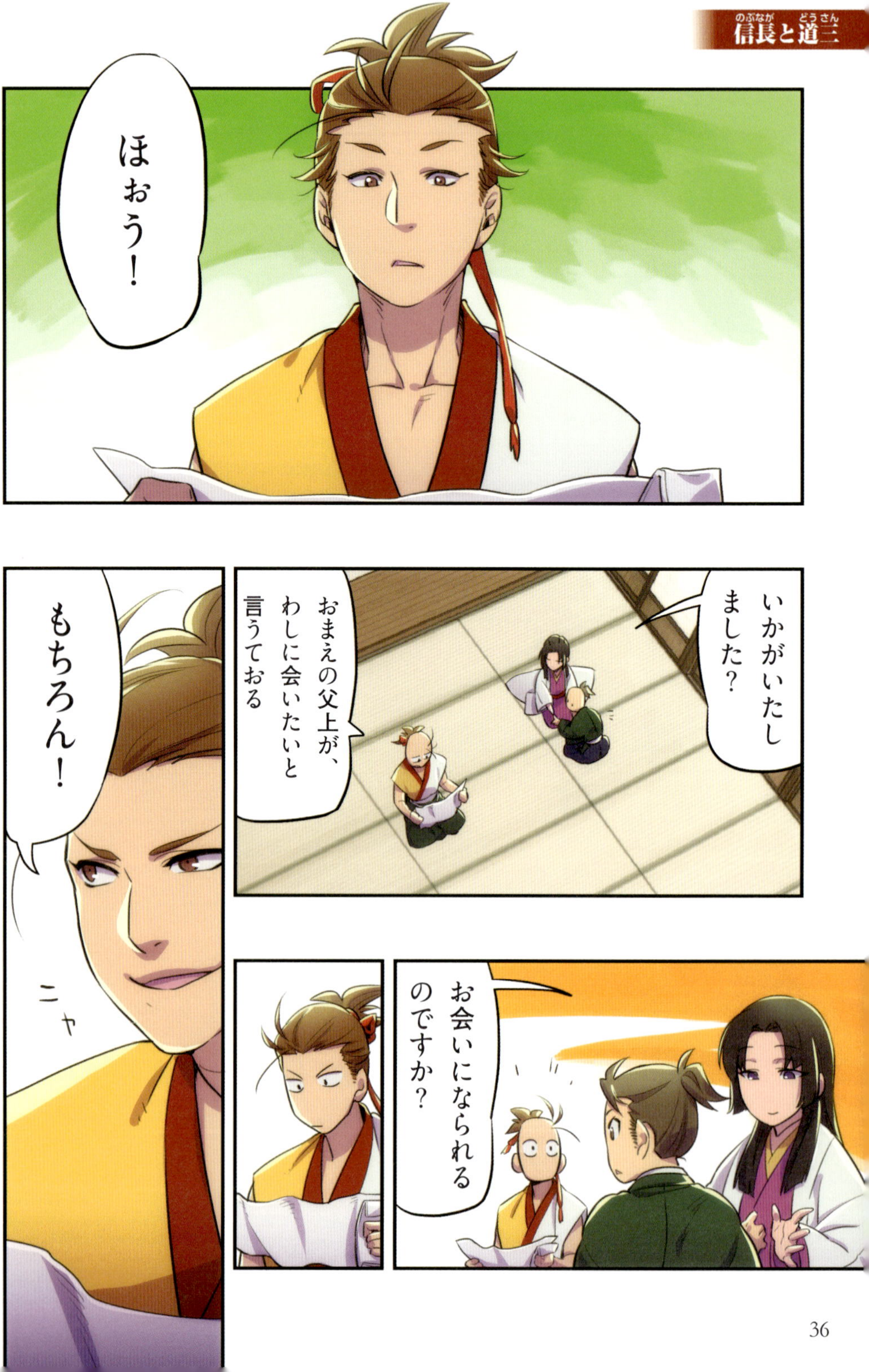
ほおう！
いかがいたしました？
おまえの父上が、わしに会いたいと言うておる
お会いになられるのですか？
もちろん！
ニヤ

会見場所の正徳寺《しょうとくじ》（愛知県《あいちけん》）——
信長殿《のぶながどの》一行、まもなくご到着《とうちゃく》とのことです！
うむ！
物《もの》見《み》によると隊列《たいれつ》は800人の兵《へい》と500もの長槍《ながやり》や鉄砲《てっぽう》を携《たずさ》えているとのこと！
道三《どうさん》の家臣《かしん》
明智光秀《あけちみつひで》
信長殿《のぶながどの》は、うわさどおりの派手《はで》な格好《かっこう》をしているようです……
ひゃっほう！
イメージ図

※実際《じっさい》には道三《どうさん》自身が信長《のぶなが》の行列をかくれて見たといわれる。

信秀殿《のぶひでどの》がなくなり、2年経《た》ちましたが……
ふぅ
相変《あいか》わらずのうつけぶりですね
会うときは普段着《ふだんぎ》でよいでしょう
そうじゃな

ど、道三様《どうさんさま》！光秀様《みつひでさま》！
どうした？
バタバタバタ
それが……
ガラッ
!?
報告《ほうこく》とちがうではないか!?
で、ですから先ほどまでは例《れい》の格好《かっこう》で……！
ひそひそひそひそ
はじめまして
おやじ殿《どの》！

はっはっは！
も、申し訳《わけ》ございませぬ……！
あ゛あ゛あ゛あ゛あ゛
よいよい
織田信長《おだのぶなが》……
いったい何を考えているのかわかりません……
のぅ光秀《みつひで》……
いずれわしの子どもたちは
やつの家臣《かしん》になるだろうよ
おい見たかあの家臣《かしん》どものあわてよう！
うひゃひゃひゃ
失礼《しつれい》ですよ……

ほ〜ら〜！行きますよ、信長様《のぶながさま》！
いやじゃ〜〜！寒い〜!!
大変ですねぇ
ふぅぅ〜！こりゃ、寒くてかなわん……
こんな寒い日に外出したくはないのう……
こちらをどうぞ！
ふ〜
待て！

この若者《わかもの》、豊臣秀吉《とよとみひでよし》は、この後、信長《のぶなが》を支《ささ》える重臣《じゅうしん》となった。

信長様《のぶながさま》！道三様《どうさんさま》より手紙が届《とど》いております！
おっ？
カサ
今度はなんじゃ～……
すぐに戦《たたか》いの準備《じゅんび》を整えよ！
がばっ
美濃《みの》へ向かうぞ！
グシャン
道三《どうさん》とその息子《むすこ》・義龍《よしたつ》は仲《なか》が悪く、ついに合戦《かっせん》に発展《はってん》した。
斎藤義龍《さいとうよしたつ》
兵力《へいりょく》が少ない道三《どうさん》は不利《ふり》な状況《じょうきょう》におちいっていた……

「美濃《みの》を信長《のぶなが》にゆずる」だと！
手紙に勝手なことを書きおって！
ワァァァ
ワーー
くたばるなよ、おやじ殿《どの》！
ギリ…
わーー
ワーー
ワー
敵《てき》は間近に迫《せま》っております！
これまでか……
にげ道はありません！
バタ
バタ
バタ
天下は遠かったな……
信長《のぶなが》、あとは頼《たの》むぞ……！
信長《のぶなが》は援軍《えんぐん》を送ったが、
道三《どうさん》は義龍軍《よしたつぐん》に
うち取られた。

道三《どうさん》の死を知った信長《のぶなが》の弟・信行《のぶゆき》は——
ブツ
ブツ
これで兄上の後ろ盾《だて》はなくなった！
織田信行《おだのぶゆき》
今こそ！
兄上を倒《たお》して、わたしが織田家《おだけ》を継《つ》ぐとき！
信行《のぶゆき》は信長《のぶなが》に反乱《はんらん》を起こしたが、
信長《のぶなが》は自ら兵《へい》を率《ひき》いて信行軍《のぶゆきぐん》を破《やぶ》った。
その後、母親のとりなしによって、
信行《のぶゆき》や、その家臣《かしん》たちは許《ゆる》されることになった。
しかし——
そうか、また反乱《はんらん》を……

勝家《かついえ》、よく話《はな》してくれたな……
前回、信長様《のぶながさま》は、反乱《はんらん》に加《くわ》わったわたしを許《ゆる》してくださいました。その御恩《ごおん》をお返ししたく…
柴田勝家《しばたかついえ》
わしは、織田家《おだけ》をひとつにまとめたい
だから、信行《のぶゆき》も一度は許《ゆる》した
わしとともに織田家《おだけ》を盛《も》り立ててもらうつもりだったが……
二度の裏切《うらぎ》りを許《ゆる》すわけにはいかぬ……！
信長《のぶなが》は信行《のぶゆき》をおびき出し、家臣《かしん》たちに殺《ころ》させたのだった……

1553年

20歳《さい》

斎《さい》藤《とう》道《どう》三《さん》と会う

道《どう》三《さん》は信《のぶ》長《なが》のすごさにおどろく！

ひそかに正式な服《ふく》装《そう》に着《き》替《が》えて現《あらわ》れた信《のぶ》長《なが》

信長《のぶなが》が18歳《さい》のとき、父・信秀《のぶひで》が突然《とつぜん》死んだ。信長《のぶなが》は「うつけ者」と呼《よ》ばれた派手《はで》な姿《すがた》で葬儀《そうぎ》の場に現《あらわ》れ、位牌《いはい》に抹香《まっこう》（焼香《しょうこう》に使う粉《こな》）を投げつけて去った。

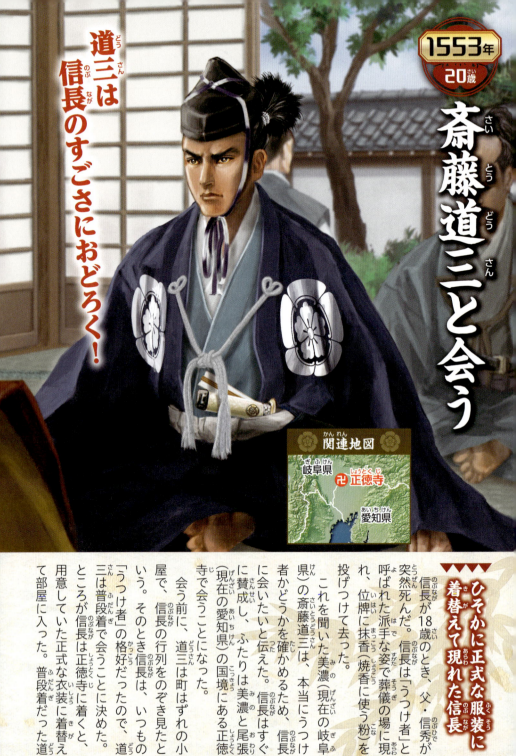

これを聞いた美濃《みの》（現在《げんざい》の岐阜《ぎふ》県《けん》）の斎藤道三《さいとうどうさん》は、本当にうつけ者かどうかを確《たし》かめるため、信長《のぶなが》に会いたいと伝《つた》えた。信長《のぶなが》はすぐに賛成《さんせい》し、ふたりは美濃《みの》と尾張《おわり》（現在《げんざい》の愛知県《あいちけん》）の国境《こっきょう》にある正徳《しょうとく》寺《じ》で会うことになった。

会う前に、道三《どうさん》は町はずれの小屋で、信長《のぶなが》の行列をのぞき見たという。そのとき信長《のぶなが》は、いつもの「うつけ者」の格好《かっこう》だったので、道《どう》三《さん》は普段着《ふだんぎ》で会うことに決めた。ところが信長《のぶなが》は正徳寺《しょうとくじ》に着くと、用意していた正式な衣装《いしょう》に着替《きが》えて部屋に入った。普段着《ふだんぎ》だった道《どう》

信長《のぶなが》の行列をかくれて見る道三《どうさん》

正徳寺《しょうとくじ》で会う前、道三《どうさん》は信長《のぶなが》の行列をかくれて見たという。信長《のぶなが》は評判《ひょうばん》どおり「うつけ者」の格好《かっこう》をしていた。

道三《どうさん》にあいさつをする信長《のぶなが》

正式な服装《ふくそう》を着て現《あらわ》れた信長《のぶなが》は、道三《どうさん》にあいさつをすると座敷《ざしき》に座《すわ》って向き合った。

斎藤道三《さいとうどうさん》(1494?~1556)

美濃《みの》を支配《しはい》した戦国大名《せんごくだいみょう》。主君を追放して美濃《みの》を手に入れ、娘《むすめ》の濃姫《のうひめ》を信長《のぶなが》と結婚《けっこん》させた。その後、息子《むすこ》の義龍《よしたつ》と対立して戦《たたか》い、敗《やぶ》れて死んだ。(➡P53)

三《さん》は、きまりが悪そうに現《あらわ》れたという。「あの方が斎藤道三殿《さいとうどうさんどの》でございます」と紹介《しょうかい》された信長《のぶなが》は、「であるか」と答えたそうだ。信長《のぶなが》に裏《うら》をかかれた道三《どうさん》は、会見を終えた後、「やがて、わしの子どもたちは、あのうつけ者の家来になるだろう」と語ったという。

なるほどエピソード

生まれてはじめて髷《まげ》を結《ゆ》った!?

信長《のぶなが》は道三《どうさん》と会う前に、茶筅髷《ちゃせんまげ》(➡P34)ではなく、生まれてはじめて髪《かみ》を折《お》り曲げて髷《まげ》を結《ゆ》った。当時、正式な衣装《いしょう》を着るときには、髷《まげ》を結《ゆ》う必要《ひつよう》があった。

信長《のぶなが》は信行《のぶゆき》を支持《しじ》する勢力《せいりょく》を破《やぶ》る！

1556年
23歳《さい》

稲生《いのう》の戦《たたか》い

合戦分析《かっせんぶんせき》データ

合戦《かっせん》場所

勝 戦力《せんりょく》 約《やく》700人

織田信長《おだのぶなが》

信長軍《のぶながぐん》

VS

信行軍《のぶゆきぐん》

織田信行《おだのぶゆき》

負 戦力《せんりょく》 約《やく》1700人

反乱《はんらん》を起こした弟の信行《のぶゆき》に勝利《しょうり》する

信長《のぶなが》の父・信秀《のぶひで》の死後、織田家《おだけ》の家臣《かしん》・柴田勝家《しばたかついえ》らは、信長《のぶなが》の弟・信行《のぶゆき》を、織田《おだ》家の当主にしたいと考えていた。信行《のぶゆき》もこれに賛成《さんせい》し、信長《のぶなが》に反乱《はんらん》を起こした。信行軍《のぶゆきぐん》1700人は、信長《のぶなが》の清洲城《きよすじょう》（➡P50）を目がけて進軍《しんぐん》をはじめた。一方の信長《のぶなが》は、700人の兵《へい》を率《ひき》いて清洲城《きよすじょう》を出発した。両軍《りょうぐん》は、稲生《いのう》（愛知県《あいちけん》）で激突《げきとつ》したが、兵力《へいりょく》が少ない信長軍《のぶながぐん》は一度退却《たいきゃく》したという。しかし軍《ぐん》を立て直した信長《のぶなが》は先頭に立って指揮《しき》を取り、信行軍《のぶゆきぐん》に突撃《とつげき》し、勝利《しょうり》した。

稲生《いのう》の戦《たたか》いの流れ

1 信行《のぶゆき》が反乱《はんらん》を起こす

信行《のぶゆき》は、家臣《かしん》の林秀貞《はやしひでさだ》や柴田勝家《しばたかついえ》らとともに信長《のぶなが》に反乱《はんらん》を起こすことを決意。信長《のぶなが》の領地《りょうち》を自分のものにしたり、砦《とりで》を築《きず》いたりした。

2 稲生《いのう》で両軍《りょうぐん》が戦《たたか》う

信行軍《のぶゆきぐん》の勝家《かついえ》や林美作守《はやしみまさかのかみ》(秀貞《ひでさだ》の弟)は、信長《のぶなが》の領地《りょうち》に向けて軍《ぐん》を進めた。信長《のぶなが》は軍《ぐん》を率《ひき》いて清《きよ》洲城《すじょう》を出た。両軍《りょうぐん》は稲生《いのう》でぶつかった。

3 信長《のぶなが》が敵《てき》の主将《しゅしょう》をうち取る

信長《のぶなが》は先頭に立って戦《たたか》い、信行軍《のぶゆきぐん》の主将《しゅしょう》の林美《はやしみま》作守《さかのかみ》を槍《やり》でうち取った。信行軍《のぶゆきぐん》はにげ去った。

合戦《かっせん》を指揮《しき》する信長《のぶなが》

信長《のぶなが》は先頭に立ち、大声を上げて信行《のぶゆき》軍《ぐん》におそいかかった。信長《のぶなが》を恐《おそ》れた信行軍《のぶゆきぐん》の兵《へい》は戦《たたか》う気を失《うしな》ってにげた。

戦《たたか》いの後、信長《のぶなが》は信行《のぶゆき》を許《ゆる》したが、翌年《よくとし》、信行《のぶゆき》はふたたび信長《のぶなが》を裏切《うらぎ》ろうとした。信長《のぶなが》は信行《のぶゆき》を清《きよ》洲城《すじょう》におびき出して殺《ころ》した。

織田信行《おだのぶゆき》(1536?~1557)

信長《のぶなが》の弟。礼儀《れいぎ》正しかったので、織田家《おだけ》の一部の家臣《かしん》から支持《しじ》され、信長《のぶなが》に反乱《はんらん》を起こしたが敗《やぶ》れた。(➡P54)

信長《のぶなが》の城《しろ》 ②

清洲城《きよすじょう》

清洲城《きよすじょう》は、尾張《おわり》(現在《げんざい》の愛知県《あいちけん》)で最大《さいだい》の城《しろ》で、織田家《おだけ》の本家・織田信《おだのぶ》友《とも》の本拠地《ほんきょち》だった。信長《のぶなが》は清洲城《きよすじょう》をうばって、尾張《おわり》を統一《とういつ》していった。

城《しろ》の位置《いち》

信長《のぶなが》の尾張統一《おわりとういつ》の足がかりになった城《しろ》

尾張《おわり》を支配《しはい》する織田家《おだけ》は3家に分かれていたが、信長《のぶなが》の時代、最《もっと》も勢力《せいりょく》が強かったのは、清洲城《きよすじょう》を本拠地《ほんきょち》にする織田信友《おだのぶとも》だった。信長《のぶなが》は信友《のぶとも》をだまして殺《ころ》し、清洲《きよす》城《じょう》を手に入れると、ここを拠点《きょてん》に尾張統一《おわりとういつ》に向けて戦《たたか》いをはじめた。

清洲城《きよすじょう》は、尾張《おわり》の政治《せいじ》・経済《けいざい》の中心地となる城《しろ》で、川の水を引きこんだ水堀《みずぼり》で囲《かこ》まれていた。周囲《しゅうい》には家臣《かしん》たちの屋敷《やしき》が建《た》ち並《なら》んでいた。町人も集まって住んだので、清洲城《きよすじょう》の城下町《じょうかまち》はさらに大きくなり、多くの人びとでにぎわっていたそうだ。

なるほどエピソード

おじの信光《のぶみつ》を送りこんで清洲城《きよすじょう》を手に入れた!?

清洲城《きよすじょう》は織田《おだ》一族の織田信友《おだのぶとも》の城《しろ》だった。信長《のぶなが》は清洲城《きよすじょう》を攻《せ》めているとき、おじの織田《おだ》信光《のぶみつ》をひそかに味方につけた。信光《のぶみつ》は、「たすけにきた」と味方のふりをして信友《のぶとも》をだまし、軍勢《ぐんぜい》を連《つ》れて清洲城《きよすじょう》に入ると、信友《のぶとも》を殺《ころ》した。こうして信長《のぶなが》は清洲城《きよすじょう》を手に入れた。

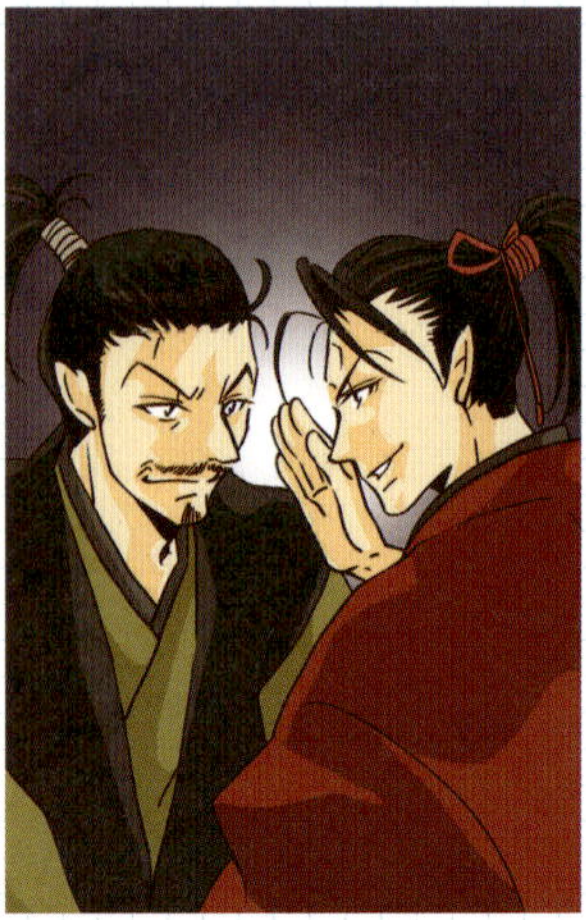

織田信長像《おだのぶながぞう》
清洲城跡《きよすじょうあと》につくられた清洲《きよす》公園には、信長《のぶなが》像《ぞう》が立っている。

清洲城《きよすじょう》の想像図《そうぞうず》

本丸《ほんまる》には御殿《ごてん》(城主《じょうしゅ》が住む屋敷《やしき》)や櫓《やぐら》が建《た》ち並《なら》び、周囲《しゅうい》は水堀《みずぼり》と土塁《どるい》で囲《かこ》まれていた。城《しろ》の外側《そとがわ》には城下町《じょうかまち》が広がっていた。

名古屋城西北隅櫓《なごやじょうせいほくすみやぐら》

信長《のぶなが》の次男・信雄《のぶかつ》は、信長《のぶなが》の死後に清洲城《きよすじょう》を改造《かいぞう》し、天守《てんしゅ》をもつ巨大《きょだい》な城《しろ》にした。現在《げんざい》、名古屋城《なごやじょう》に残《のこ》る西北隅櫓《せいほくすみやぐら》は、このときの天守《てんしゅ》を移《うつ》して建《た》てたものといわれる。

現在《げんざい》の清洲城天守《きよすじょうてんしゅ》

信長《のぶなが》の時代、清洲城《きよすじょう》に天守《てんしゅ》はなかった。現在《げんざい》の天守《てんしゅ》は、1989年にまったくの想像《そうぞう》で建《た》てられたもので、信雄《のぶかつ》(信長《のぶなが》の次男)の時代に建《た》てられた天守《てんしゅ》とは位置《いち》も形も違《ちが》う。

人物図鑑《じんぶつずかん》

平手政秀《ひらてまさひで》

若《わか》い信長《のぶなが》の世話役

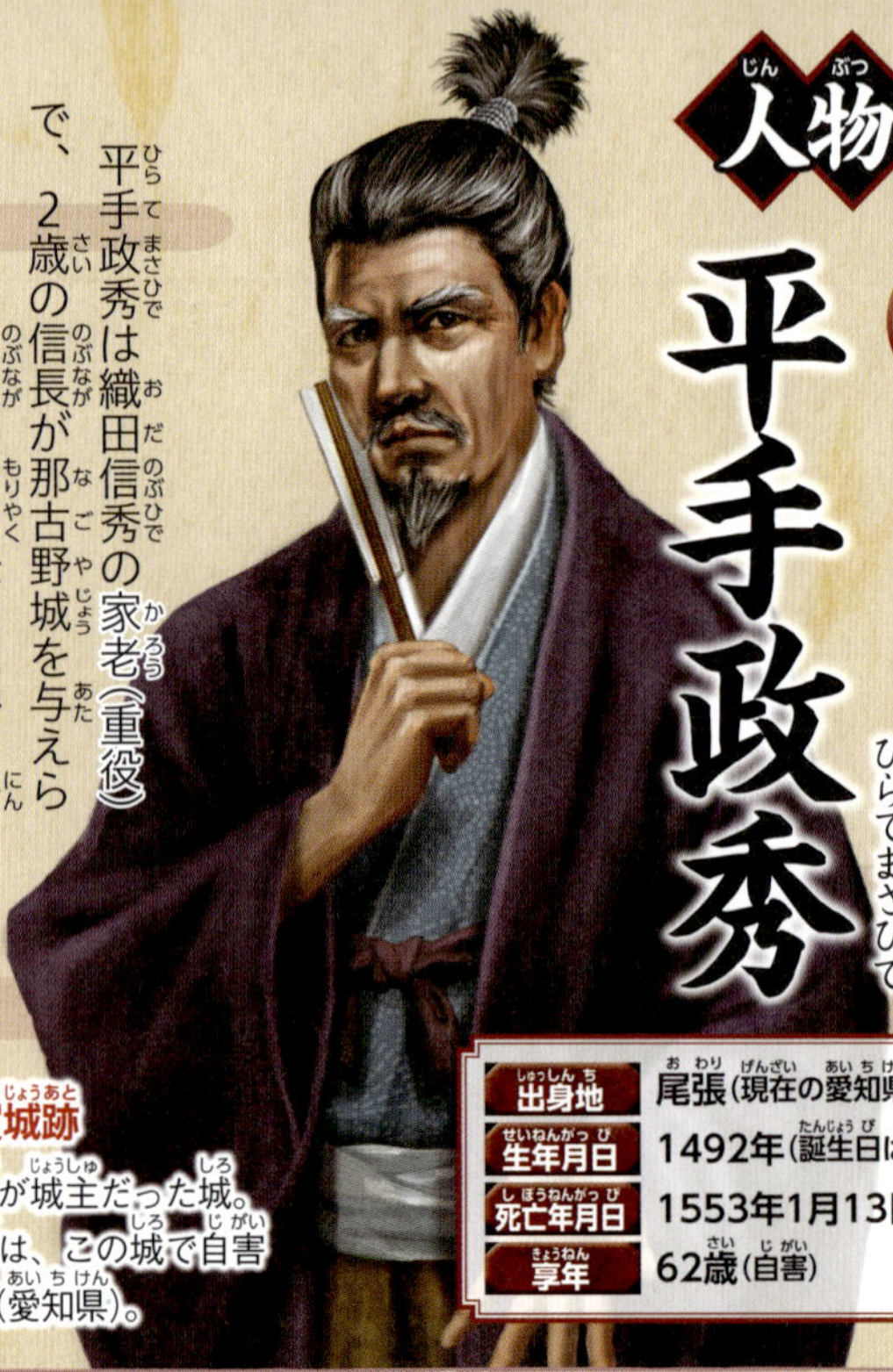

平手政秀《ひらてまさひで》は織田信秀《おだのぶひで》の家老《かろう》（重役）で、2歳《さい》の信長《のぶなが》が那古野城《なごやじょう》を与《あた》えられたとき、信長《のぶなが》の守役《もりやく》（世話役）に任《にん》命《めい》された。信長《のぶなが》がはじめて合戦《かっせん》で戦《たたか》ったときも、手だすけをした。信秀《のぶひで》が斎藤道三《さいとうどうさん》と仲直《なかなお》りするため、信長《のぶなが》と濃姫《のうひめ》を結婚《けっこん》させるように活動したのも政秀《まさひで》だった。信秀《のぶひで》の死後、信長《のぶなが》がまじめになってくれることを願《ねが》って、政秀《まさひで》は切腹《せっぷく》した。

出身地《しゅっしんち》	尾張《おわり》（現在《げんざい》の愛知県《あいちけん》）
生年月日《せいねんがっぴ》	1492年（誕生日《たんじょうび》は不明《ふめい》）
死亡年月日《しぼうねんがっぴ》	1553年1月13日
享年《きょうねん》	62歳《さい》（自害《じがい》）

志賀城跡《しがじょうあと》

政秀《まさひで》が城主《じょうしゅ》だった城《しろ》。政秀《まさひで》は、この城《しろ》で自害《じがい》した（愛知県《あいちけん》）。

濃姫《のうひめ》

信長《のぶなが》と結婚《けっこん》した道三《どうさん》の娘《むすめ》

濃姫《のうひめ》の本名は「帰蝶《きちょう》」で、美濃《みの》（現《げん》在《ざい》の岐阜県《ぎふけん》）を支配《しはい》する斎藤道三《さいとうどうさん》の娘《むすめ》だった。道三《どうさん》は争《あらそ》っていた織田《おだ》信秀《のぶひで》と仲直《なかなお》りするため、信秀《のぶひで》の長男・信長《のぶなが》と帰蝶《きちょう》を結婚《けっこん》させた。美《み》濃《の》からきた姫《ひめ》なので、「濃姫《のうひめ》」と呼《よ》ばれた。信長《のぶなが》との間に子はいなかったといわれるが、くわしいことはわかっていない。信長《のぶなが》の死後は「安土《あづち》殿《どの》」と呼《よ》ばれたという。

出身地《しゅっしんち》	美濃《みの》（現在《げんざい》の岐阜県《ぎふけん》）
生年月日《せいねんがっぴ》	1535年（誕生日《たんじょうび》は不明《ふめい》）
死亡年月日《しぼうねんがっぴ》	1612年?
享年《きょうねん》	78歳《さい》?

濃姫像《のうひめぞう》

清洲城跡《きよすじょうあと》につくられた清洲《きよす》公園には濃姫《のうひめ》の銅像《どうぞう》が立っている（愛知県《あいちけん》）。

油商人から戦国大名《せんごくだいみょう》になった「美濃《みの》のマムシ」

肖像《しょうぞう》	
出身地《しゅっしんち》	山城《やましろ》(現在《げんざい》の京都府《きょうとふ》)?
生年月日《せいねんがっぴ》	1494年?
死亡年月日《しぼうねんがっぴ》	1556年4月20日
享年《きょうねん》	63歳《さい》?(戦死《せんし》)

斎藤道三《さいとうどうさん》

斎藤道三《さいとうどうさん》は、美濃《みの》(現在《げんざい》の岐阜県《ぎふけん》)の守護《しゅご》(地方を支配《しはい》する役人)だった土岐氏《ときし》に仕えた。その後、父の長井《ながい》新左衛門尉《しんざえもんのじょう》と協力《きょうりょく》しながら土岐氏《ときし》を裏切《うらぎ》って美濃《みの》を手に入れた。道三《どうさん》の強引なやり方は恐《おそ》れられ、「美濃《みの》のマムシ(毒《どく》ヘビ)」と呼《よ》ばれた。

1553年、道三《どうさん》と信長《のぶなが》は正徳寺《しょうとくじ》(愛知県《あいちけん》)で会うことになったが、道三《どうさん》は小屋にかくれて寺に向かう信長《のぶなが》の行列をのぞき見たといわれる。そのとき、信長《のぶなが》は「うつけ者」と呼《よ》ばれる派手《はで》な格好《かっこう》をしていたので、道三《どうさん》は普段着《ふだんぎ》で会うことにしたが、会見場所に現《あらわ》れた信長《のぶなが》は、正式な服装《ふくそう》だった。会見の後、道三《どうさん》は「わしの息子《むすこ》たちは、信長《のぶなが》の家来になるだろう」と語ったそうだ。

1554年、道三《どうさん》は斎藤家《さいとうけ》を長男の義龍《よしたつ》に継《つ》がせた。しかし道三《どうさん》は義《よし》龍《たつ》より次男や三男をかわいがったので義龍《よしたつ》と対立し、戦《たたか》うことになった(長良川《ながらがわ》の戦《たたか》い)。敗《やぶ》れた道三《どうさん》は信長《のぶなが》に「美濃《みの》をゆずる」という手紙を残《のこ》して戦死《せんし》した。

斎藤義龍《さいとうよしたつ》(1527~1561)

道三《どうさん》の長男。斎藤家《さいとうけ》を継《つ》いだ後に道三《どうさん》と対立し、長良川《ながらがわ》の戦《たたか》いで道三《どうさん》をほろぼした。信長《のぶなが》から美濃《みの》を守ったが、35歳《さい》で病死した。

織田信秀《おだのぶひで》

尾張《おわり》を支配《しはい》した信長《のぶなが》の父

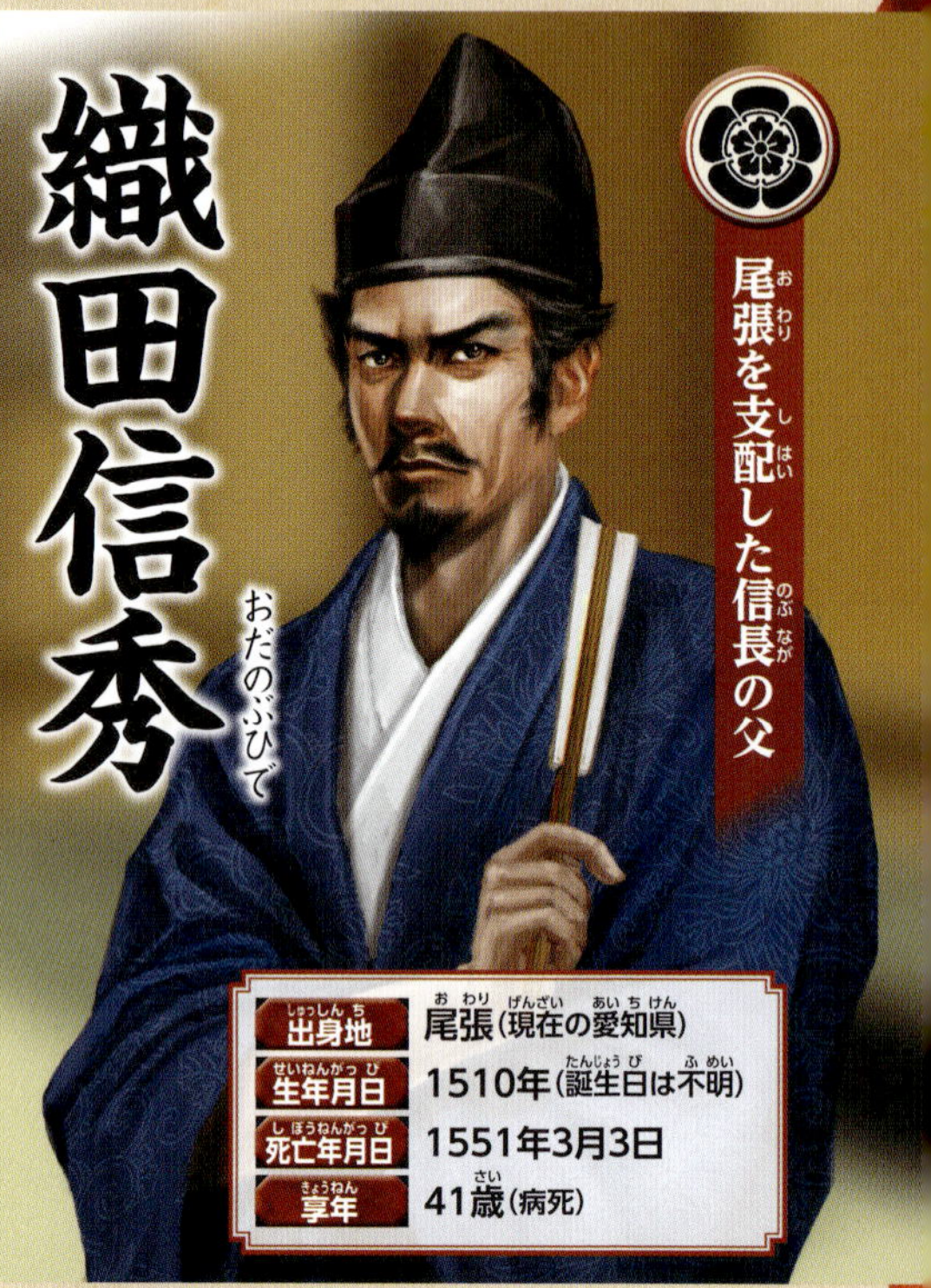

出身地《しゅっしんち》	尾張《おわり》（現在《げんざい》の愛知県《あいちけん》）
生年月日《せいねんがっぴ》	1510年（誕生日《たんじょうび》は不明《ふめい》）
死亡年月日《しぼうねんがっぴ》	1551年3月3日
享年《きょうねん》	41歳《さい》（病死）

信長《のぶなが》の父・織田信秀《おだのぶひで》は勝幡城《しょうばたじょう》（愛知県《あいちけん》）の城主《じょうしゅ》で、尾張《おわり》（現在《げんざい》の愛知県《あいちけん》）を支配《しはい》する守護代《しゅごだい》（守護《しゅご》の代理）・織田氏《おだし》の一族だった。那古野城《なごやじょう》（愛知県《あいちけん》）から今川氏《いまがわし》を追放して力をつけ、織田氏《おだし》の中で強い勢力《せいりょく》をもつようになった。2歳《さい》の信長《のぶなが》に那古野城《なごやじょう》を与《あた》え、自らは古渡城《ふるわたりじょう》（愛知県《あいちけん》）を築《きず》いて戦《たたか》いを続《つづ》けたが、信長《のぶなが》が18歳《さい》のとき、突然《とつぜん》病死した。

勝幡城跡《しょうばたじょうあと》

勝幡城《しょばたじょう》は信秀《のぶひで》の最初《さいしょ》の本拠地《ほんきょち》で、信長《のぶなが》が生まれた城《しろ》ともいわれる。

織田信行《おだのぶゆき》

信長《のぶなが》に逆《さか》らい続《つづ》けた弟

出身地《しゅっしんち》	尾張《おわり》（現在《げんざい》の愛知県《あいちけん》）
生年月日《せいねんがっぴ》	1536年?
死亡年月日《しぼうねんがっぴ》	1557年11月2日
享年《きょうねん》	22歳《さい》?（暗殺《あんさつ》）

破天荒《はてんこう》な信長《のぶなが》に対し、弟・信行《のぶゆき》は常識的《じょうしきてき》な行動を取る人物だった。父・信秀《のぶひで》の葬式《そうしき》のときも、信行《のぶゆき》は礼儀《れいぎ》正しくふるまった。このため、「織田家《おだけ》は信行様《のぶゆきさま》が継《つ》ぐべき」と考える家臣《かしん》が増《ふ》えた。そこで信行《のぶゆき》は柴田勝家《しばたかついえ》らを味方につけて信長《のぶなが》に戦《たたか》いをいどんだが敗《やぶ》れた。このときは許《ゆる》されたが、ふたたび信長《のぶなが》を裏切《うらぎ》ろうとしたため、信長《のぶなが》に殺《ころ》された。

末森城跡《すえもりじょうあと》

信長《のぶなが》の父・信秀《のぶひで》が築《きず》き、信行《のぶゆき》を城主《じょうしゅ》にした城《しろ》（愛知県《あいちけん》）。

柴田勝家《しばたかついえ》

信長《のぶなが》に古くから仕えた勇猛《ゆうもう》な武将《ぶしょう》

柴田勝家《しばたかついえ》は信長《のぶなが》の弟・信行《のぶゆき》の家臣《かしん》だった。勝家《かついえ》は、信行《のぶゆき》に織田家《おだけ》を継《つ》がせようと計画するが、稲生《いのう》の戦《たたか》い(⬇P48)で信長《のぶなが》に敗《やぶ》れた。信長《のぶなが》に許《ゆる》された勝家《かついえ》は、信長《のぶなが》の能力《のうりょく》を認《みと》めるようになった。信行《のぶゆき》がふたたび信長《のぶなが》を裏切《うらぎ》ろうとしたとき、すぐに信長《のぶなが》へ伝《つた》えた。以後《いご》、勝家《かついえ》は信長《のぶなが》の家《か》臣《しん》となり、信長《のぶなが》のさまざまな戦《たたか》いに参《さん》加《か》し、一乗谷城《いちじょうだにじょう》の戦《たたか》い(⬇P120)などで手柄《てがら》を立てた。その後は、手取川《てどりがわ》(石川県《いしかわけん》)で上杉謙信《うえすぎけんしん》と戦《たたか》うなど、北陸《ほくりく》地方を攻《せ》める軍団長《ぐんだんちょう》として活躍《かつやく》した。勇気《ゆうき》あふれる戦《たたか》い方をする勝家《かついえ》は、「鬼柴田《おにしばた》」と呼《よ》ばれた。

信長《のぶなが》の妹・お市《いち》の方《かた》は浅井長政《あざいながまさ》と結《けっ》婚《こん》していたが、長政《ながまさ》が信長《のぶなが》にほろぼされた後、勝家《かついえ》はお市《いち》の方《かた》と結婚《けっこん》した。しかし信長《のぶなが》の死後、勝家《かついえ》は豊臣秀吉《とよとみひでよし》との戦《たたか》いに敗《やぶ》れ、お市《いち》の方《かた》と一緒《いっしょ》に自ら命を絶《た》った。

出身地《しゅっしんち》	尾張《おわり》(現在《げんざい》の愛知県《あいちけん》)
生年月日《せいねんがっぴ》	1522年(誕生日《たんじょうび》は不明《ふめい》)
死亡年月日《しぼうねんがっぴ》	1583年4月24日
享年《きょうねん》	62歳《さい》(自害《じがい》)

肖像《しょうぞう》

お市《いち》の方《かた》と一緒《いっしょ》に死ぬ勝家《かついえ》

信長《のぶなが》の死後、勝家《かついえ》は豊臣秀吉《とよとみひでよし》と戦《たたか》ったが敗《やぶ》れ、本拠地《ほんきょち》の北ノ庄城《きたのしょうじょう》(福井県《ふくいけん》)を包囲《ほうい》された。勝家《かついえ》は、お市《いち》の方《かた》とともに命を絶《た》った。

戦国《せんごく》 おもしろコラム

戦《せん》国《ごく》武《ぶ》将《しょう》の服《ふく》装《そう》

戦国武将《せんごくぶしょう》たちのおもな服装《ふくそう》には、大紋《だいもん》・素《す》襖《おう》・肩衣袴《かたぎぬばかま》の3種類《しゅるい》があった。

毛《も》利《り》元《もと》就《なり》像《ぞう》

大紋《だいもん》

胸《むね》やひじ、腰《こし》などに大きな家紋《かもん》がある。細くて白い帯《おび》をしめる。

浅《あざ》井《い》長《なが》政《まさ》像《ぞう》

素襖《すおう》

胸《むね》やひじなどに小さな家紋《かもん》がある。着物と同じ布地《ぬのじ》の帯《おび》をしめる。

織《お》田《だ》信《のぶ》長《なが》像《ぞう》

長興寺所蔵・
豊田市郷土資料館写真提供

肩衣袴《かたぎぬばかま》

肩衣《かたぎぬ》（素襖《すおう》の袖《そで》を取った着物）に、袴《はかま》をはいたもの。

2章

天下統《とう》一《いつ》への道

1560年
東海地方《とうかいちほう》を支配《しはい》する戦国大名《せんごくだいみょう》・
今川義元《いまがわよしもと》の大軍《たいぐん》が京都《きょうと》へ
向かって進軍《しんぐん》をはじめた。
今川義元《いまがわよしもと》
うつけの信長《のぶなが》など
ふみつぶしてくれるわ！
京都《きょうと》
尾張《おわり》
駿河《するが》
清洲城《きよすじょう》（愛知県《あいちけん》）――
このまま放っておけば、
いずれこちらに
向かってくる！
しかし、あの
大軍《たいぐん》相手に
勝てるのか……？
いっそ今川《いまがわ》に
味方するという
のは……
貴様《きさま》
なにを!!!?

まとまらないなぁ……
くぁ……ふ
殿《との》はどのようにお考えですか?
しょぼしょぼ
……
眠《ねむ》い
はい!?
のび〜
……
頭が働《はたら》かんのでよい策《さく》も出ん!今日の会議《かいぎ》は終わりじゃ!
みなの者もう帰れ
パタン
ぽか……ん
おやすみ〜

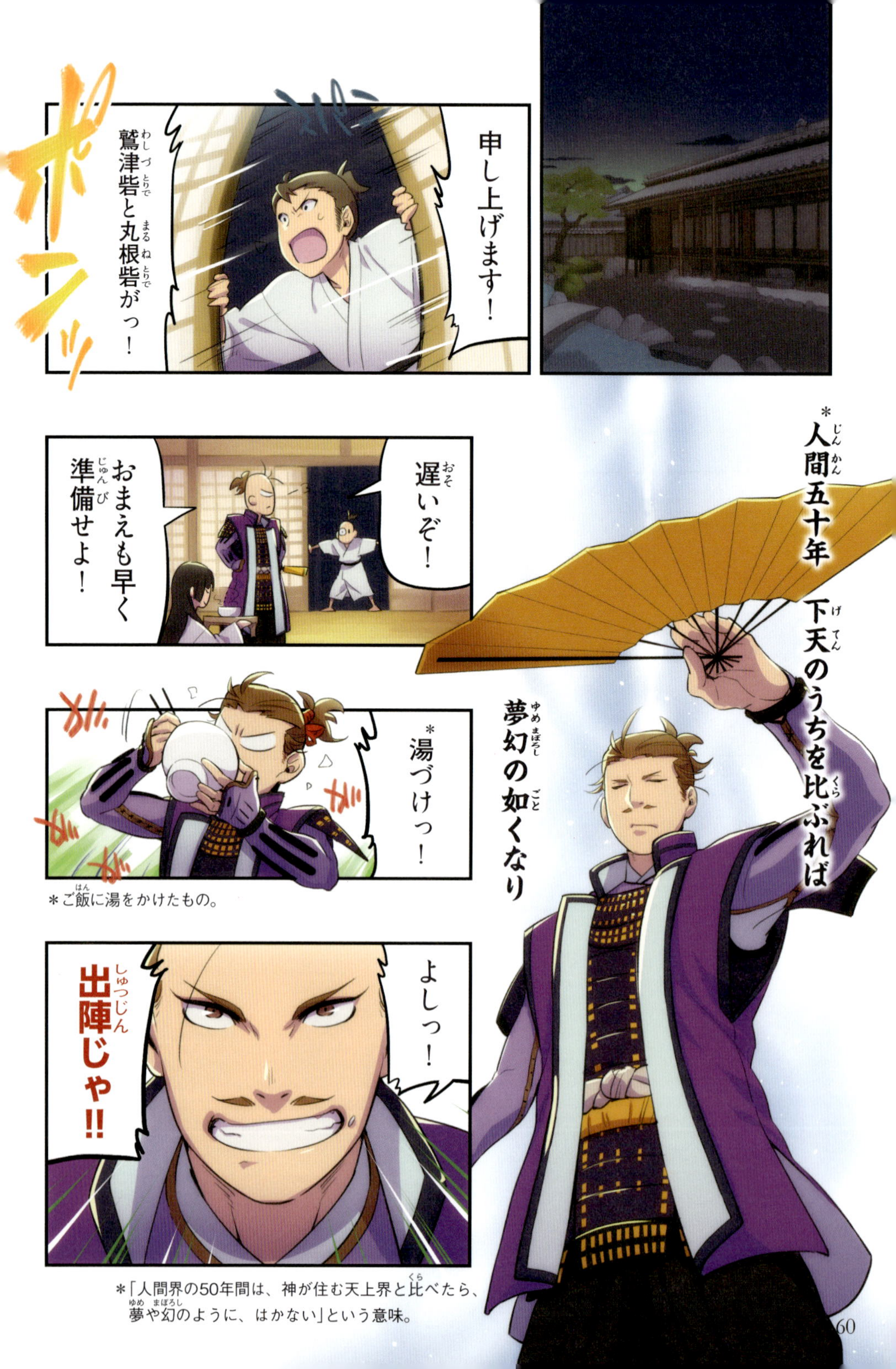

＊ご飯《はん》に湯をかけたもの。

＊「人間界の50年間は、神が住む天上界と比《くら》べたら、夢《ゆめ》や幻《まぼろし》のように、はかない」という意味。

熱《あつ》田《た》神《じん》宮《ぐう》（愛《あい》知《ち》県《けん》）
殿《との》ーっ！
今川軍《いまがわぐん》は桶狭間《おけはざま》の丘《おか》で休んでおります！
ズダダ
ダダ
ポッ
サァァァ
雨……？
見ろ、小助《こすけ》……
天がわしに「勝て」と言うとるではないか！

桶狭間《おけはざま》(愛知県《あいちけん》)
今川軍本陣《いまがわぐんほんじん》――
ザァァァァァァァ
せっかくの酒だというのに……
は――あ…
こんな大雨じゃあ宴会《えんかい》もできんな……
殿《との》、これは旅行ではなく合戦《かっせん》でございますぞ!
この兵力差《へいりょくさ》だ!旅行のようなものだ!
確《たし》かにそうですな!
行けっ!
わあああああ
義元《よしもと》は目の前だ!
なんだとっ!

突然《とつぜん》の大雨にまぎれて奇襲攻撃《きしゅうこうげき》を成功《せいこう》させた信長《のぶなが》は、義元《よしもと》をうち取った。
無《む》念《ねん》……
このたびの戦《たたか》いで、鷲津《わしづ》砦《とりで》と丸根《まるね》砦《とりで》が落とされました
ふぅむ
今川軍《いまがわぐん》にも優秀《ゆうしゅう》な武将《ぶしょう》がいるのだな……
えーと
えー、その者の名は……徳川家康《とくがわいえやす》というそうです
2年後 清洲城《きよすじょう》——
いやぁ、長旅ご苦労《くろう》!
顔を上げられよ!

元気にしておったか？
家康殿《いえやすどの》！
はい！信長様《のぶながさま》もお元気そうで！
こうしてまた会えるとはな！
今川《いまがわ》の人質《ひとじち》だったそうじゃな。義元《よしもと》が死んで、独立《どくりつ》したか！
これからは、わしと一緒《いっしょ》に戦《たたか》ってくれ！
もちろん！
はっ はっ はっは
それで
次はどこを攻《せ》めるおつもりで？
決まっておろう！
美濃《みの》を取り返す!!

稲葉山城《いなばやまじょう》（岐阜県《ぎふけん》）――
道三《どうさん》は信長《のぶなが》に「美濃《みの》をゆずる」と手紙に書いたが、
いえーーい!
実際《じっさい》は斎藤龍興《さいとうたつおき》（義龍《よしたつ》の子）が支配《しはい》していた。
しかし、龍興《たつおき》は遊んでばかりいた。
斎藤龍興《さいとうたつおき》
フン、あれでは家臣《かしん》が離《はな》れていくのが目に見えておるわ!
んっフー
信長様《のぶながさま》についていくのもたいへんですが……
信長《のぶなが》は「龍興《たつおき》の家臣《かしん》を説得《せっとく》して味方につけろ」と秀吉《ひでよし》に命じた。
信長様《のぶながさま》の言うとおり、家臣《かしん》たちは簡単《かんたん》に寝返《ねがえ》ったぞ!
信長《のぶなが》は稲葉山城《いなばやまじょう》に一気に攻めこんだ。
龍興《たつおき》は城《しろ》を捨《す》ててにげた。
いいトコまったくナシ…!?
おやじ殿《どの》、約束《やくそく》どおり美濃《みの》をもらったぞ!
次は、天下じゃ!!

1560年
27歳《さい》

桶《おけ》狭《はざ》間《ま》の戦《たたか》い

信《のぶ》長《なが》が義《よし》元《もと》を倒《たお》す！

清洲城《きよすじょう》を飛《と》び出す信長《のぶなが》

今川軍《いまがわぐん》が攻撃《こうげき》をしかけたことを知った信長《のぶなが》は、『敦盛《あつもり》』を舞《ま》った後、立ったまま湯づけを食べて、清洲城《きよすじょう》からかけ出した。

合戦分析《かっせんぶんせき》データ

今《いま》川《がわ》軍《ぐん》 ／ 織《お》田《だ》軍《ぐん》

- 戦力《せんりょく》
- 作戦《さくせん》
- 運《うん》

大勝 戦力《せんりょく》 約《やく》2000人

織《お》田《だ》信《のぶ》長《なが》

織《お》田《だ》軍《ぐん》

VS

今《いま》川《がわ》軍《ぐん》

今《いま》川《がわ》義《よし》元《もと》

大負 戦力《せんりょく》 約《やく》2万5000人

弱小大名《だいみょう》の信《のぶ》長《なが》が大《だい》大《だい》名《みょう》の義《よし》元《もと》を倒《たお》す

1560年、東海《とうかい》地方を支配《しはい》する今川義元《いまがわよしもと》が2万5000人の兵《へい》を率《ひき》いて、尾張《おわり》（現在《げんざい》の愛知県《あいちけん》）に攻《せ》めこんできた。清洲城《きよすじょう》の信長《のぶなが》のもとには、織田《おだ》方の砦《とりで》が次つぎと落とされたという知らせが届《とど》いた。信長《のぶなが》は、「人間《じんかん》五十年、下天《げてん》のうちを比《くら》ぶれば…」という『敦盛《あつもり》』を舞《ま》い、鎧《よろい》を着て湯づけを食べ、兜《かぶと》をかぶると城《しろ》を飛《と》び出した。

信長《のぶなが》は集まった2000人の優《ゆう》秀《しゅう》な兵《へい》を率《ひき》いて、今川軍《いまがわぐん》に向けて軍《ぐん》を進めた。義元《よしもと》が桶狭間《おけはざま》（愛《あい》知《ち》県《けん》）の丘《おか》で休んでいることを

1560年頃《ごろ》の戦国大名《せんごくだいみょう》の勢力図《せいりょくず》

桶狭間《おけはざま》の戦《たたか》いのとき、信長《のぶなが》は尾張《おわり》一国だけを支配《しはい》していた。東海《とうかい》地方を支配《しはい》する今川義元《いまがわよしもと》は、武田信玄《たけだしんげん》や上杉謙信《うえすぎけんしん》、毛利元就《もうりもとなり》らと並《なら》ぶほど強大な大名《だいみょう》だった。

桶狭間《おけはざま》の戦《たたか》い

今川義元《いまがわよしもと》が桶狭間《おけはざま》の丘《おか》で休んでいることを知った信長《のぶなが》は、優《すぐ》れた兵《へい》2000人を率《ひき》いて攻撃《こうげき》を開始した。ちょうどそのとき大雨が降《ふ》ったため、織田《おだ》軍《ぐん》は気づかれることなく義元《よしもと》の本陣《ほんじん》に近づき、突撃《とつげき》して義元《よしもと》をうち取った。

合戦《かっせん》場所

義元《よしもと》をうち取る織田軍《おだぐん》

義元《よしもと》は織田軍《おだぐん》の攻撃《こうげき》から何度もにげたが、追いつかれてうち取られた。

知った信長《のぶなが》は、「勝負の運は天にある！」と叫《さけ》び、攻撃《こうげき》を開始した。ちょうどそのとき大雨が降《ふ》り出し、織田軍《おだぐん》は気づかれずに今川《いまがわ》軍《ぐん》に近づくことができた。油断《ゆだん》していた今川軍《いまがわぐん》は、織田軍《おだぐん》の奇襲攻《きしゅうこう》撃《げき》によって大混乱《だいこんらん》になった。多くの兵《へい》がにげ出し、取り残《のこ》された義《よし》元《もと》は織田軍《おだぐん》の兵《へい》にうち取られた。

この勝利《しょうり》で信長《のぶなが》は力をつけて、勢力《せいりょく》を拡大《かくだい》させていった。

1567年
34歳《さい》

稲《いな》葉《ば》山《やま》城《じょう》の戦《たたか》い

信長《のぶ》《なが》がついに美濃《み》《の》を手に入れる！

合戦分析《かっせんぶんせき》データ

斎《さい》藤《とう》軍《ぐん》

戦力《せんりょく》
作戦《さくせん》
運《うん》

信《のぶ》長《なが》軍《ぐん》

合戦《かっせん》場所

勝　戦力《せんりょく》　不明《ふめい》

織《お》田《だ》軍《ぐん》

VS

斎《さい》藤《とう》軍《ぐん》

負　戦力《せんりょく》　不明《ふめい》

攻《せ》め続《つづ》けた美濃《みの》をついに手に入れる

1556年、美濃《みの》（現在《げんざい》の岐阜《ぎふ》県《けん》）の斎藤道三《さいとうどうさん》は、息子《むすこ》の義龍《よしたつ》に攻《せ》められて戦死《せんし》した。道三《どうさん》は戦死《せんし》する前に、「美濃《みの》をゆずる」という遺言状《ゆいごんじょう》を信長《のぶなが》に残《のこ》していた。道三《どうさん》の願《ねが》いにこたえたい信長《のぶなが》は、義龍《よしたつ》に戦《たたか》いをいどむが敗《やぶ》れる。

そんなとき、義龍《よしたつ》が35歳《さい》の若《わか》さで突然《とつぜん》病死し、子の龍興《たつおき》が斎藤家《さいとうけ》を継《つ》いだ。このすきをついて、信長《のぶなが》は美濃《みの》に攻《せ》めこんで勝利《しょうり》したが、続《つづ》く戦《たたか》いには敗《やぶ》れ、美濃《みの》を攻《せ》め取ることができなかった。

しかし信長《のぶなが》は、あきらめなかっ

稲葉山城《いなばやまじょう》を攻《せ》める信長《のぶなが》

龍興《たつおき》の稲葉山城《いなばやまじょう》に迫《せま》った信長《のぶなが》は、城下町《じょうかまち》を焼《や》き払《はら》うと、大軍《たいぐん》で城《しろ》を取り囲《かこ》んだ。

稲葉山城《いなばやまじょう》の戦《たたか》いの流れ

1 信長《のぶなが》が稲葉山城《いなばやまじょう》へ向かう

秀吉《ひでよし》の説得《せっとく》により、斎藤家《さいとうけ》の重要《じゅうよう》な家臣《かしん》３人が龍興《たつおき》を裏切《うらぎ》った。そのことを知った信長《のぶなが》は、すぐに兵《へい》を集めて稲葉山城《いなばやまじょう》へ向かった。

2 城下町《じょうかまち》を焼《や》き払《はら》う

信長《のぶなが》は稲葉山城下《いなばやまじょうか》に一気に攻《せ》めこみ、城下町《じょうかまち》を焼《や》き払《はら》った。さらに稲葉山城《いなばやまじょう》を完全《かんぜん》に取り囲《かこ》んで、だれもたすけに来られないようにした。

3 龍興《たつおき》が城《しろ》からにげる

負けを覚悟《かくご》した龍興《たつおき》は、ひそかに城《しろ》からにげた。織田軍《おだぐん》に攻《せ》められた稲葉山城《いなばやまじょう》は落城《らくじょう》した。

た。美濃《みの》の近くに小牧山城《こまきやまじょう》（➡P72）を築《きず》いて本拠地《ほんきょち》にすると、美濃《みの》を攻《せ》め続《つづ》けた。その間、家臣《かしん》の豊臣秀吉《とよとみひでよし》が斎藤家《さいとうけ》の有力な家臣《かしん》たちを説得《せっとく》して味方につけた。その報告《ほうこく》を受けた信長《のぶなが》は、すぐに美濃《みの》に攻《せ》めこみ、龍興《たつおき》の稲葉山城《いなばやまじょう》を取り囲《かこ》んだ。龍興《たつおき》はにげ出し、ついに信長《のぶなが》は美濃《みの》を手に入れた。

1568年
35歳《さい》

浅《あざ》井《い》長《なが》政《まさ》と同《どう》盟《めい》を結《むす》ぶ

将来《しょうらい》、京都《きょうと》に入るため長政《ながまさ》を味方につける

斎藤氏《さいとうし》をほろぼして美濃《みの》を手に入れた信長《のぶなが》は、稲葉山城《いなばやまじょう》を大改造《だいかいぞう》し、岐阜城《ぎふじょう》(➡P74)と名を改《あらた》めた。岐阜城《ぎふじょう》に入った信長《のぶなが》は、城《じょう》下町《かまち》をつくり、だれでも自由に商売ができるようにした。このため町はとてもにぎわったという。

この頃《ころ》から信長《のぶなが》は「天下布武《てんかふぶ》」という印《いん》を使いはじめ、天下を統一《とういつ》する強い意志《いし》を示《しめ》した(➡P74)。

美濃《みの》のとなりの近江《おうみ》(現在《げんざい》の滋《し》賀県《がけん》)北部は、浅井長政《あざいながまさ》が支配《しはい》していた。京都《きょうと》に入って天下統一《とういつ》を進めるつもりだった信長《のぶなが》は、京都《きょうと》

信長《のぶなが》の勢力図《せいりょくず》

信長《のぶなが》は長政《ながまさ》と親類《しんるい》になった！

浅井長政《あざいながまさ》(1545～1573)

近江《おうみ》の北部を支配《しはい》した武将《ぶしょう》。信長《のぶなが》と同盟《どうめい》を結んだが、後に対立した。小谷城《おだにじょう》の戦《たたか》いで信長《のぶなが》に敗《やぶ》れ、ほろぼされた。

(➡P132)

お市《いち》の方《かた》(1547？～1583)

信長《のぶなが》の妹で、美人として有名だった。長政《ながまさ》の死後に柴田勝家《しばたかついえ》と再婚《さいこん》したが、勝家《かついえ》が豊臣秀吉《とよとみひでよし》に攻《せ》められたとき、勝家《かついえ》とともに自害《じがい》した。

(➡P134)

長政《ながまさ》とお市《いち》の方《かた》の結婚《けっこん》

信長《のぶなが》は、妹のお市《いち》の方《かた》を、近江《おうみ》の大名《だいみょう》の浅井長政《あざいながまさ》と結婚《けっこん》させた。お市《いち》の方《かた》は22歳《さい》、長政《ながまさ》は24歳《さい》だった。

へ進む道をじゃまされないように、長政《ながまさ》と同盟《どうめい》を結《むす》びたかった。このため信長《のぶなが》は、妹・お市《いち》の方《かた》と長政《ながまさ》を結婚《けっこん》させた。この結婚《けっこん》を、信長《のぶなが》はとても喜《よろこ》んだという。このとき長政《ながまさ》は、勢《いきお》いづいた信長《のぶなが》が古くからつきあいのある朝倉氏《あさくらし》を攻《せ》めることを心配し、信長《のぶなが》に「朝倉《あさくら》氏《し》を攻《せ》めるときは、その前に必《かなら》ず相談する」と約束《やくそく》させた。

浅井長政《あざいながまさ》の家族

妻《つま》の兄
織田信長《おだのぶなが》
妻《つま》
お市《いち》の方《かた》
結婚《けっこん》
近江《おうみ》北部の大名《だいみょう》
浅井長政《あざいながまさ》
三女
江《ごう》
後に徳川秀忠《とくがわひでただ》と結婚《けっこん》する
次女
初《はつ》
後に京極高次《きょうごくたかつぐ》と結婚《けっこん》する
長女
茶々《ちゃちゃ》(淀殿《よどどの》)
後に豊臣秀吉《とよとみひでよし》と結婚《けっこん》する

信長《のぶなが》の城《しろ》 ③

小《こ》牧《まき》山《やま》城《じょう》

信長《のぶなが》は、斎藤龍興《さいとうたつおき》が支配《しはい》する美濃《みの》（現在《げんざい》の岐阜県《ぎふけん》）を手に入れるため、本拠地《ほんきょち》を清洲城《きよすじょう》から小牧山城《こまきやまじょう》に移《うつ》し、本格的《ほんかくてき》な攻撃《こうげき》をはじめた。

城《しろ》の位置《いち》

美濃《みの》を攻撃《こうげき》するために新たに築《きず》かれた山城《やまじろ》

1563年、尾張《おわり》（現在《げんざい》の愛知《あいち》県《けん》）をほぼ統一《とういつ》した信長《のぶなが》は、美濃《みの》の斎藤龍興《さいとうたつおき》を攻《せ》めるため、清洲城《きよすじょう》の北にある小牧山《こまきやま》に城《しろ》を築《きず》いた。信長《のぶなが》はこの小牧山城《こまきやまじょう》を本拠地《ほんきょち》にして美濃《みの》への攻撃《こうげき》をくり返した。

小牧山城《こまきやまじょう》は、標高約《ひょうこうやく》86ｍの小牧《こまき》山《やま》全体を城《しろ》にしたもので、山頂《さんちょう》につくられた本丸《ほんまる》は石垣《いしがき》で固《かた》められ、三層《さんそう》の小さな天守《てんしゅ》が建《た》てられた。山すそには家臣《かしん》たちの屋敷《やしき》が建《た》ち並《なら》び、城下町《じょうかまち》も整えられた。

1567年に信長《のぶなが》が美濃《みの》を手に入れると、信長《のぶなが》は小牧山城《こまきやまじょう》を捨《す》て、岐阜城《ぎふじょう》へ移《うつ》った。

ウソ！ホント!?

信長《のぶなが》は家臣《かしん》たちの気持ちをコントロールした!?

信長《のぶなが》は小牧山《こまきやま》に城《しろ》を築《きず》きたかったが、清洲《きよす》城《じょう》から移《うつ》りたくない家臣《かしん》たちが反対すると予想していた。そこで、小牧山《こまきやま》より北にあった二《に》ノ宮山《のみやさん》に城《しろ》を築《きず》くと発表した。予想通り家臣《かしん》たちは反対したが、信長《のぶなが》は「それでは、小牧山《こまきやま》に変更《へんこう》する」と伝《つた》えた。すると家臣《かしん》たちは「近くなった」と、反対しなかったそうだ。

小《こ》牧山城《まきやまじょう》の本丸《ほんまる》

小《こ》牧山《まきやま》の山頂《さんちょう》につくられた本丸《ほんまる》には、三層《さんそう》の天守《てんしゅ》（城《しろ》の中で最《もっと》も高い櫓《やぐら》）が築《きず》かれた。天守《てんしゅ》からは、龍興《たつおき》の稲葉山城《いなばやまじょう》をながめることができた。

現在《げんざい》の小《こ》牧山城《まきやまじょう》天守《てんしゅ》

現在《げんざい》の小《こ》牧山城《まきやまじょう》の天守《てんしゅ》は、1967年に想像《そうぞう》で建《た》てられたもの。

現在《げんざい》も残《のこ》る石垣《いしがき》

信長《のぶなが》が小《こ》牧山城《まきやまじょう》の本丸《ほんまる》につくった石垣《いしがき》の一部が、現在《げんざい》も残《のこ》っている。

信長《のぶなが》の城《しろ》 ④

岐《ぎ》阜《ふ》城《じょう》

斎藤氏《さいとうし》を倒《たお》して美濃《みの》（現在《げんざい》の岐阜県《ぎふけん》）を手に入れた信長《のぶなが》は、稲葉山城《いなばやまじょう》を大改造《だいかいぞう》して、豪華《ごうか》な「岐阜城《ぎふじょう》」へと生まれ変《か》わらせた。

城《しろ》の位置《いち》

山頂《さんちょう》の天守《てんしゅ》の他にふもとに御殿《ごてん》を築《きず》く

1567年、斎藤龍興《さいとうたつおき》との戦《たたか》いに勝利《しょうり》した信長《のぶなが》は、美濃《みの》と稲葉山城《いなばやまじょう》を手に入れた。当時、稲葉山城《いなばやまじょう》の城下町《じょうかまち》は「井口《いのくち》」と呼《よ》ばれていたが、信長《のぶなが》は「岐阜《ぎふ》」に名を変《か》え、稲葉山城《いなばやまじょう》も岐阜城《ぎふじょう》と改《あらた》めた。

稲葉山《いなばやま》の山頂《さんちょう》には、本丸《ほんまる》がつくられ、石垣《いしがき》の天守台《てんしゅだい》に三層《さんそう》の天守《てんしゅ》が建《た》てられた。信長《のぶなが》は天守《てんしゅ》から、にぎわう城下町《じょうかまち》をながめるのが大《だい》好《す》きだったという。

ただ、稲葉山《いなばやま》に毎日登るのはたいへんだったので、ふだんは山のふもとに建《た》てられた御殿《ごてん》で生活していたそうだ。

なるほどエピソード

岐阜城《ぎふじょう》を築《きず》いて「天下布武《てんかふぶ》」の印《いん》を使う

岐阜城《ぎふじょう》を本拠地《ほんきょち》にした信長《のぶなが》は、自分の手紙に押《お》す印《いん》の文字を「天下布武《てんかふぶ》」にした。これは、「七徳《しちとく》の武《ぶ》（国を平和にして、人びとの生活を安定させることなど）を備《そな》えた者こそが天下（畿内《きない》［近畿《きんき》地方の中央部《ちゅうおうぶ》］）を治《おさ》めるのにふさわしい」という意味で、信長《のぶなが》の天下統一《とういつ》の理想がこめられているという。

信長《のぶなが》が使った「武《ぶ》」という漢字は、本来「戦《たたか》いを止める」という意味がある。

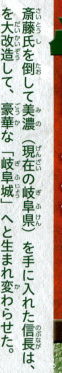

岐阜城《ぎふじょう》の天守《てんしゅ》の想像図《そうぞうず》

稲葉山《いなばやま》の山頂《さんちょう》に築《きず》かれた天守《てんしゅ》は三層《さんそう》で、天守台《てんしゅだい》には石垣《いしがき》が使用されていた。斎藤道三《さいとうどうさん》が使っていた建物《たてもの》を改造《かいぞう》してつくったといわれる。

現在《げんざい》の岐阜城《ぎふじょう》の天守《てんしゅ》

信長《のぶなが》が築《きず》いた岐阜城《ぎふじょう》は、1601年に徳川家康《とくがわいえやす》によってこわされた。現在《げんざい》の天守《てんしゅ》は、1956年に建《た》てられた。

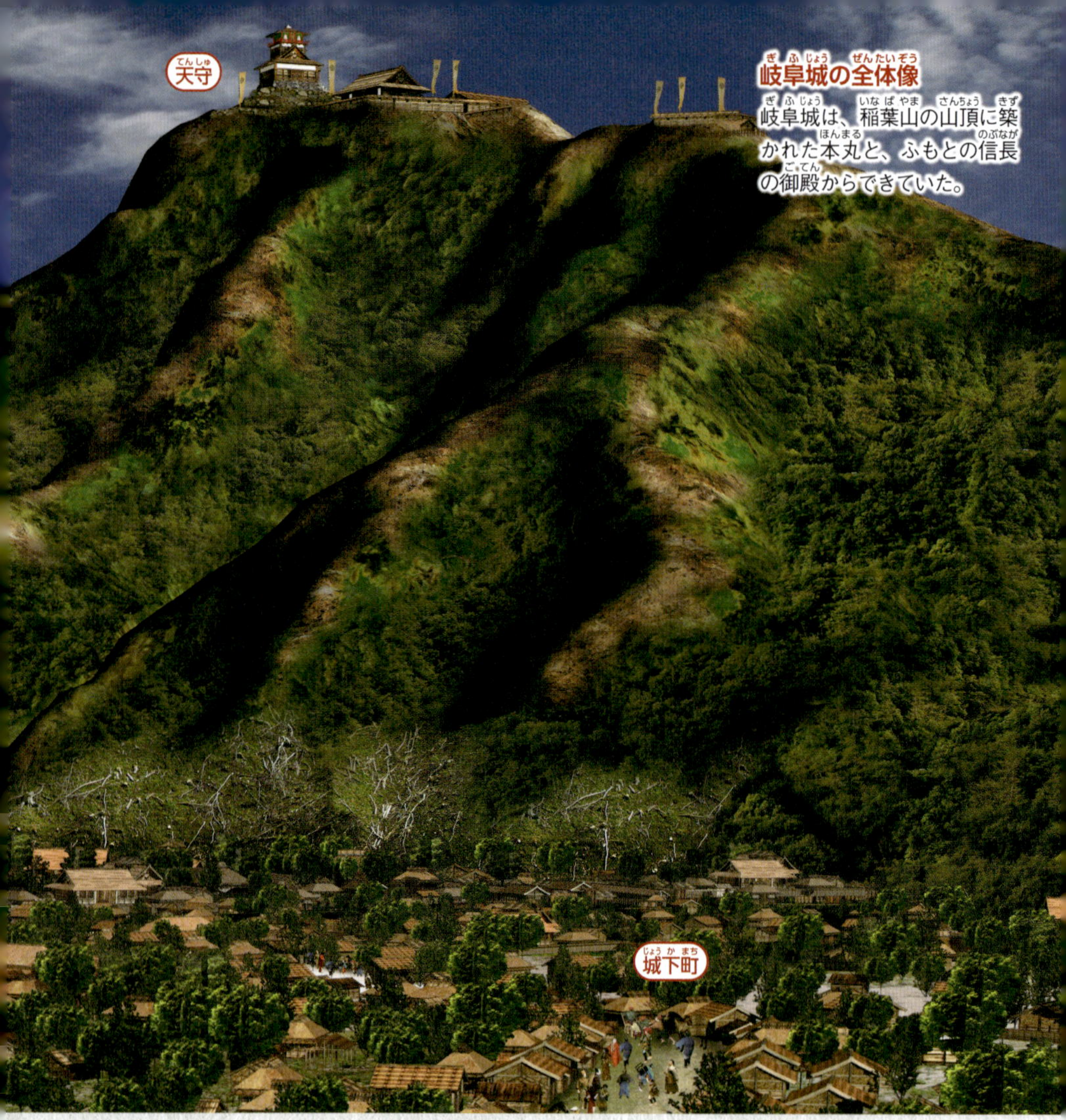

岐阜城《ぎふじょう》の全体像《ぜんたいぞう》
岐阜城《ぎふじょう》は、稲葉山《いなばやま》の山頂《さんちょう》に築《きず》かれた本丸《ほんまる》と、ふもとの信長《のぶなが》の御殿《ごてん》からできていた。

楽市《らくいち》・楽座《らくざ》で岐阜《ぎふ》の城下町《じょうかまち》は大発展《だいはってん》する

1567年の稲葉山城《いなばやまじょう》の戦《たたか》いで、信長《のぶなが》は城下町《じょうかまち》を焼《や》き払《はら》ったため、城下町《じょうかまち》は荒《あ》れていた。信長《のぶなが》は、城下町《じょうかまち》にぎわいを取りもどすため、城下町《じょうかまち》に家臣《かしん》たちの屋敷《やしき》を築《きず》いて住まわせた。

続《つづ》いて信長《のぶなが》は、「楽市《らくいち》・楽座《らくざ》」を開いた。楽市《らくいち》とは市場で商売をしたときに税金《ぜいきん》を取らないことで、楽座《らくざ》とは座《ざ》（同じ商売をする人たちの組合）を禁止《きんし》したものである。楽市《らくいち》・楽座《らくざ》によって、だれでも自由に市場で商売ができるようになったのである。岐阜《ぎふ》には多くの商人や買い物客が集まり、人口は約《やく》1万人まで増《ふ》えたそうだ。

信長《のぶなが》の政策《せいさく》によって、岐阜《ぎふ》は日本で有数の経済《けいざい》都市に発展《はってん》し、そのにぎわいは山頂《さんちょう》の天守《てんしゅ》からでもわかったそうだ。

天守《てんしゅ》からのながめ

現在《げんざい》の岐阜城天守《ぎふじょうてんしゅ》からのながめで、写真中央を流れるのは長良川《ながらがわ》。信長《のぶなが》が天守《てんしゅ》から見下ろした風景《ふうけい》を想像《そうぞう》できる。

岐阜城《ぎふじょう》の城下町《じょうかまち》

城下町《じょうかまち》ではだれでも自由に商売ができたので、経済《けいざい》が活発になり、とてもにぎわった。

ウソ!ホント!?

信長《のぶなが》は自分で食事を運んでもてなした!?

信長《のぶなが》は、宣教師《せんきょうし》のフロイス（→P135）を岐阜城《ぎふじょう》に案内《あんない》したとき、だれも入ることができない豪華《ごうか》な部屋に通し、さらにフロイスの食事の膳《ぜん》を自分で運んでもてなした。

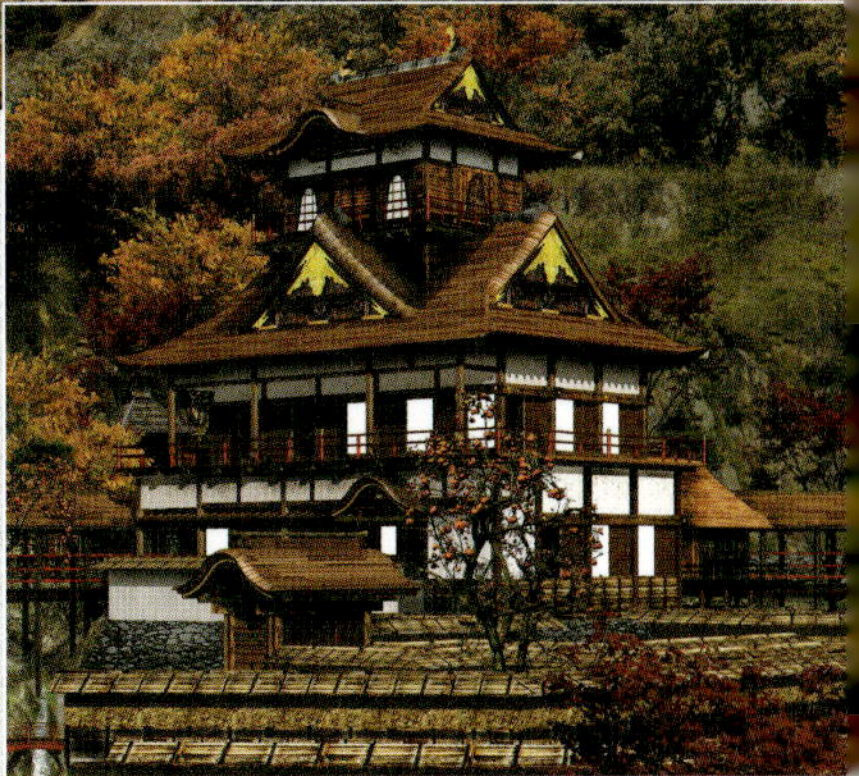

御殿《ごてん》の想像図《そうぞうず》

信長《のぶなが》はふだん、ふもとの御殿《ごてん》で暮《く》らした。

超《ちょう》ビジュアル！
信《のぶ》長《なが》新聞
第１号
発行所：
戦国《せんごく》タイムス社

信長《のぶなが》は神仏《しんぶつ》や迷信《めいしん》を信《しん》じなかった!?

信長《のぶなが》は神様や仏様《ほとけさま》を信《しん》じなかったというが、本当だろうか？

病気を治《なお》せなかった僧《そう》たちを殺《ころ》した!?

信長《のぶなが》は、父の信秀《のぶひで》が病気になったとき、病気が治《なお》るように僧《そう》たちにお祈《いの》りをさせた。数日後、信秀《のぶひで》が病死したとき、信長《のぶなが》は僧《そう》たちを寺に閉《と》じこめて、数人をうち殺《ころ》したそうだ。

キリスト教の神を信《しん》じなかった!?

信長《のぶなが》は宣教師《せんきょうし》（キリスト教を広めるために外国に送られる人）たちと仲《なか》がよく、キリスト教を広めることを許《ゆる》したが、信長《のぶなが》はキリスト教の神や、死後の世界などは信《しん》じなかった。

大蛇《だいじゃ》を探《さが》すために池にもぐった!?

ある村の池に恐《おそ》ろしい大《だい》蛇《じゃ》がいるという迷信《めいしん》があった。これを確《たし》かめようと、信長《のぶなが》は農民《のうみん》たちに池の水をくみ出させ、水が少なくなったところで刀を口にくわえてもぐった。大蛇《だいじゃ》は見つからなかったという。

安土城《あづちじょう》の石階段《いしかいだん》に石仏《せきぶつ》を使った!?

信長《のぶなが》は安土城《あづちじょう》(➡P172)を築《きず》くとき、山全体をおおうほどの石垣《いしがき》や石階段《いしかいだん》をつくろうとした。このため大量《たいりょう》の石が必要《ひつよう》になったが、石が足りなくなったので、信長《のぶなが》は近くの寺や山道にあった石仏《せきぶつ》(石をほってつくった仏像《ぶつぞう》)をもってこさせ、石材《せきざい》として使わせたという。現在《げんざい》も安土城跡《あづちじょうあと》の石《いし》階段《かいだん》には石仏《せきぶつ》がいくつも見つかっている。

安土城跡《あづちじょうあと》に残《のこ》る石仏《せきぶつ》。

自分を神として信《しん》じさせた!?

天下統一《とういつ》が間近に迫《せま》ったとき、信長《のぶなが》は安土城《あづちじょう》の近くの寺に、盆山《ぼんさん》と名づけた石をまつらせた。そして盆山《ぼんさん》を自分の分身とし、人びとに「盆山《ぼんさん》にお参《まい》りせよ」と命じたという。信長《のぶなが》は、自分が神になろうとしていたという。盆山《ぼんさん》の形などはわかっていない。

インチキが大嫌《きら》い!

黒人の体を洗《あら》わせた!?

宣教師《せんきょうし》が連《つ》れてきた黒人をはじめて見たとき、信長《のぶなが》は「肌《はだ》に墨《すみ》をぬっているのでは」と信《しん》じなかった。黒人の体を洗《あら》わせてようやく信《しん》じたという。

室町幕府《むろまちばくふ》の次の将軍《しょうぐん》になりたかった足利義昭《あしかがよしあき》は、越前《えちぜん》（現在《げんざい》の福井県《ふくいけん》）の朝倉義景《あさくらよしかげ》を頼《たよ》っていた。
うぅむ……義景《よしかげ》を頼《たよ》ってきたもののの
足利義昭《あしかがよしあき》
わたしは越前《えちぜん》が好《す》きですから
やつは京《きょう》に上《のぼ》ってわたしを将軍《しょうぐん》にする気はないな……
ここは尾張《おわり》の織田信長《おだのぶなが》を頼《たよ》られては？
必《かなら》ずや義昭様《よしあきさま》に尽《つ》くすと思われます！
信長《のぶなが》……
ん゛ー
京《きょう》に上《のぼ》れるなら、だれでも構《かま》わん！
行って話をつけてこい！
美濃《みの》――
ぜひとも義昭様《よしあきさま》とともに京《きょう》に上《のぼ》っていただきたく……
……

＊キンカン（みかんの一種《いっしゅ》）の形に似《に》た頭のこと。

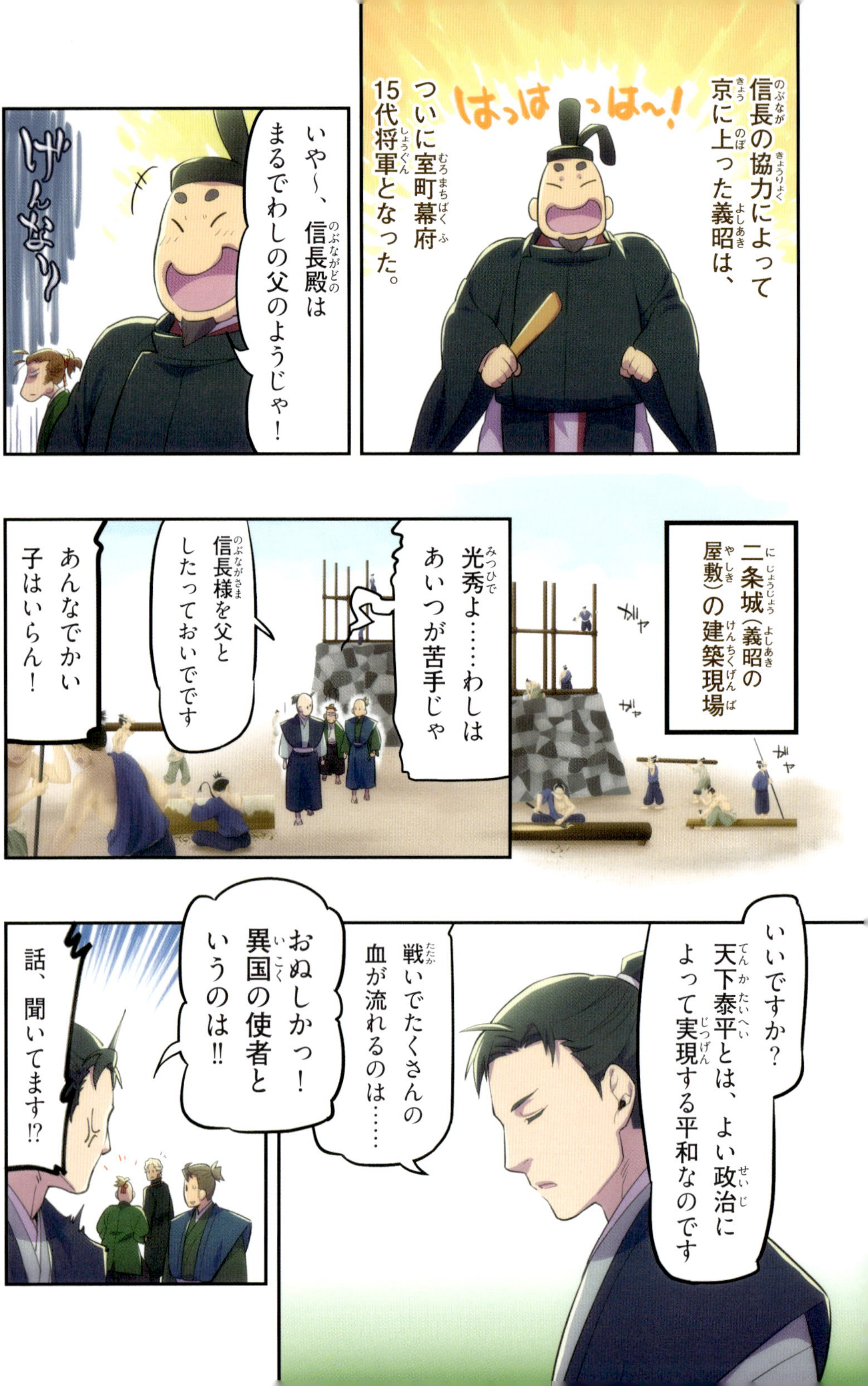

信長《のぶなが》の協力《きょうりょく》によって京《きょう》に上《のぼ》った義昭《よしあき》は、
はっはっは〜！
ついに室町幕府《むろまちばくふ》15代将軍《しょうぐん》となった。
いや〜、信長殿《のぶながどの》はまるでわしの父のようじゃ！
げんなり〜
二条城《にじょうじょう》（義昭《よしあき》の屋敷《やしき》）の建築現場《けんちくげんば》
ガヤ
ガヤ
ガヤ
光秀《みつひで》よ……わしはあいつが苦手じゃ
信長様《のぶながさま》を父としたっておいでです
あんなでかい子はいらん！
いいですか？天下泰平《てんかたいへい》とは、よい政治《せいじ》によって実現《じつげん》する平和なのです
戦《たたか》いでたくさんの血が流れるのは……
おぬしかっ！異国《いこく》の使者《ししゃ》というのは!!
話、聞いてます!?

わしらの言葉はわかるのか?
わかります!
キリストという神の教えを説《と》いているそうだな
広めてどうする?
わたしはただ、知ってほしいだけなのです
キリストは人びとを救《すく》う存在《そんざい》だということを
まちがいを認《みと》めて神を信《しん》じれば必《かなら》ず救《すく》ってくださるのです
……それは

だれでもか?
はい!
見返りがなくても?
この国にも「仏《ほとけ》」という救《すく》い主がおるが……
仏《ほとけ》を語りながら、金や物をだまし取る「坊主《ぼうず》」という輩《やから》がおる
今すぐにでもこいつらをつぶしてやりたい!
ゴクリ…
信長様《のぶながさま》、そんな顔をしないでください!
憎《にく》しみは争《あらそ》いしか生みません
*隣人《りんじん》を自分のように愛《あい》するのです!
隣人《りんじん》ねえ……

*自分のまわりにいる人。

そして二条城《にじょうじょう》は完成《かんせい》を迎《むか》えた。
おおぉ〜！美しい〜!! でかしたぞ、信長《のぶなが》！お礼に、おぬしを副将軍《ふくしょうぐん》にしてやろう！
遠慮《えんりょ》しておきます……
そっ……そうか？
ぬ〜 おわった おわったァ
よし！ではさっそく将軍《しょうぐん》として政治《せいじ》をおこなわねば……
ぐるんっ
お待ちを！
政治《せいじ》はわしがおこなう！勝手なことは許《ゆる》さぬ！
ぐしゃっ
カチーン
なっ……
何を言うか！わしは将軍《しょうぐん》だぞ!?
信長《のぶなが》と義昭《よしあき》はしだいに対立していった。

この頃《ころ》、信長《のぶなが》は越前《えちぜん》の朝倉義景《あさくらよしかげ》に新将軍《しんしょうぐん》・義昭《よしあき》にあいさつするように求《もと》めたが、義景《よしかげ》は無視《むし》した。

朝倉義景《あさくらよしかげ》
VS
怒《おこ》った信長《のぶなが》は、越前《えちぜん》に攻《せ》めこんだ。

金《かね》ケ《が》崎城《さきじょう》が落ちました!

うむ。次は義景《よしかげ》の一乗谷《いちじょうだに》へ向かう!

殿《との》っ! 一大事です!

ダダダ…

浅《あざ》井《い》長政《ながまさ》が裏《うら》切《ぎ》りました!!

ばかなっ!

長政《ながまさ》には、妹のお市《いち》を嫁《とつ》がせたんだぞ!?

生まれました♥

3人目が

しかし、これが事実なら、浅井《あざい》と朝倉《あさくら》のはさみうちになります……！
殿《との》、今から京《きょう》へおにげください！
何!?
ここはわれらが食い止めます！
ギュッ！
殿《との》には生きていてもらわねば！
くっ……！
朝倉《あさくら》も浅井《あざい》も……わしの天下統一《とういつ》の道をじゃまする者は、
だれであろうと容赦《ようしゃ》はせん!!

1568年

35歳《さい》

信《のぶ》長《なが》の上《じょう》洛《らく》戦《せん》

信《のぶ》長《なが》は六《ろっ》角《かく》氏《し》を倒《たお》して京都《きょうと》へ入る！

観音寺城《かんのんじじょう》 承禎《しょうてい》が守る六角氏《ろっかくし》の拠点《きょてん》。

箕作城《みつくりじょう》を火攻《ひぜ》めにする織田軍《おだぐん》

箕作城《みつくりじょう》は、標高約《ひょうこうやく》325mの箕作《みつくり》山《やま》に築《きず》かれた山城《やまじろ》だったが、秀《ひで》吉《よし》は数百本の松明《たいまつ》で火攻《ひぜ》めにして、わずか1日で落城《らくじょう》させた。

六《ろっ》角《かく》氏《し》を降《こう》伏《ふく》させた信《のぶ》長《なが》が京《きょう》都《と》へ入る

信長《のぶなが》が浅井長政《あざいながまさ》と同盟《どうめい》を結《むす》んだ1568年、室町幕府《むろまちばくふ》13代将軍《しょうぐん》の足利義輝《あしかがよしてる》の弟・義昭《よしあき》が信長《のぶなが》を頼《たよ》って岐阜《ぎふ》にきた。信長《のぶなが》は「義昭様《よしあきさま》を将軍《しょうぐん》にする」と言って、上洛《じょうらく》(京都《きょうと》に入ること)しようとした。信長《のぶなが》の本当のねらいは、京都《きょうと》を足がかりに天下統一《とういつ》の戦《たたか》いをはじめることだった。その通り道、近江《おうみ》(現在《げんざい》の滋賀県《しがけん》)南部を支配《しはい》する六角承禎《ろっかくしょうてい》は、信長《のぶなが》のじゃまをした。信長《のぶなが》は承禎《しょうてい》と戦《たたか》うことを決意した。

信長《のぶなが》は、家臣《かしん》の豊臣秀吉《とよとみひでよし》に命じて六角軍《ろっかくぐん》の箕作城《みつくりじょう》を攻撃《こうげき》させた。

大勝 戦力《せんりょく》 約《やく》6万人

織田信長《おだのぶなが》

織田軍《おだぐん》 VS **六角軍《ろっかくぐん》**

六角承禎《ろっかくしょうてい》

大負 戦力《せんりょく》 約《やく》1万1000人

上洛戦《じょうらくせん》の流れ

1 秀吉《ひでよし》が箕作城《みつくりじょう》を攻《せ》める

織田軍《おだぐん》の秀吉《ひでよし》は、松明《たいまつ》を数百本も用意し、箕作《みつくり》城《じょう》のふもとから一気に火をつけて攻撃《こうげき》した。六角軍《ろっかくぐん》はにげ出し、箕作城《みつくりじょう》は落城《らくじょう》した。

2 承禎《しょうてい》が観音寺城《かんのんじじょう》からにげる

箕作城《みつくりじょう》が落城《らくじょう》したことを知った承禎《しょうてい》は、その日の夜に観音寺城《かんのんじじょう》からにげ出した。翌日《よくじつ》、織田軍《おだぐん》が攻撃《こうげき》を開始すると、六角軍《ろっかくぐん》は降伏《こうふく》した。

箕作城《みつくりじょう》

合戦場所《かっせんばしょ》

滋賀県《しがけん》
観音寺城《かんのんじじょう》
箕作城《みつくりじょう》

合戦分析《かっせんぶんせき》データ

六角軍《ろっかくぐん》
織田軍《おだぐん》
戦力《せんりょく》
作戦《さくせん》
運《うん》

秀吉《ひでよし》は箕作城《みつくりじょう》を火《ひ》攻《ぜ》めにして、1日で落城《らくじょう》させた。観音寺城《かんのんじじょう》にいた承禎《しょうてい》は、箕作城《みつくりじょう》が落ちたことを知ると、すぐに城《しろ》からにげ出した。翌日《よくじつ》、織田軍《おだぐん》が観音寺城《かんのんじじょう》を取り囲《かこ》むと、六角軍《ろっかくぐん》は降伏《こうふく》した。

じゃま者がすべていなくなった信長《のぶなが》は、岐阜《ぎふ》から呼《よ》び寄《よ》せた義昭《よしあき》を連《つ》れて、京都《きょうと》に入った。

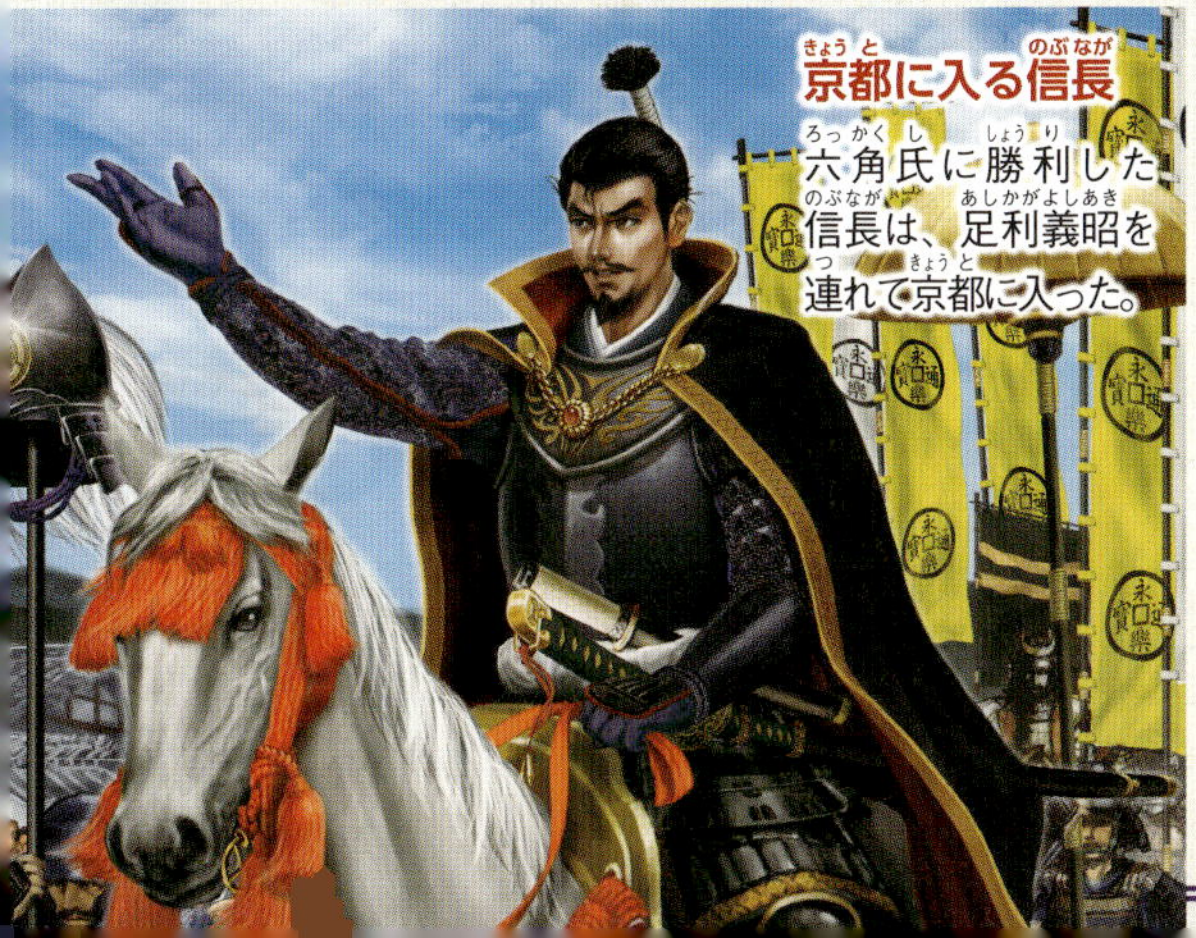

京都《きょうと》に入る信長《のぶなが》

六角氏《ろっかくし》に勝利《しょうり》した信長《のぶなが》は、足利義昭《あしかがよしあき》を連《つ》れて京都《きょうと》に入った。

1568年 35歳《さい》

信長《のぶなが》は天下統一《とういつ》のために義昭《よしあき》を利用《りよう》する！

足利義昭《あしかがよしあき》を将軍《しょうぐん》にする

将軍《しょうぐん》・足利義昭《あしかがよしあき》と会う信長《のぶなが》

信長《のぶなが》に将軍《しょうぐん》にしてもらった義昭《よしあき》は、信長《のぶなが》を「御父《おんちち》（お父様）」と呼《よ》ぶほど感謝《かんしゃ》した。

副将軍《ふくしょうぐん》の座《ざ》を断《ことわ》って商売での利益《りえき》を求《もと》める

信長《のぶなが》が京都《きょうと》に入ると、京都《きょうと》で勢《せい》力《りょく》を振《ふ》るっていた三好氏《みよしし》はにげ出した。京都《きょうと》を完全《かんぜん》に支配《しはい》した信長《のぶなが》は、足利義昭《あしかがよしあき》を室町幕府《むろまちばくふ》の15代将《しょう》軍《ぐん》にした。さらに信長《のぶなが》は義昭《よしあき》が住むために豪華《ごうか》な二条城《にじょうじょう》を築《きず》いた。

喜《よろこ》んだ義昭《よしあき》は、信長《のぶなが》に「副将軍《ふくしょうぐん》に任命《にんめい》したい」と伝《つた》えたが、信長《のぶなが》は断《ことわ》り、その代わりに堺《さかい》（大阪《おおさか》府《ふ》）と大津《おおつ》（滋賀県《しがけん》）、草津《くさつ》（滋賀《しが》県《けん》）に代官《だいかん》（領地《りょうち》を支配《しはい》する役人）を置《お》くことを義昭《よしあき》に求《もと》めた。堺《さかい》や大津《おおつ》、草津《くさつ》は経済《けいざい》活動が活発な都市だったので、信長《のぶなが》はこれらの

信長《のぶなが》の勢力図《せいりょくず》

足利義昭《あしかがよしあき》(1537〜1597)

室町幕府《むろまちばくふ》15代将軍《しょうぐん》。信長《のぶなが》の力で将軍《しょうぐん》にしてもらったが、政治《せいじ》の実権《じっけん》がなかったので、しだいに信長《のぶなが》と対立。信長《のぶなが》に反《はん》乱《らん》を起こしたが、敗《やぶ》れて追放された。

(➡P134)

二条城《にじょうじょう》の石垣《いしがき》

信長《のぶなが》が義昭《よしあき》のために建《た》てた二条城《にじょうじょう》(旧《きゅう》二条城《にじょうじょう》)の石垣《いしがき》。掘《ほ》り出された石垣《いしがき》を復元《ふくげん》したもの。

都市を支配《しはい》して、大きな利益《りえき》を得《え》ようとしたのである。

義昭《よしあき》は将軍《しょうぐん》になったが、政治《せいじ》の実権《じっけん》は信長《のぶなが》がにぎっていた。これに不満《ふまん》をつのらせた義昭《よしあき》は、しだいに信長《のぶなが》と対立していった。

名勝負

明智光秀《あけちみつひで》が義昭《よしあき》を守った「本圀寺《ほんこくじ》の変《へん》」

1569年、信長《のぶなが》が美濃《みの》に帰ったすきをついて、阿波《あわ》(現在《げんざい》の徳《とく》島《しま》県《けん》)の三好《みよし》氏《し》が、義昭《よしあき》が住んでいた本圀寺《ほんこくじ》を1万人の兵《へい》で攻《せ》めてきた。本圀寺《ほんこくじ》の織田《おだ》軍《ぐん》は、わずか2000人だったが、明智光秀《あけちみつひで》の活躍《かつやく》で三好軍《みよしぐん》を防《ふせ》いだ。翌日《よくじつ》、援《えん》軍《ぐん》が来たので、三好軍《みよしぐん》はにげた。

信長《のぶなが》が支配《しはい》した京都《きょうと》と堺《さかい》

京都《きょうと》に入った信長《のぶなが》は安全を守って人びとを安心させた。貿易《ぼうえき》で栄《さか》えていた堺《さかい》（大阪府《おおさかふ》）は力づくで手に入れた。

京都《きょうと》の町衆《まちしゅう》を安心させ堺《さかい》の自由をうばう

1467年にはじまった応《おう》仁《にん》の乱《らん》で戦場《せんじょう》になった京都《きょうと》は、焼《や》け野原になった。荒《あ》れ果《は》てた京都《きょうと》を立て直したのは、京都《きょうと》の町衆《まちしゅう》（裕福《ゆうふく》な商人や職人《しょくにん》）だった。町衆《まちしゅう》は、人びとが集まって住む地域《ちいき》である「町」をつくり、自分たちでルールをつくって暮《く》らした。

1568年、京都《きょうと》に入った信長《のぶなが》は、市民《しみん》に乱暴《らんぼう》したり盗《ぬす》みをしたりした兵《へい》をきびしく処罰《しょばつ》したので、町衆《まちしゅう》たちは安心したそうだ。

堺《さかい》（大阪府《おおさかふ》）は貿易《ぼうえき》で栄《さか》えた都市で、36人の会合衆《えごうしゅう》（有力な商人）が治《おさ》める自由都市だった。敵《てき》に攻《せ》められないよう、堺《さかい》の周囲《しゅうい》には堀《ほり》がめぐら

京《きょう》都《と》

戦国《せんごく》時代の京都《きょうと》の模型《もけい》

京都《きょうと》の通りにはたくさんの店が並《なら》び、にぎわっていた。

足利将軍邸《あしかがしょうぐんてい》

足利将軍邸《あしかがしょうぐんてい》は応仁《おうにん》の乱《らん》で焼失《しょうしつ》したが、その後に再建《さいけん》された。

米沢市上杉博物館所蔵

ふざけるのは許《ゆる》さん！
足利義昭《あしかがよしあき》の邸宅《ていたく》をつくるため、信長《のぶなが》は工事の指揮《しき》をした。
ぐずぐずするな！
身分の高い家臣《かしん》たちも働《はたら》かされた。
急げ！
工事中、ふざけて女性《じょせい》のかぶり物を取ろうとした兵《へい》は…
顔を見せろ
ぐい
いやです
信長《のぶなが》にいきなり切り殺《ころ》された。
ふざけるな！
ズバ
ぐわっ

堺《さかい》

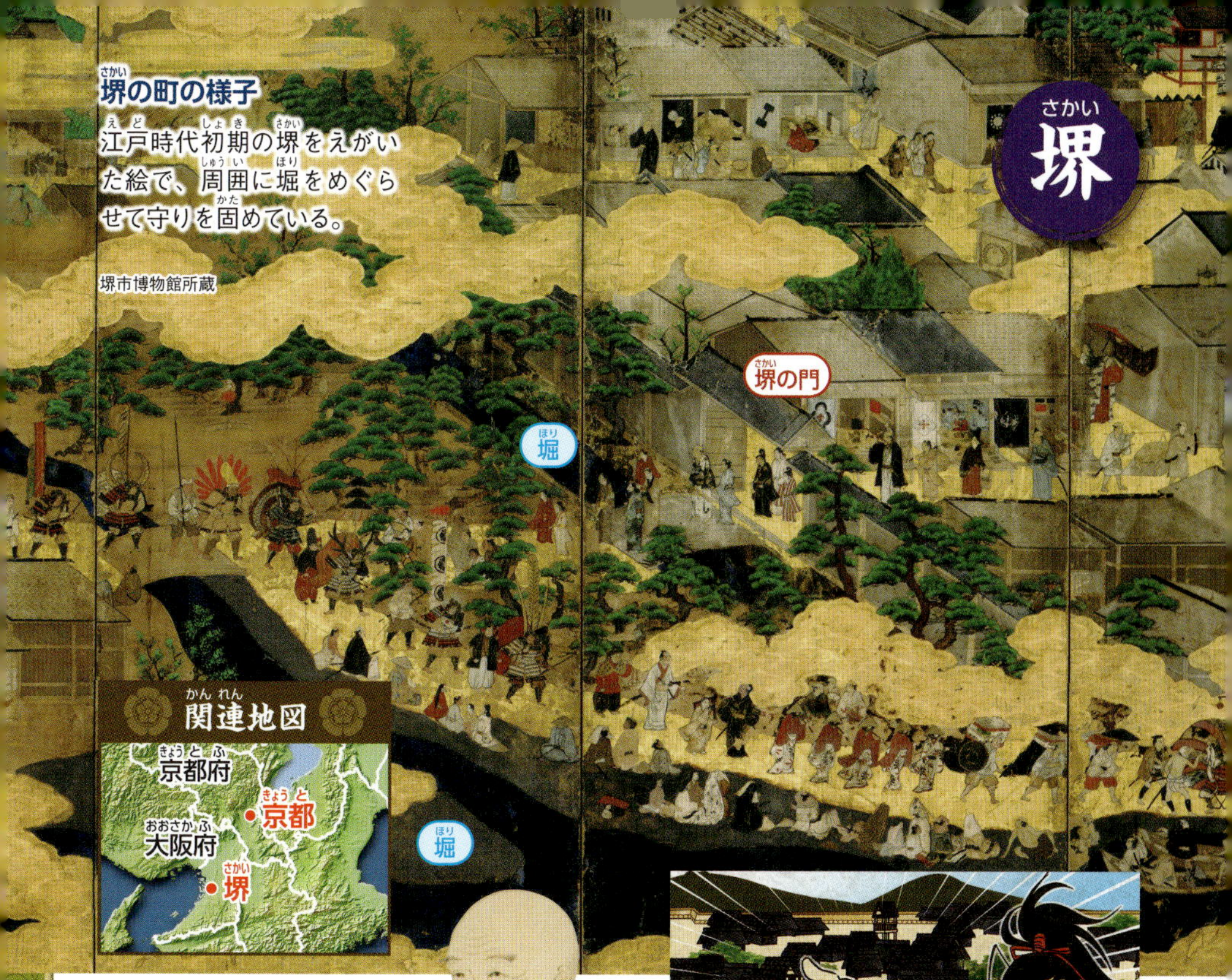

堺《さかい》の町の様子

江戸《えど》時代初期《しょき》の堺《さかい》をえがいた絵で、周囲《しゅうい》に堀《ほり》をめぐらせて守りを固《かた》めている。

堺市博物館所蔵

関連地図《かんれんちず》

今井宗久《いまいそうきゅう》(1520～1593)

堺《さかい》の商人。信長《のぶなが》に包囲《ほうい》された堺《さかい》からひそかに抜《ぬ》け出し、信長《のぶなが》に降伏《こうふく》することを伝《つた》えた。以後《いご》、信長《のぶなが》に仕え、信長《のぶなが》に茶道《ちゃどう》を教えた。

堺《さかい》を取り囲《かこ》む織田軍《おだぐん》

1569年、信長《のぶなが》は堺《さかい》に軍資金《ぐんしきん》を求《もと》めたが、拒《きょ》否《ひ》されたので大軍《たいぐん》で取り囲《かこ》んでおどした。

され、やとわれた兵《へい》によって守られていた。京都《きょうと》に入った翌年《よくとし》、堺《さかい》を支配《しはい》したかった信長《のぶなが》は、堺《さかい》に2万貫《がん》(約《やく》20億《おく》円)の軍資金《ぐんしきん》を要求《ようきゅう》した。堺《さかい》はこれを拒否《きょひ》したが、信長《のぶなが》は大軍《たいぐん》で堺《さかい》を降参《こうさん》させた。

なるほどエピソード

鉄砲《てっぽう》の大量生産《たいりょうせいさん》をはじめた堺《さかい》

1543年に種子島《たねがしま》(鹿児島県《かごしまけん》)に伝《つた》わった鉄砲《てっぽう》は、すぐに堺《さかい》にも伝《つた》えられた。堺《さかい》の職人《しょくにん》たちは部品ごとにつくり、最後《さいご》に組み立てる方法《ほうほう》で大量《たいりょう》に鉄砲《てっぽう》を生産《せいさん》した。このため各地《かくち》の戦国大名《せんごくだいみょう》たちが堺《さかい》に鉄砲《てっぽう》を注文したそうだ。

1570年
37歳《さい》

金《かね》ケ《が》崎《さき》の戦《たたか》い

落城《らくじょう》の直後、浅《あざ》井《い》長《なが》政《まさ》が信《のぶ》長《なが》を裏《うら》切《ぎ》る！

勝 戦力《せんりょく》 2万4500人？

朝倉《あさくら》義景《よしかげ》

浅井《あざい》長政《ながまさ》

朝《あさ》倉《くら》・浅《あざ》井《い》軍《ぐん》

VS

織《お》田《だ》軍《ぐん》

織田《おだ》信長《のぶなが》

負 戦力《せんりょく》 約《やく》3万人

朝倉《あさくら》氏《し》を勝手に攻《せ》めて長政《ながまさ》に裏切《うらぎ》られる

足利義昭《あしかがよしあき》が将軍《しょうぐん》になると、信長《のぶなが》は、越前《えちぜん》(現在《げんざい》の福井県《ふくいけん》)の朝倉《あさくら》義景《よしかげ》に、義昭《よしあき》にあいさつにくるよう求《もと》めたが、義景《よしかげ》はこの命令《めいれい》を無視《むし》した。このため信長《のぶなが》は大軍《たいぐん》を率《ひき》いて、京都《きょうと》から越前《えちぜん》へ攻《せ》めこんだ。

快進撃《かいしんげき》を続《つづ》ける織田軍《おだぐん》は、朝倉《あさくら》方《がた》の重要《じゅうよう》な城《しろ》だった金ケ崎城《かねがさきじょう》を取り囲《かこ》んで降伏《こうふく》させた。その直後「浅《あざ》井《い》長政《ながまさ》が裏切《うらぎ》った」という知らせが入った。信長《のぶなが》と長政《ながまさ》は同盟《どうめい》を結《むす》んでいたが、「朝倉氏《あさくらし》を攻《せ》めるときは相談する」という約束《やくそく》を信長《のぶなが》が無視《むし》したため、怒《おこ》った長政《ながまさ》が同《どう》

金《かね》ケ《が》崎《さき》の戦《たたか》いの流れ

1 信長《のぶなが》が金《かね》ケ《が》崎城《さきじょう》を落とす

信長《のぶなが》は３万人の大軍《たいぐん》で、越前《えちぜん》に攻《せ》めこんだ。取り囲《かこ》まれた金《かね》ケ《が》崎城《さきじょう》は、戦《たたか》わずに降伏《こうふく》した。

2 信長《のぶなが》が京都《きょうと》へにげる

「浅井長政《あざいながまさ》が裏切《うらぎ》った」という情報《じょうほう》が入る。信長《のぶなが》は豊臣秀吉《とよとみひでよし》や明智光秀《あけちみつひで》を金《かね》ケ《が》崎城《さきじょう》に残《のこ》して、わずかな家来とともに京都《きょうと》へにげた。

3 秀吉《ひでよし》と光秀《みつひで》が敵《てき》を食い止める

信長《のぶなが》がにげたことを知った朝倉軍《あさくらぐん》は、織田軍《おだぐん》におそいかかった。秀吉《ひでよし》と光秀《みつひで》は攻撃《こうげき》を防《ふせ》ぎながら、織田軍《おだぐん》を京都《きょうと》まで帰らせた。

合戦分析《かっせんぶんせき》データ
織田軍《おだぐん》
戦力《せんりょく》
作戦《さくせん》
運《うん》
朝倉《あさくら》・浅井軍《あざいぐん》

合戦場所《かっせんばしょ》

福井県《ふくいけん》
金《かね》ケ《が》崎城《さきじょう》

織田信長《おだのぶなが》

金《かね》ケ《が》崎城《さきじょう》を攻《せ》める信長《のぶなが》

信長《のぶなが》は朝倉氏《あさくらし》が守る金《かね》ケ《が》崎城《さきじょう》を大軍《たいぐん》で取り囲《かこ》み、降伏《こうふく》するように伝《つた》えた。

盟《めい》を破《やぶ》って攻《せ》めてきたのだ。

最初《さいしょ》、信長《のぶなが》は長政《ながまさ》の裏切《うらぎ》りを信《しん》じなかったが、事実であることがわかった。はさみうちにされ、負けを覚悟《かくご》した信長《のぶなが》は、わずかな家来とにげ出した。織田軍《おだぐん》の豊臣秀《とよとみひで》吉《よし》や明智光秀《あけちみつひで》は、朝倉軍《あさくらぐん》の攻撃《こうげき》を食い止め、信長《のぶなが》はぎりぎりのところで京都《きょうと》へ無事《ぶじ》にたどり着いた。

1570年

37歳《さい》

姉川《あねがわ》の戦《たたか》い

信長《のぶなが》と家康《いえやす》の連合軍《れんごうぐん》が、浅井《あざい》・朝倉軍《あさくらぐん》を打ち破《やぶ》る！

合戦分析《かっせんぶんせき》データ

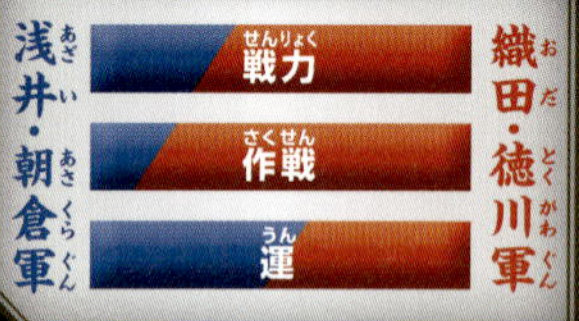
浅井《あざい》・朝倉軍《あさくらぐん》
戦力《せんりょく》
作戦《さくせん》
運《うん》
織田《おだ》・徳川軍《とくがわぐん》

合戦場所《かっせんばしょ》

姉川《あねがわ》
滋賀県《しがけん》

家康《いえやす》の作戦《さくせん》が成功《せいこう》して信長《のぶなが》が勝利《しょうり》をつかむ

信長《のぶなが》は、自分を裏切《うらぎ》った浅井長政《あざいながまさ》を許《ゆる》さなかった。京都《きょうと》にもどってから約《やく》2か月後、信長《のぶなが》は2万人の大軍《たいぐん》を率《ひき》いて、長政《ながまさ》の小谷城《おだにじょう》(滋賀県《しがけん》)へ向かった。同盟者《どうめいしゃ》の徳川家康《とくがわいえやす》も5000人の兵《へい》を連《つ》れて織田軍《おだぐん》に加《くわ》わった。

小谷城《おだにじょう》を出た5000人の浅井軍《あざいぐん》には、越前《えちぜん》(現在《げんざい》の福井県《ふくいけん》)の朝倉義景《あさくらよしかげ》から応援《おうえん》に送られた8000人の兵《へい》が加《くわ》わった。両軍《りょうぐん》は小谷城《おだにじょう》のふもとを流れる姉川《あねがわ》(滋賀県《しがけん》)をはさんでにらみあいを続《つづ》けたが、ついに戦《たたか》いがはじまった。

勝　戦力《せんりょく》　約《やく》2万5000人

織田信長《おだのぶなが》

徳川家康《とくがわいえやす》

織田《おだ》・徳川軍《とくがわぐん》

VS

浅井《あざい》・朝倉軍《あさくらぐん》

浅井長政《あざいながまさ》

朝倉義景《あさくらよしかげ》

負　戦力《せんりょく》　約《やく》1万3000人

姉川《あねがわ》の戦《たたか》いの流れ

1 信長《のぶなが》が小谷城《おだにじょう》へ向かう

信長《のぶなが》は2万人の兵《へい》を引き連《つ》れて岐阜城《ぎふじょう》を出発。長政《ながまさ》の居城《きょじょう》である小谷城《おだにじょう》を目指した。

2 徳川家康《とくがわいえやす》が参加《さんか》する

家康《いえやす》は兵《へい》を率《ひき》いて姉川《あねがわ》(滋賀県《しがけん》)の南岸に到着《とうちゃく》する。一方の長政《ながまさ》は小谷城《おだにじょう》から出撃《しゅつげき》し、朝倉義景《あさくらよしかげ》から送られた兵《へい》と一緒《いっしょ》に、姉川《あねがわ》の北岸に到着《とうちゃく》。

3 榊原康政《さかきばらやすまさ》が朝倉軍《あさくらぐん》を攻撃《こうげき》する

姉川《あねがわ》をはさんで両軍《りょうぐん》が激突《げきとつ》する。徳川軍《とくがわぐん》の榊原《さかきばら》康政《やすまさ》が朝倉軍《あさくらぐん》の横側《よこがわ》から攻撃《こうげき》をはじめると、朝《あさ》倉軍《くらぐん》は総崩《そうくず》れとなり、織田《おだ》・徳川軍《とくがわぐん》が勝利《しょうり》した。

朝倉軍《あさくらぐん》に攻《せ》めこむ榊原康政《さかきばらやすまさ》

徳川軍《とくがわぐん》の武将《ぶしょう》・榊原康政《さかきばらやすまさ》は、縦《たて》にのびて散《ち》らばっていた朝《あさ》倉軍《くらぐん》の横側《よこがわ》を攻撃《こうげき》した。

最初《さいしょ》は浅井《あざい》・朝倉軍《あさくらぐん》が有利《ゆうり》に戦《たたか》いを進めたが、徳川軍《とくがわぐん》の榊原康政《さかきばらやすまさ》が朝倉軍《あさくらぐん》を横側《よこがわ》から攻《せ》めると勢《いきお》いが止まった。このすきに織田軍《おだぐん》は朝倉軍《あさくらぐん》に一気に攻《せ》めかかったので浅井《あざい》・朝倉軍《あさくらぐん》は総崩《そうくず》れとなった。

信長《のぶなが》はにげる浅井軍《あざいぐん》を追って小谷《おだに》城《じょう》に迫《せま》ったが、簡単《かんたん》に城《しろ》を落とせないと判断《はんだん》して、引き返した。

超《ちょう》ビジュアル！

信《のぶ》長《なが》新聞

第2号

発行所：
桃山《ももやま》ウィークリー

信《のぶ》長《なが》はどんなものが好《す》きだった!?

信長《のぶなが》が好《す》きなものや、好《す》きなことは、何だったのだろう？

鷹《たか》狩《が》りばかりしていた!?

信《のぶ》長《なが》は若《わか》い頃《ころ》から鷹《たか》狩《が》り（鷹《たか》を放って小鳥などを捕《つか》まえさせること）が大《だい》好《す》きだった。敵《てき》の城《しろ》を包《ほう》囲《い》している最《さい》中《ちゅう》でも、毎日のように鷹《たか》狩《が》りに出かけ、家《か》臣《しん》たちをおどろかせたそうだ。

お金が大《だい》好《す》き!?

戦《せん》国《ごく》時代、日本では明《みん》（中《ちゅう》国《ごく》）から輸《ゆ》入《にゅう》された永《えい》楽《らく》通《つう》宝《ほう》という貨《か》幣《へい》が広く使われていた。信《のぶ》長《なが》は経《けい》済《ざい》活動を大切に考えていたので、永《えい》楽《らく》通《つう》宝《ほう》を軍《ぐん》旗《き》にデザインして使っていた。

永楽通宝《えいらくつうほう》がえがかれた信長《のぶなが》の軍旗《ぐんき》。

永楽通宝《えいらくつうほう》。

濃《こ》い味つけの料理《りょうり》が好《す》きだった!?

信《のぶ》長《なが》は、京《きょう》都《と》で達《たつ》人《じん》と評《ひょう》判《ばん》だった名《めい》料《りょう》理《り》人《にん》に料《りょう》理《り》をつくらせて食べたとき、「水っぽくてまずい」と怒《おこ》った。料《りょう》理《り》人《にん》は謝《あやま》って、翌《よく》日《じつ》に濃《こ》い味つけの料《りょう》理《り》を出すと、信《のぶ》長《なが》は大《だい》満《まん》足《ぞく》だったそうだ。

相撲《すもう》を取らせるのが大好《だいす》きだった!?

信長《のぶなが》は相撲《すもう》を見るのが大《だい》好《す》きで、だれでも裸《はだか》にして相撲《すもう》を取らせて喜《よろこ》んでいた。また、各地《かくち》から力士《りきし》を集めて相撲《すもう》大会を開き、よい成績《せいせき》だった力士《りきし》には、ほうびを与《あた》えたり、家臣《かしん》にしたりしたそうだ。土俵《どひょう》のもとを考え出したのは信長《のぶなが》という説《せつ》もある。

茶道《ちゃどう》で使う茶道具を集めていた!?

信長《のぶなが》は茶道《ちゃどう》(茶の湯)が好《す》きだったので、茶碗《ちゃわん》や茶釜《ちゃがま》などの茶道具の名品を集めていた。

また、自分の茶道具を茶会の席《せき》で家臣《かしん》に見せたり、手柄《てがら》を立てた家臣《かしん》にほうびとして与《あた》えたりしたので、その価値《かち》はさらに高まったという。

宣教師《せんきょうし》たちが好《す》き!

信長《のぶなが》は岐阜城《ぎふじょう》へ宣教師《せんきょうし》たちを招《まね》いた。
楽しんでもらえたか?
はい
なんでしょう
贈《おく》り物があります
こ、これは
美しい着物!
よく似合《にあ》っておる
はい
また城《しろ》に来なさい

『敦盛《あつもり》』を舞《ま》うことが好《す》き!!

信長《のぶなが》は、『敦盛《あつもり》』という舞《まい》のうち、「人間の一生の時間は、天上の世界では一《いっ》瞬《しゅん》にすぎない」という意味の一節《いっせつ》が特《とく》に好《す》きだった。桶狭間《おけはざま》の戦《たたか》いの前に、この一節《いっせつ》を舞《ま》ったことは有名だ。

信長《のぶなが》があこがれた南蛮《なんばん》文化

南蛮寺《なんばんじ》

日本に建《た》てられた教会。屋根の上に十字架《じゅうじか》が見える。

南蛮人《なんばんじん》

黒人に日傘《ひがさ》を差《さ》してもらっているのは、南蛮船《なんばんせん》の船長。マントを着て、子犬を連《つ》れている。

地球儀《ちきゅうぎ》を見る信長《のぶなが》

当時、日本では地球が球体であることはあまり知られていなかったが、宣教師《せんきょうし》から贈《おく》られた地球儀《ちきゅうぎ》を見た信長《のぶなが》は、地球が球体であることをすぐに理解《りかい》したという。

世界の国の情報《じょうほう》を知りたかった信長《のぶなが》

１５４３年、種子島《たねがしま》（鹿児島県《かごしまけん》）にポルトガル船が到着《とうちゃく》して、日本に鉄砲《てっぽう》を伝《つた》えた。それ以降《いこう》、南蛮人《なんばんじん》（ポルトガル人やスペイン人）が日本にやってくるようになり、キリスト教や地球儀《ちきゅうぎ》、世界地図、望遠鏡《ぼうえんきょう》、時計などの「南蛮《なんばん》文化」が日本に伝《つた》えられた。南蛮《なんばん》文化にあこがれ、強い興味《きょうみ》をもった信長《のぶなが》は、鉄砲《てっぽう》をいち早く合戦《かっせん》に取り入れている。

宣教師《せんきょうし》（キリスト教を広《ひろ》めるために外国に送られる人）のルイス・フロイス（⬇Ｐ

南蛮船《なんばんせん》

南蛮屏風《なんばんびょうぶ》
南蛮《なんばん》(南ヨーロッパ)から日本に到《とう》着《ちゃく》した南蛮船《なんばんせん》をえがいた屏風《びょうぶ》。

金平糖《こんぺいとう》を受け取る信長
信長《のぶなが》は宣教師《せんきょうし》のフロイスから、ガラスの小瓶《こびん》に入った金平糖《こんぺいとう》を贈《おく》られた。金平《こんぺい》糖《とう》はもともとポルトガルの菓子《かし》だった。

135)は、信長《のぶなが》から部屋に招《まね》かれたとき、インドやヨーロッパの気候《きこう》や食べ物、城《しろ》などについて聞かれ、2時間以《い》上《じょう》も話しこんだという。

信長《のぶなが》は「自分は神を信《しん》じない」と宣教師《せんきょうし》たちに伝《つた》えたが、日本でキリスト教を広めることを許可《きょか》し、いつも親切に接《せっ》した。信長《のぶなが》はキリスト教を認《みと》めることで、南蛮貿易《なんばんぼうえき》を有利《ゆうり》に進め、大きな利益《りえき》を得《え》ようとしていたのである。

ほしいけど、返す!?

信長《のぶなが》は宣教師《せんきょうし》から小さな時計を差《さ》し出された。
どうぞ、差《さ》し上げます
すばらしい…!
しかし、これは受け取れぬ
なぜです?
故障《こしょう》したら直せないからだ
信長《のぶなが》は、そう説明《せつめい》して返してしまったそうだ。

1570年、天下統一《とういつ》を目指す信長《のぶなが》は、浄土真宗《じょうどしんしゅう》の中心的《ちゅうしんてき》な寺院・石山本願寺《いしやまほんがんじ》（大阪府《おおさかふ》）を明け渡《わた》すように伝《つた》えた。
石山本願寺《いしやまほんがんじ》 顕如《けんにょ》
信長《のぶなが》は石山本願寺《いしやまほんがんじ》をつぶそうとしている！
京都《きょうと》
うおー
摂津《せっつ》
石山本願寺《いしやまほんがんじ》
信長《のぶなが》から仏教《ぶっきょう》を守るのです！
くそっ！坊主《ぼうず》までわしに逆《さか》らうのかっ！
イラ イラ
殿《との》っ！浅井《あさい》・朝倉軍《あさくらぐん》が京《きょう》に攻《せ》めてきます！
信長《のぶなが》は石山本願寺《いしやまほんがんじ》から京都《きょうと》へもどり、浅井《あさい》・朝倉軍《あさくらぐん》と戦《たたか》おうとしたが……
覚悟《かくご》オーーッ!!
越前《えちぜん》
京都《きょうと》
石山本願寺《いしやまほんがんじ》

浅井《あざい》・朝倉軍《あさくらぐん》は比叡山《ひえいざん》(滋賀県《しがけん》)へにげこんでしまった。
こちらへ！
延暦寺《えんりゃくじ》
京都《きょうと》
比叡山延暦寺《ひえいざんえんりゃくじ》の僧《そう》たちが浅井《あざい》・朝倉軍《あさくらぐん》に味方したのだ。
浅井《あざい》・朝倉《あさくら》を出せ！かくまうと許《ゆる》さんぞ！
お断《ことわ》りします！
延暦寺《えんりゃくじ》、目ざわりだな……
ガルルル
どーどー
戦《たたか》いを長引かせたくなかった信長《のぶなが》は、しかたなく浅井《あざい》・朝倉《あさくら》と仲直《なかなお》りした。

お待ちください！
バタ
バタ
バタ
お待ちください、信長様《のぶながさま》！
お考え直しください！寺を攻《せ》めるなど、聞いたことがありません！
えぇい、やかましい、だまってろ！
ばしっ！
でっ……ですが！
寺に守られている貧《まず》しい民《たみ》もおります！
寺を失《うしな》えば、その者たちの暮《く》らしが……
では、わしに逆《さか》らう坊主《ぼうず》たちを許《ゆる》すのか？

ガッ
そ、そのようなことは……
わしは、一刻《いっこく》も早く天下を統一《とういつ》したい！
戦《たたか》いが長引けば、死んでいく民《たみ》は増《ふ》える！
ちがうか？
比叡山《ひえいざん》延暦寺《えんりゃくじ》——
ゴオオオオオ
これで、よかったのか？
わああ ああ ああ
天下とは……
何だ……

その頃《ころ》、足利義昭《あしかがよしあき》は各地《かくち》の大名《だいみょう》に「信長《のぶなが》を倒《たお》せ」という手紙を送り続《つづ》けていた。

おじゃ～！

信長《のぶなが》は敵《てき》じゃー！倒《たお》せ、倒《たお》せ、倒《たお》せー！

信長《のぶなが》さえいなくなれば天下はわたしのものだっ！

その手紙を読んだ甲斐《かい》（現在《げんざい》の山梨県《やまなしけん》）の武田信玄《たけだしんげん》は大軍《たいぐん》を率《ひき》いて西へ進軍《しんぐん》をはじめた。

武田信玄《たけだしんげん》
京都《きょうと》
甲斐《かい》
信玄《しんげん》か……

厄介《やっかい》だな……今、信玄《しんげん》と戦《たたか》って勝てるかどうか……

信長様《のぶながさま》！

信玄《しんげん》と戦《たたか》っている家康様《いえやすさま》が援軍《えんぐん》を求《もと》めています！

援軍《えんぐん》か……
しかし、援軍《えんぐん》を出しても家康《いえやす》では信玄《しんげん》に勝てぬだろう……
信長《のぶなが》の予想どおり、家康《いえやす》は三《み》方《かた》ケ《が》原《はら》の戦《たたか》いで信玄《しんげん》に大《たい》敗《はい》した。
攻《せ》めること火の如《ごと》し!!
うう
いーぞぉ!!
ぐぬ…
しかし、その直後、信玄《しんげん》は病に倒《たお》れ亡《な》くなってしまった。
むねん…
くぅ……万策《ばんさく》尽《つ》きたか!
京《きょう》から去れ!
二度とわしの前に姿《すがた》を見せるな……!
い、命だけはおたすけを〜!!
……
わーんっ
こうして、約《やく》240年続《つづ》いた室町《むろまち》幕府《ばくふ》はほろびた。

1573年 信長《のぶなが》は朝倉義景《あさくらよしかげ》との戦《たたか》いに勝利《しょうり》し、朝倉氏《あさくらし》をほろぼした……
次は浅井《あざい》をほろぼすぞ!
小谷城《おだにじょう》（滋賀県《しがけん》）——
城《しろ》は織田軍《おだぐん》に囲《かこ》まれました!
……もはやこれまでか
お市《いち》……。そなたは子どもたちを連《つ》れて信長殿《のぶながどの》のもとに帰れ
長政様《ながまささま》……!?

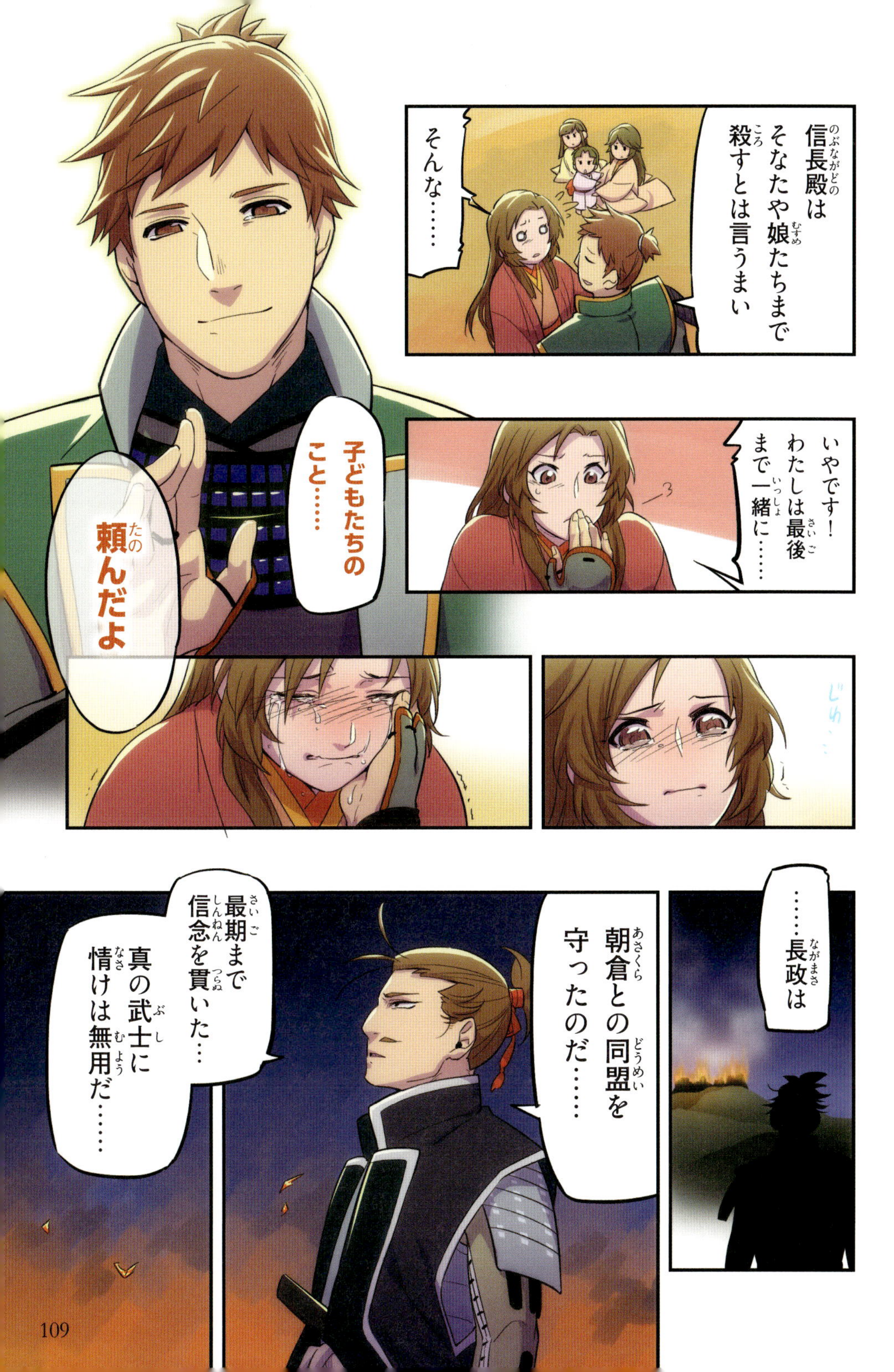
信長殿《のぶながどの》はそなたや娘《むすめ》たちまで殺《ころ》すとは言うまい
そんな……
いやです！わたしは最後《さいご》まで一緒《いっしょ》に……
子どもたちのこと……
頼《たの》んだよ
じわ
……長政《ながまさ》は
朝倉《あさくら》との同盟《どうめい》を守ったのだ……
最期《さいご》まで信念《しんねん》を貫《つらぬ》いた…
真の武士《ぶし》に情《なさ》けは無用《むよう》だ……

石山本願寺《いしやまほんがんじ》の顕如《けんにょ》の呼《よ》びかけに応《おう》じて、各地《かくち》で*一向一揆《いっこういっき》が起きていた。
長島《ながしま》（三重県《みえけん》）の一向一揆《いっこういっき》をしずめるため、信長《のぶなが》は一揆軍《いっきぐん》を大軍《たいぐん》で取り囲《かこ》み、*兵糧攻《ひょうろうぜ》めにした。
腹《はら》へったなぁ……

＊浄土《じょうど》真宗《しんしゅう》の信者《しんじゃ》による反乱《はんらん》。

＊食料《しょくりょう》を運ぶ道を断《た》ち、敵《てき》を飢《う》えさせる作戦《さくせん》。

空腹《くうふく》をがまんできなくなった一揆軍《いっきぐん》は、信長《のぶなが》に降伏《こうふく》すると伝《つた》えたが……
許《ゆる》さぬ！
信長《のぶなが》は一揆軍《いっきぐん》が立てこもる城《しろ》に放火し、約《やく》2万人を焼《や》き殺《ころ》した。
信長《のぶなが》は一向一揆《いっこういっき》を起こした信者《しんじゃ》を決して許《ゆる》さなかった。

……の、信長様《のぶながさま》……？
……
なんだ
……いえ、なんでも
納得《なっとく》がいかんか？
わしのしていることが……
それはっ……
仏教《ぶっきょう》しか信《しん》じていない人間は、わしが何を言っても聞かぬ……
新しい天下のためには……
こうするしかないのだ……

1570年
37歳《さい》

石《いし》山《やま》合《かっ》戦《せん》がはじまる

石《いし》山《やま》本《ほん》願《がん》寺《じ》の顕《けん》如《にょ》が信《のぶ》長《なが》に戦《たたか》いをいどむ

摂津《せっつ》(現在《げんざい》の大阪府《おおさかふ》)の石山本願寺《いしやまほんがんじ》は、浄土真宗《じょうどしんしゅう》(一向宗《いっこうしゅう》)の中心となる寺で、浄土真宗《じょうどしんしゅう》の信者《しんじゃ》に強い影響力《えいきょうりょく》をもっていた。戦国《せんごく》時代、浄土真宗《じょうどしんしゅう》の信者《しんじゃ》たちは、一向一揆《いっこういっき》と呼《よ》ばれる反乱《はんらん》を各地《かくち》で起こし、大名《だいみょう》の支配《しはい》に逆《さか》らっていた。

姉川《あねがわ》の戦《たたか》いに勝利《しょうり》した信長《のぶなが》は、近畿《きんき》地方を完全《かんぜん》に支配《しはい》しようと考えていた。そして、石山本願寺《いしやまほんがんじ》の最高責任者《さいこうせきにん》である顕如《けんにょ》に、「本願《ほんがん》寺《じ》から出ろ」と命令《めいれい》した。これに怒《おこ》った顕如《けんにょ》は、織田《おだ》軍《ぐん》への攻撃《こうげき》を開始し、石山合戦《いしやまかっせん》がはじまった。

顕如《けんにょ》は、全国の浄土真宗《じょうどしんしゅう》の信者《しんじゃ》に、「仏《ほとけ》の敵《てき》・信長《のぶなが》を倒《たお》せ」と呼《よ》びかけた。長島《ながしま》(三重県《みえけん》)や越前《えちぜん》(現《げん》在《ざい》の福井県《ふくいけん》)などでは、顕如《けんにょ》の呼《よ》びかけに応《おう》じて、信長《のぶなが》に反抗《はんこう》する一向一揆《いっこういっき》が次つぎと起こった。

10年にもおよぶ戦《たたか》いが開始された!

石《いし》山《やま》合《かっ》戦《せん》の流れ

1570年 石山合戦《いしやまかっせん》がはじまる

信長《のぶなが》から「本願寺《ほんがんじ》を出ろ」と命令《めいれい》されて怒《おこ》った顕《けん》如《にょ》は、織田軍《おだぐん》に攻撃《こうげき》を開始した。

1570年 顕如《けんにょ》が一向一揆《いっこういっき》を呼《よ》びかける

顕如《けんにょ》は「信長《のぶなが》を倒《たお》せ」と、全国の浄土真宗信者《じょうどしんしゅうしんじゃ》に呼《よ》びかけた。これに応《おう》じて、長島《ながしま》(三重県《みえけん》)や越《えち》前《ぜん》(現在《げんざい》の福井県《ふくいけん》)などで一向一揆《いっこういっき》が起きた。

1576年 天王寺《てんのうじ》の戦《たたか》い(➡P154)

石山本願寺軍《いしやまほんがんじぐん》に攻《せ》められた天王寺砦《てんのうじとりで》をたすけるため、信長《のぶなが》は先頭に立って戦《たたか》った。信長《のぶなが》は鉄砲《てっぽう》で足をうたれたが、攻《せ》め続《つづ》けて勝利《しょうり》した。

1576年 木津川口《きづがわぐち》の戦《たたか》い(第一次) (➡P156)

織田水軍《おだすいぐん》は、石山本願寺《いしやまほんがんじ》に武器《ぶき》や食料《しょくりょう》を運ぶ毛《もう》利水軍《りすいぐん》と戦《たたか》ったが、火攻《ひぜ》めにより負けた。

1578年 木津川口《きづがわぐち》の戦《たたか》い(第二次) (➡P178)

信長《のぶなが》は火攻《ひぜ》めが効《き》かない鉄甲船《てっこうせん》で毛利水軍《もうりすいぐん》を攻《こう》撃《げき》し、勝利《しょうり》した。石山本願寺《いしやまほんがんじ》は武器《ぶき》や食料《しょくりょう》が手に入らなくなった。

1580年 石山合戦《いしやまかっせん》が終わる(➡P184)

顕如《けんにょ》は信長《のぶなが》に降伏《こうふく》し、石山本願寺《いしやまほんがんじ》から出た。

石山本願寺《いしやまほんがんじ》を攻《せ》める織田軍《おだぐん》

石山本願寺《いしやまほんがんじ》には石垣《いしがき》はなかったが、深い堀《ほり》が周囲《しゅうい》にめぐらされていたので、防御力《ぼうぎょりょく》は高かった。

信長《のぶなが》は、各地《かくち》の一向一揆《いっこういっき》をしずめながら、石山本願寺《いしやまほんがんじ》への攻撃《こうげき》を続《つづ》けた。しかし顕如《けんにょ》は、雑賀孫一《さいかまごいち》(⬇P201)が率《ひき》いる鉄砲集団《てっぽうしゅうだん》の雑賀衆《さいかしゅう》や、中国《ちゅうごく》地方を支配《しはい》する毛《もう》利氏《りし》などを味方につけ、信長《のぶなが》に反《はん》撃《げき》を続《つづ》けた。信長《のぶなが》は勝利《しょうり》することができないまま、戦《たたか》いは10年間も続《つづ》くことになった。

1570年
37歳《さい》

志《し》賀《が》の陣《じん》

根本中堂《こんぽんちゅうどう》 延暦寺《えんりゃくじ》の中心となる建物《たてもの》。

合戦分析《かっせんぶんせき》データ

浅《あざ》井《い》・朝《あさ》倉《くら》軍《ぐん》

戦力《せんりょく》

作戦《さくせん》

運《うん》

織《お》田《だ》軍《ぐん》

合戦《かっせん》場所

分 戦力《せんりょく》 不明《ふめい》

織田信長《おだのぶなが》

織田軍《おだぐん》

VS

浅井《あざい》・朝倉軍《あさくらぐん》

浅井長政《あざいながまさ》

朝倉義景《あさくらよしかげ》

分 戦力《せんりょく》 約《やく》3万人

浅《あざ》井《い》・朝《あさ》倉《くら》軍《ぐん》を延《えん》暦《りゃく》寺《じ》がたすける

信長《のぶなが》が石山合戦《いしやまかっせん》をはじめると、そのすきをねらって、浅井長政《あざいながまさ》と朝倉義景《あさくらよしかげ》が京都《きょうと》に向けて軍《ぐん》を進めてきた。浅井《あざい》・朝倉連合軍《あさくられんごうぐん》は、宇《う》佐山城《さやまじょう》（滋賀県《しがけん》）の織田軍《おだぐん》を破《やぶ》り、大津《おおつ》（滋賀県《しがけん》）まで迫《せま》った。

それを知った信長《のぶなが》は、石山本願《いしやまほんがん》寺《じ》から急いで京都《きょうと》にもどった。信長《のぶなが》が帰ってきたことを知った長《なが》政《まさ》と義景《よしかげ》は、比叡山延暦寺《ひえいざんえんりゃくじ》（滋賀《しが》県《けん》）に立てこもった。信長《のぶなが》は比叡山《ひえいざん》を取り囲《かこ》み、延暦寺《えんりゃくじ》に、「浅井《あざい》・朝《あさ》倉軍《くらぐん》の味方をするな。そうしなければ寺を焼《や》き払《はら》う」と伝《つた》えたが、延《えん》

くやしさをがまんして、浅井《あざい》・朝倉《あさくら》と仲直《なかなお》りする！

比叡山《ひえいざん》に立てこもる浅井《あざい》・朝倉軍《あさくらぐん》

延暦寺《えんりゃくじ》に味方してもらった浅井《あざい》・朝倉軍《あさくらぐん》は、約《やく》2か月間、比叡山《ひえいざん》に立てこもった。

暦寺《りゃくじ》はこれを無視《むし》。信長《のぶなが》は比叡山《ひえいざん》を包囲《ほうい》したまま身動きが取れなくなった。このすきに信長《のぶなが》に反対する勢力《せいりょく》が各地《かくち》で反乱《はんらん》を起こし、信長《のぶなが》は追いつめられてしまう。信長《のぶなが》はしかたなく、足利義昭《あしかがよしあき》と朝廷《ちょうてい》に頼《たの》んで、天皇《てんのう》に「仲直《なかなお》りせよ」という命令《めいれい》を出してもらい、浅井《あざい》・朝倉軍《あさくらぐん》との戦《たたか》いを終えた。

志賀《しが》の陣《じん》の流れ

1 浅井《あざい》・朝倉軍《あさくらぐん》が攻《せ》めてくる

信長《のぶなが》が石山本願寺《いしやまほんがんじ》を攻《せ》めているとき、浅井《あざい》・朝倉軍《あさくらぐん》は京都《きょうと》に向かって軍《ぐん》を進める。

2 信長《のぶなが》が大坂《おおさか》からもどる

信長《のぶなが》は浅井《あざい》・朝倉軍《あさくらぐん》と対決するため、石山本願寺《いしやまほんがんじ》から引きあげた。しかし、浅井《あざい》・朝倉軍《あさくらぐん》は比叡山《ひえいざん》へにげこんだ。

3 浅井《あざい》・朝倉軍《あさくらぐん》と仲直《なかなお》りする

信長《のぶなが》は比叡山《ひえいざん》に「浅井《あざい》・朝倉《あさくら》の味方をするな」と伝《つた》えるが、比叡山《ひえいざん》は無視《むし》した。信長《のぶなが》に反対する勢力《せいりょく》が各地《かくち》で反乱《はんらん》を起こしたので、信長《のぶなが》はしかたなく仲直《なかなお》りした。

1571年
38歳《さい》

比《ひ》叡《えい》山《ざん》を焼《や》き打ちにする

延《えん》暦《りゃく》寺《じ》の僧《そう》たちを皆《みな》殺《ごろ》しにする！

「魔《ま》王《おう》」信長《のぶなが》が僧《そう》を皆《みな》殺《ごろ》しにする

信長《のぶなが》は僧《そう》が好《す》きでなかった。「僧《そう》たちはうそばかりついて民衆《みんしゅう》をだましている。本当は全員殺《ころ》してやりたい」と語ってすらいたという。信長《のぶなが》の時代、比《ひ》叡《えい》山《ざん》延《えん》暦《りゃく》寺《じ》は、「僧兵《そうへい》」と呼《よ》ばれる武装《ぶそう》した僧《そう》を多くかかえていた。この軍事《ぐんじ》力《りょく》を使い、志賀《しが》の陣《じん》では信長《のぶなが》に逆《さか》らい、浅井《あざい》・朝倉軍《あさくらぐん》に味方した。許《ゆる》せないと思った信長《のぶなが》は、延《えん》暦《りゃく》寺《じ》を焼《や》き払《はら》うことを決意した。

1571年、信長《のぶなが》は3万人の大《たい》軍《ぐん》で比叡山《ひえいざん》を一気に攻《せ》めた。織田《おだ》軍《ぐん》は比叡山《ひえいざん》に建《た》つ500以上《いじょう》の建物《たてもの》を焼《や》き払《はら》い、約《やく》3000人を殺《ころ》した。僧《そう》だけでなく、一般《いっぱん》の庶《しょ》

比叡山《ひえいざん》の焼《や》き打ちの流れ

1 延暦寺《えんりゃくじ》が浅井《あざい》・朝倉軍《あさくらぐん》に味方する

比叡山《ひえいざん》の延暦寺《えんりゃくじ》は、志賀《しが》の陣《じん》(➡P114)で、浅井《あざい》・朝倉軍《あさくらぐん》に味方したため信長《のぶなが》と対立した。

2 信長《のぶなが》が比叡山《ひえいざん》を攻《せ》める

信長《のぶなが》は約《やく》3万人の大軍《たいぐん》で比叡山《ひえいざん》を取り囲《かこ》み、火《ひ》攻《ぜ》めにした。比叡山《ひえいざん》にいた僧《そう》のほか、女性《じょせい》や子どもたちも殺《ころ》された。

合戦《かっせん》場所

延暦寺《えんりゃくじ》を攻撃《こうげき》する織田軍《おだぐん》

信長《のぶなが》の家臣《かしん》・明智光秀《あけちみつひで》は焼《や》き打ちに反対したという説《せつ》もあるが、結局《けっきょく》は信長《のぶなが》の命令《めいれい》に従《したが》って織田軍《おだぐん》の武将《ぶしょう》として攻撃《こうげき》に参加《さんか》し、比叡山《ひえいざん》にいた人びとを数多く殺《ころ》した。

1572年の信長《のぶなが》の勢力図《せいりょくず》

民《みん》も含まれていた。

武田信玄《たけだしんげん》は、焼《や》き打ちに抗議《こうぎ》する手紙を信長《のぶなが》に送ったが、信長《のぶなが》はその返事に、「魔王《まおう》(仏教《ぶっきょう》をじゃまする王)信長《のぶなが》」と署名《しょめい》して、まったく反省《はんせい》しなかったという。

1572年
39歳《さい》

三《み》方《かた》ケ《が》原《はら》の戦《たたか》い

徳川家康《とくがわいえやす》
本多忠勝《ほんだただかつ》

合戦分析《かっせんぶんせき》データ

徳《とく》川《がわ》・織《お》田《だ》軍《ぐん》
戦力《せんりょく》
作戦《さくせん》
運《うん》
武《たけ》田《だ》軍《ぐん》

合戦《かっせん》場所

静岡県《しずおかけん》
三《み》方《かた》ケ《が》原《はら》

大勝 戦力《せんりょく》 約《やく》2万7000人

武《たけ》田《だ》信《しん》玄《げん》

武《たけ》田《だ》軍《ぐん》

VS

徳《とく》川《がわ》・織《お》田《だ》軍《ぐん》

徳《とく》川《がわ》家《いえ》康《やす》

織《お》田《だ》信《のぶ》長《なが》

大負 戦力《せんりょく》 約《やく》1万1000人

家《いえ》康《やす》の最《さい》大《だい》の危《き》機《き》を救《すく》えなかった信《のぶ》長《なが》

1572年、天下統一《とういつ》を目指す甲《か》斐《い》(現在《げんざい》の山梨県《やまなしけん》)の武《たけ》田《だ》信《しん》玄《げん》が、約《やく》2万7000人の大軍《たいぐん》を率《ひき》いて、徳川《とくがわ》家康《いえやす》が支《し》配《はい》する遠江《とおとうみ》(現在《げんざい》の静岡県《しずおかけん》)に攻《せ》めてきた。家《いえ》康《やす》は、信長《のぶなが》にたすけを求《もと》めたが、このとき、信長《のぶなが》は浅《あざ》井《い》・朝倉軍《あさくらぐん》や石山本願寺《いしやまほんがんじ》などと戦《たたか》っていたので、兵力《へいりょく》が不《ふ》足《そく》していた。信長《のぶなが》は、わずか3000人の兵《へい》しか送ることができず、徳川軍《とくがわぐん》を合わせても、1万1000人の戦力《せんりょく》にしかならなかった。

しかし家康《いえやす》は、家臣《かしん》たちの反対

信玄《しんげん》の作戦《さくせん》にはまった家康《いえやす》が大敗《たいはい》する！

を押《お》し切って、信玄《しんげん》と戦《たたか》うことを決意する。家康《いえやす》は武田軍《たけだぐん》の背後《はいご》から攻撃《こうげき》をしかけようとしたが、その作戦《さくせん》を読んでいた信玄《しんげん》は、三《み》方《かた》ケ《が》原《はら》(静岡県《しずおかけん》)で、徳川軍《とくがわぐん》を待ち構《かま》えていた。激《はげ》しい攻撃《こうげき》を受けた徳川軍《とくがわぐん》は総崩《そうくず》れとなり、家康《いえやす》は恐怖《きょうふ》で大便《だいべん》をもらしながら、浜《はま》松城《まつじょう》(静岡県《しずおかけん》)へにげ帰った。

三方《みかた》ケ《が》原《はら》の戦《たたか》いでの信長《のぶなが》

1 家康《いえやす》が信長《のぶなが》にたすけを求《もと》める

信玄《しんげん》は大軍《たいぐん》を率《ひき》いて、家康《いえやす》の領地《りょうち》である遠江《とおとうみ》に攻《せ》めこんだ。家康《いえやす》は信長《のぶなが》にたすけを求《もと》めた。

2 信長《のぶなが》は3000人の兵《へい》を送る

信長《のぶなが》は、浅井《あさい》・朝倉軍《あさくらぐん》や石山本願寺《いしやまほんがんじ》と戦《たたか》っていたため、兵力《へいりょく》が不足《ふそく》していた。このため、わずか3000人の兵《へい》しか送れなかった。

3 徳川《とくがわ》・織田軍《おだぐん》が敗《やぶ》れる

家康《いえやす》は三方ケ原《みかたがはら》で武田軍《たけだぐん》に勝負をいどんだが、大《たい》敗《はい》した。家康《いえやす》は命からがら戦場《せんじょう》を脱出《だっしゅつ》し、浜松城《はままつじょう》へにげ帰った。

武田軍《たけだぐん》から攻《せ》められる徳川軍《とくがわぐん》

徳川家康《とくがわいえやす》は、武田軍《たけだぐん》を追いかけて攻撃《こうげき》するつもりだったが、待ち構《かま》えていた武田軍《たけだぐん》から激《はげ》しい攻撃《こうげき》を受けた。

1573年
40歳《さい》

信長《のぶなが》が朝倉《あさくら》氏《し》をほろぼす!

一《いち》乗《じょう》谷《だに》城《じょう》の戦《たたか》い

合戦分析《かっせんぶんせき》データ
戦力《せんりょく》
作戦《さくせん》
運《うん》
朝《あさ》倉《くら》軍《ぐん》
織《お》田《だ》軍《ぐん》

合戦《かっせん》場所

一乗谷城《いちじょうだにじょう》
福井県《ふくいけん》
小谷城《おだにじょう》

大勝 戦力《せんりょく》 約《やく》3万人

織田信長《おだのぶなが》

織《お》田《だ》軍《ぐん》
VS
朝《あさ》倉《くら》軍《ぐん》

朝倉義景《あさくらよしかげ》

大負 戦力《せんりょく》 約《やく》2万人

信《のぶ》長《なが》は越《えち》前《ぜん》を攻《せ》めて義《よし》景《かげ》を死に追いこむ

1572年、呼《よ》びかけに応《おう》じた武田信玄《たけだしんげん》が京都《きょうと》へ向かっていることを知った足利義昭《あしかがよしあき》は、信長《のぶなが》に反《はん》乱《らん》を起こした。しかし翌年《よくとし》、信玄《しんげん》は病死する。信長《のぶなが》は義昭《よしあき》を攻《せ》めて降伏《こうふく》させ、京都《きょうと》から追放した。こうして室町幕府《むろまちばくふ》はほろんだ。

その翌月《よくげつ》、信長《のぶなが》は3万人の兵《へい》を率《ひき》いて岐阜城《ぎふじょう》を出発し、浅井長《あざいなが》政《まさ》が支配《しはい》する近江《おうみ》(現在《げんざい》の滋賀県《しがけん》)に攻《せ》めこんだ。信長《のぶなが》が小谷城《おだにじょう》(滋《し》賀県《がけん》)の近くに陣《じん》を構《かま》えると、越《えち》前《ぜん》(現在《げんざい》の福井県《ふくいけん》)の朝倉義景《あさくらよしかげ》は、約《やく》2万人の兵《へい》を率《ひき》いて長政《ながまさ》をたす

一乗谷城《いちじょうだにじょう》の戦《たたか》いの流れ

1 信長《のぶなが》が小谷城《おだにじょう》に近《ちか》づく

信長《のぶなが》は約《やく》3万人を率《ひき》いて小谷城《おだにじょう》の近くに陣《じん》を構《かま》えた。義景《よしかげ》は長政《ながまさ》をたすけるために、越前《えちぜん》から出撃《しゅつげき》し、小谷城《おだにじょう》に近づいた。

2 信長《のぶなが》が朝倉軍《あさくらぐん》を奇襲攻撃《きしゅうこうげき》する

信長《のぶなが》に突然攻撃《とつぜんこうげき》をしかけられた朝倉軍《あさくらぐん》は越前《えちぜん》へにげ出した。信長《のぶなが》は追いかけて攻撃《こうげき》し、さらに越前《えちぜん》の一乗谷城《いちじょうだにじょう》に攻《せ》めこんで、義景《よしかげ》をほろぼした。

一乗谷《いちじょうだに》を焼《や》き払《はら》う織田軍《おだぐん》

織田軍《おだぐん》に攻《せ》めこまれた一乗谷《いちじょうだに》は焼《や》き払《はら》われた。一乗谷《いちじょうだに》は約《やく》100年間、朝倉氏《あさくらし》の本拠地《ほんきょち》として栄《さか》えた都市だった。

室町幕府《むろまちばくふ》をほろぼす信長《のぶなが》

信長《のぶなが》は反抗《はんこう》する将軍《しょうぐん》・足利義昭《あしかがよしあき》を京都《きょうと》から追放し、約《やく》240年続《つづ》いた室町幕府《むろまちばくふ》をほろぼした。

けに向かった。しかし、信長《のぶなが》の奇襲攻撃《きしゅうこうげき》に敗《やぶ》れ、越前《えちぜん》に向かってにげはじめた。

信長《のぶなが》は朝倉軍《あさくらぐん》を追いかけて攻撃《こうげき》し、大勝する。さらに越前《えちぜん》に攻《せ》めこむと、義景《よしかげ》の一乗谷城《いちじょうだにじょう》（福井《ふくい》県《けん》）を攻撃《こうげき》した。義景《よしかげ》は城《しろ》を捨《す》ててにげたが、家臣《かしん》に裏切《うらぎ》られて自害《じがい》した。

1573年
40歳《さい》

小《お》谷《だに》城《じょう》の戦《たたか》い

合戦分析《かっせんぶんせき》データ

浅《あざ》井《い》軍《ぐん》

戦力《せんりょく》

作戦《さくせん》

運《うん》

織《お》田《だ》軍《ぐん》

合戦《かっせん》場所

大勝　戦力《せんりょく》　約《やく》3万人

織《お》田《だ》信《のぶ》長《なが》

織《お》田《だ》軍《ぐん》

VS

浅《あざ》井《い》軍《ぐん》

浅《あざ》井《い》長《なが》政《まさ》

大負　戦力《せんりょく》　約《やく》5000人

長政《ながまさ》は妻《つま》と子をにがし いさぎよく死を選《えら》ぶ

朝倉氏《あさくらし》をほろぼした信長《のぶなが》は、浅《あざ》井《い》長政《ながまさ》を倒《たお》すため、小谷城《おだにじょう》（滋《し》賀《が》県《けん》）へもどった。小谷城《おだにじょう》は、標高《ひょうこう》495mの小谷山《おだにやま》に、本丸《ほんまる》や小丸《こまる》などの曲輪《くるわ》（城《しろ》を構成《こうせい》する陣地《じんち》）が数多く連《つら》なった山城《やまじろ》で、曲輪《くるわ》どうしで連絡《れんらく》を取り合い、敵《てき》の攻撃《こうげき》を防《ふせ》ぐつくりだった。

そこで信長《のぶなが》の家臣《かしん》の豊臣秀吉《とよとみひでよし》は、奇襲攻撃《きしゅうこうげき》をしかけて、長政《ながまさ》の守る本丸《ほんまる》が、他の曲輪《くるわ》と連絡《れんらく》を取れないようにした。負けを覚悟《かくご》した長政《ながまさ》は、妻《つま》のお市《いち》の方《かた》（信長《のぶなが》の妹）と、3人の娘《むすめ》たちを小谷城《おだにじょう》か

信長《のぶなが》は浅井氏《あざいし》をほろぼした！

小谷城《おだにじょう》を攻《せ》める織田軍《おだぐん》
豊臣秀吉《とよとみひでよし》は、長政《ながまさ》が守る本丸《ほんまる》ではなく、となりの曲輪《くるわ》を奇襲攻《きしゅうこう》撃《げき》し、本丸《ほんまる》を孤立《こりつ》させた。

らにがそうとしたが、お市《いち》の方《かた》は、「長政様《ながまささま》と一緒《いっしょ》に死にます」と断《ことわ》ったという。しかし長政《ながまさ》は無理《むり》やりお市《いち》の方《かた》と娘《むすめ》たちを城《しろ》から出して、信長《のぶなが》のもとに送り届《とど》けた。信長《のぶなが》は長政《ながまさ》に降伏《こうふく》するように伝《つた》えたが、長政《ながまさ》が断《ことわ》ったので、総攻《そうこう》撃《げき》を命令《めいれい》した。長政《ながまさ》は最後《さいご》まで戦《たたか》った後、自ら命を絶《た》った。

小谷城《おだにじょう》の戦《たたか》いの流れ

1 秀吉《ひでよし》が夜に攻撃《こうげき》する

朝倉氏《あさくらし》をほろぼした信長《のぶなが》は、すぐに小谷城《おだにじょう》にもどり、攻撃《こうげき》を開始した。秀吉《ひでよし》は夜に攻撃《こうげき》をしかけて、長政《ながまさ》のいる本丸を孤立《こりつ》させた。

2 長政《ながまさ》がお市《いち》の方《かた》をにがす

落城《らくじょう》を覚悟《かくご》した長政《ながまさ》は、妻《つま》のお市《いち》の方《かた》や3人の娘《むすめ》たちを小谷城《おだにじょう》からにがした。

3 小谷城《おだにじょう》が落城《らくじょう》する

お市《いち》の方《かた》を引き取った信長《のぶなが》は、長政《ながまさ》に降伏《こうふく》をすすめたが、長政《ながまさ》は断《ことわ》った。信長《のぶなが》は小谷城《おだにじょう》を総攻撃《そうこうげき》し、長政《ながまさ》は自ら命を絶《た》った。

1574年
41歳《さい》

伊《い》勢《せ》長《なが》島《しま》一《いっ》揆《き》（第三次）

合戦分析《かっせんぶんせき》データ
一揆軍《いっきぐん》
織田軍《おだぐん》
戦力《せんりょく》
作戦《さくせん》
運《うん》

合戦場所《かっせんばしょ》
長島《ながしま》×
三重県《みえけん》

勝 戦力《せんりょく》 約《やく》8万人

織田信忠《おだのぶただ》

九鬼嘉隆《くきよしたか》

織田軍《おだぐん》 VS 一揆軍《いっきぐん》

下間頼旦《しもつまらいたん》

負 戦力《せんりょく》 10万人以上《いじょう》

最初《さいしょ》から皆殺《みなごろ》しを決意していた信長《のぶなが》

1570年、石山本願寺《いしやまほんがんじ》（大阪府《おおさかふ》）の呼《よ》びかけに応《おう》じて、長島《ながしま》（三重県《みえけん》）で信長《のぶなが》に反抗《はんこう》する一向一揆《いっこういっき》（浄土真宗《じょうどしんしゅう》の信者《しんじゃ》の反乱《はんらん》）が起きた。一揆軍《いっきぐん》はたいへん強く、信長《のぶなが》は長島《ながしま》を2回も攻《せ》めたが、勝利《しょうり》することはできなかった。

1574年、長島《ながしま》の一揆軍《いっきぐん》をほろぼす決意をした信長《のぶなが》は、長男の信忠《のぶただ》らに命じて8万人の大軍《たいぐん》で長《なが》島《しま》を包囲《ほうい》させ、さらに九鬼嘉隆《くきよしたか》に命じて水軍《すいぐん》で海上からも攻撃《こうげき》させた。食料《しょくりょう》がなくなった一揆軍《いっきぐん》は半数以上《いじょう》が飢《う》え死にし、残《のこ》った

信長《のぶなが》は浄土真宗信者《じょうどしんしゅうしんじゃ》を皆殺《みなごろ》しにする！

伊勢長島一揆《いせながしまいっき》の流れ

1 長島《ながしま》で戦《たたか》いがはじまる

1570年、石山本願寺《いしやまほんがんじ》の顕如《けんにょ》の命令《めいれい》で、長島《ながしま》の浄土真宗《じょうどしんしゅう》の信者《しんじゃ》たちは織田軍《おだぐん》への攻撃《こうげき》を開始した。一揆軍《いっきぐん》は信長《のぶなが》の弟・信興《のぶおき》が守っていた小木江城《こきえじょう》を攻《せ》め、信興《のぶおき》を切腹《せっぷく》に追いこむ。

2 信長《のぶなが》が長島《ながしま》を攻《せ》める

1571年、信長《のぶなが》は長島《ながしま》を攻《せ》めたが、守りが固《かた》いため引き上げた。（伊勢長島一揆《いせながしまいっき》〔第一次〕）

3 退却中《たいきゃくちゅう》に攻撃《こうげき》される

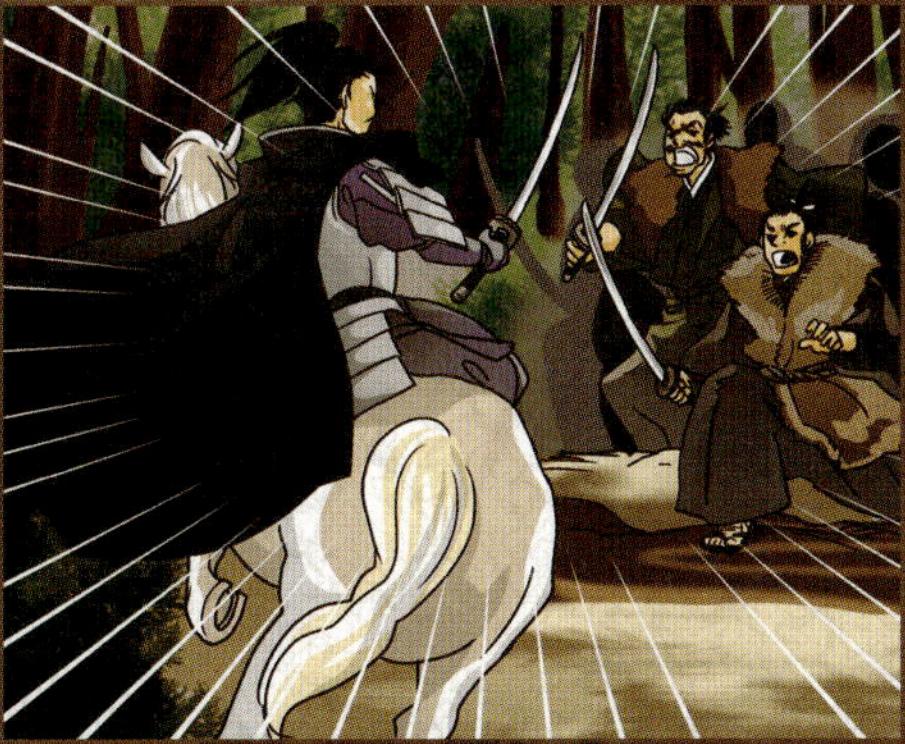

1573年、信長《のぶなが》は大軍《たいぐん》で長島《ながしま》を攻《せ》めたが勝てなかった。引き上げ中に一揆軍《いっきぐん》に攻撃《こうげき》されて大きな被害《ひがい》が出た。（伊勢長島一揆《いせながしまいっき》〔第二次〕）

4 8万人の大軍《たいぐん》で攻《せ》める

1574年、信長《のぶなが》は約《やく》8万人の大軍《たいぐん》で長島《ながしま》に攻《せ》めこみ、ほろぼした。（伊勢長島一揆《いせながしまいっき》〔第三次〕）

一揆軍《いっきぐん》を焼《や》き殺《ころ》す織田軍《おだぐん》

長島《ながしま》に残《のこ》った最後《さいご》の砦《とりで》に一揆軍《いっきぐん》を追いこんだ信長《のぶなが》は、何重もの柵《さく》で囲《かこ》んだ後、建物《たてもの》ごと焼《や》き殺《ころ》した。

1574年の信長《のぶなが》の勢力図《せいりょくず》

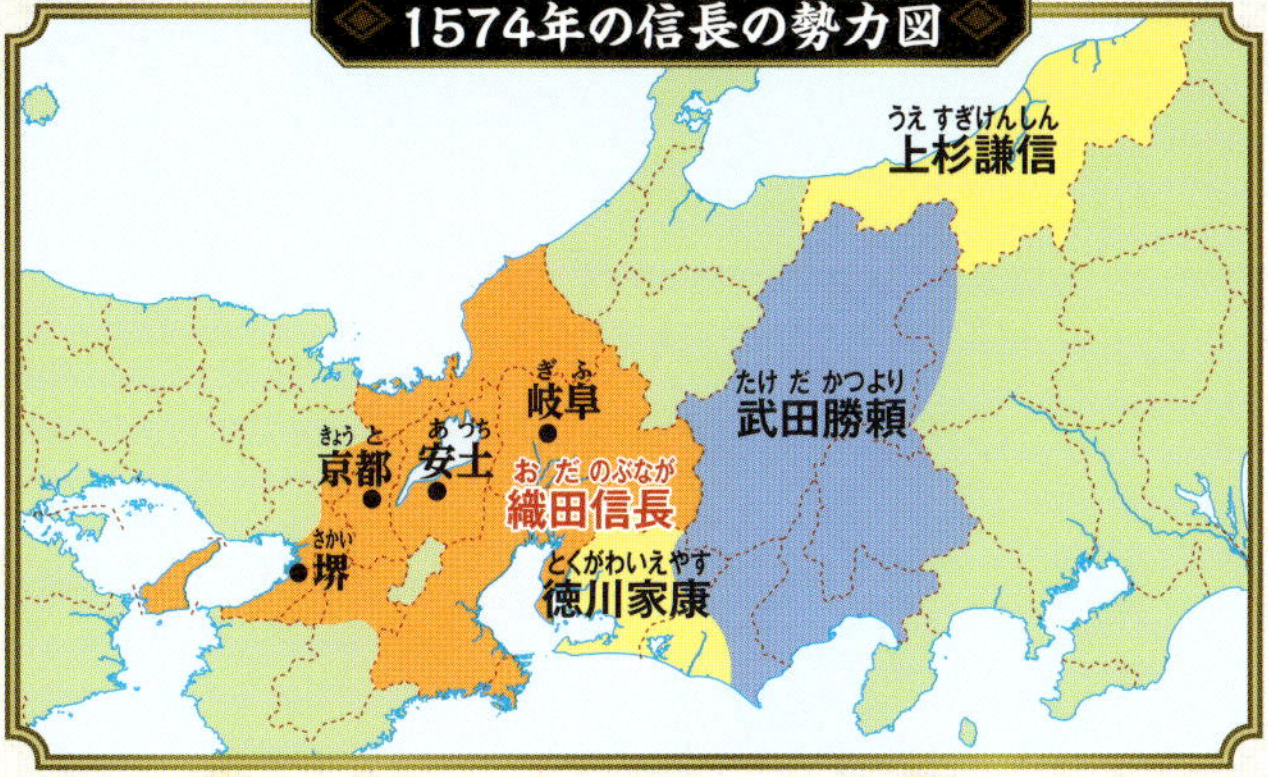

者は降伏《こうふく》した。信長《のぶなが》は許《ゆる》すとみせかけて、安心して長島《ながしま》から出ようとする者たちを鉄砲《てっぽう》で皆殺《みなごろ》しにした。信長《のぶなが》は、長島《ながしま》に残《のこ》った一揆軍《いっきぐん》2万人をさらに追いつめ、柵《さく》で囲《かこ》んでにげられないようにした後、すべて焼《や》き殺《ころ》した。

超《ちょう》ビジュアル！
信《のぶ》長《なが》新聞
第3号
発行所：
桃山《ももやま》新聞社

信長《のぶなが》は残酷《ざんこく》な性格《せいかく》だった!?

人びとから「魔王《まおう》」と恐《おそ》れられた信長《のぶなが》は、たびたび残酷《ざんこく》な一面を見せたという…。

数万人の浄土真宗《じょうどしんしゅう》の信者《しんじゃ》を殺《ころ》した!?

信長《のぶなが》は反乱《はんらん》を起こした浄土真宗《じょうどしんしゅう》の信者《しんじゃ》が降伏《こうふく》しても皆殺《みなごろ》しにした。長島《ながしま》（三重県《みえけん》）や越前《えちぜん》（現在《げんざい》の福井県《ふくいけん》）では、数万人を殺《ころ》した記録《きろく》が残《のこ》っている。

女性《じょせい》や子どもでも容赦《ようしゃ》しなかった!?

比叡山《ひえいざん》の焼《や》き打ちや伊勢《いせ》長島一揆《ながしまいっき》などでは、たとえ女性《じょせい》や子どもでも、敵《てき》の中にいれば、信長《のぶなが》はためらうことなく全員を殺《ころ》した。逆《さか》らう者への見せしめだったといわれる。

長政《ながまさ》や義景《よしかげ》の頭蓋骨《ずがいこつ》を飾《かざ》って宴会《えんかい》をした!?

信長《のぶなが》は、戦《たたか》いでほろぼした浅井長政《あざいながまさ》と浅井久政《あざいひさまさ》（長政《ながまさ》の父）、朝倉義景《あさくらよしかげ》の3人の頭蓋骨《ずがいこつ》に漆《うるし》をぬって金箔《きんぱく》を張《は》った。そして、それらを膳《ぜん》の上に飾《かざ》って宴会《えんかい》を開いた。信長《のぶなが》は上機嫌《じょうきげん》だったそうだ。

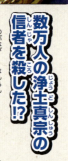

裏切《うらぎ》った家臣《かしん》の一族を皆殺《みなごろ》しに!?

信長《のぶなが》に反乱《はんらん》を起こした荒《あら》木村重《きむらしげ》(➡P202)は、家族や家臣《かしん》を残《のこ》して城《しろ》からにげた。城《しろ》は落城《らくじょう》し、残《のこ》った者は信長《のぶなが》につかまり、すべて処刑《しょけい》された。その数は約《やく》670人にもなった。

無礼《ぶれい》な茶坊主《ちゃぼうず》を無理《むり》やり切った!?

あるとき、茶坊主《ちゃぼうず》(客を接待《せったい》する役職《やくしょく》)が大失敗《だいしっぱい》をしたとき、信長《のぶなが》は殺《ころ》そうとして追いかけた。茶坊主《ちゃぼうず》はにげて、棚《たな》の下にかくれたが、信長《のぶなが》は棚の下に刀を差《さ》し入れて切ったという。

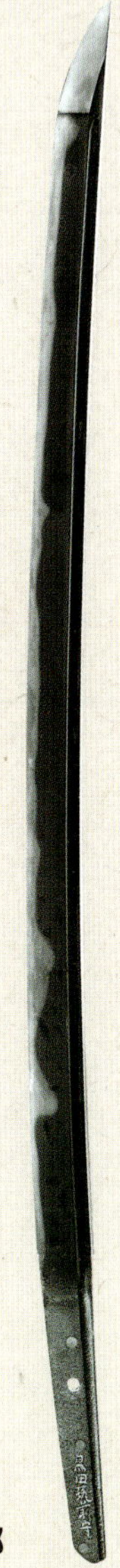

へし切り長谷部《はせべ》
信長《のぶなが》が茶坊主《ちゃぼうず》を切ったときに使った刀。福岡市博物館所蔵

さぼったら、死刑《しけい》!?

1581年、信長《のぶなが》は安土城《あづちじょう》から琵琶湖《びわこ》の竹生島《ちくぶしま》まで出かけた。
往復《おうふく》120kmもあったので、城《しろ》の女中《じょちゅう》たちは遊びに出かけた。
信長様《のぶながさま》は今日はお泊《と》まりのはずね
しかし信長《のぶなが》は、その日の夕方に帰ってきた。
女中《じょちゅう》たちがおらぬ!
勝手にさぼるのは許《ゆる》せぬ!
外出した女中《じょちゅう》を全員処刑《しょけい》せよ!
ひぃ〜

使えない家臣《かしん》は追放した!?

佐久間信盛《さくまのぶもり》は、信長《のぶなが》が若《わか》いときから仕えていた。しかし1580年、信長《のぶなが》は信盛《のぶもり》に対して、「最近《さいきん》は何も手柄《てがら》を立てていない。なまけている」と厳《きび》しく責《せ》めて、追放してしまった。

南蛮胴具足《なんばんどうぐそく》を着た信長《のぶなが》のイメージ。

岐阜市歴史博物館所蔵

南蛮胴具足《なんばんどうぐそく》

織田家《おだけ》に伝《つた》わった南蛮胴具足《なんばんどうぐそく》。胴《どう》は鉄板製《てっぱんせい》で、鉄砲《てっぽう》の弾《たま》をはね返した。

南蛮兜《なんばんかぶと》

織田家《おだけ》に伝《つた》わった南蛮《なんばん》兜《かぶと》で、信長《のぶなが》が使ったという言い伝《つた》えが残《のこ》る。

川越歴史博物館所蔵

南蛮兜《なんばんかぶと》

南蛮兜《なんばんかぶと》とは、ヨーロッパの兜《かぶと》を改造《かいぞう》したり、まねてつくったりしたもの。

岐阜市歴史博物館所蔵

知っておどろき！ 信《のぶ》長《なが》！

信《のぶ》長《なが》はどんな甲《かっ》冑《ちゅう》を着ていたの？

謎《なぞ》に満《み》ちている 信《のぶ》長《なが》の甲冑《かっちゅう》

信長《のぶなが》が確実《かくじつ》に使ったという甲冑《かっちゅう》は、現在《げんざい》残《のこ》っていない。信長《のぶなが》の時代、南蛮貿易《なんばんぼうえき》によってヨーロッパ人が使う甲《かっ》冑《ちゅう》が日本に輸入《ゆにゅう》された。この甲冑《かっちゅう》は、日本では「南蛮胴具《なんばんどうぐ》足《そく》」と呼《よ》ばれ人気を集めたが、値段《ねだん》が高く、とても重かった。このため日本人の体に合う南蛮胴具足《なんばんどうぐそく》がつくられるようになった。織田家《おだけ》には、代だい伝《つた》わってきた南蛮《なんばん》胴具足《どうぐそく》や南蛮兜《なんばんかぶと》などが残《のこ》っている。信長《のぶなが》は、こうした甲冑《かっちゅう》を着ていたかもしれない。信長《のぶなが》が桶狭間《おけはざま》の戦《たたか》いで着た

信長《のぶなが》は桶狭間《おけはざま》の戦《たたか》いで、写真の甲冑《かっちゅう》を着て戦《たたか》ったといわれる。

信長《のぶなが》が使った甲冑《かっちゅう》

信長《のぶなが》が桶狭間《おけはざま》の戦《たたか》いのときに着たと伝《つた》えられる甲冑《かっちゅう》。兜《かぶと》の前立《まえたて》(兜《かぶと》の前側《まえがわ》につける飾《かざ》り)には信長《のぶなが》の家紋《かもん》「織田《おだ》木瓜《もっこう》」がついている。「胴丸《どうまる》」と呼《よ》ばれる形式の鎧《よろい》で、胴《どう》の右側《みぎがわ》に切れ目があり、そこから体を入れて着る。

建勲神社所蔵

とされる甲冑《かっちゅう》も残《のこ》っている。「胴丸《どうまる》」という古い形式だが、あざやかな青色が、派手《はで》好きだった信長《のぶなが》にふさわしい。

今川義元《いまがわよしもと》

桶狭間《おけはざま》の戦《たたか》いで信長《のぶなが》に敗《やぶ》れた「東海道《とうかいどう》一《いち》の弓取り」

今川義元《いまがわよしもと》は駿河《するが》・遠江《とおとうみ》(現在《げんざい》の静岡《しずおか》県《けん》)を支配《しはい》した大名《だいみょう》で、「東海道《とうかいどう》一《いち》の弓取り(東海《とうかい》地方で一番の戦国武将《せんごくぶしょう》)」と呼《よ》ばれた。合戦《かっせん》に強いだけでなく、法律《ほうりつ》を整えたり、商業を活発にしたりするなど、すぐれた領主《りょうしゅ》だった。

1560年、約《やく》2万5000人の大《たい》軍《ぐん》を率《ひき》いて、信長《のぶなが》の領地《りょうち》である尾張《おわり》(現在《げんざい》の愛知県《あいちけん》)に攻《せ》めこんだ。今川軍《いまがわぐん》は織田軍《おだぐん》の砦《とりで》を次つぎに落としていった。これで油断《ゆだん》した義元《よしもと》は桶狭間《おけはざま》(愛知県《あいちけん》)の丘《おか》で休んでいたが、急に大雨が降《ふ》り出したところを信長《のぶなが》に奇襲攻撃《きしゅうこうげき》された。今川軍《いまがわぐん》は大混乱《だいこんらん》して、義元《よしもと》はにげる間もなくうち取られた(桶狭間《おけはざま》の戦《たたか》い ➡P66)。

出身地《しゅっしんち》	駿河《するが》(現在《げんざい》の静岡県《しずおかけん》)
生年月日《せいねんがっぴ》	1519年(誕生日《たんじょうび》は不明《ふめい》)
死亡年月日《しぼうねんがっぴ》	1560年5月19日
享年《きょうねん》	42歳《さい》(戦死《せんし》)

肖像《しょうぞう》

義元《よしもと》と信長《のぶなが》の像《ぞう》

桶狭間《おけはざま》の戦《たたか》いの戦場《せんじょう》とされる場所には、義元《よしもと》(右)と信長《のぶなが》(左)の銅像《どうぞう》が立っている(愛知県《あいちけん》)。

信長《のぶなが》に仕えて出世した農民《のうみん》出身の武将《ぶしょう》

豊臣秀吉《とよとみひでよし》

出身地《しゅっしんち》	尾張《おわり》(現在《げんざい》の愛知県《あいちけん》)
生年月日《せいねんがっぴ》	1537年(誕生日《たんじょうび》は不明《ふめい》)
死亡年月日《しぼうねんがっぴ》	1598年8月18日
享年《きょうねん》	62歳《さい》(病死)

肖像《しょうぞう》

尾張《おわり》(現在《げんざい》の愛知県《あいちけん》)の農民《のうみん》の家に生まれた豊臣秀吉《とよとみひでよし》は、18歳頃《さいごろ》に信長《のぶなが》に仕えた。朝は早くから馬の世話などをおこない、寒い日に信長《のぶなが》のぞうりを胸《むね》に入れて温めていたという。

秀吉《ひでよし》は人に仕事をさせるのが上手《じょうず》で、戦場《せんじょう》では危険《きけん》な役目を自ら引き受けた。信長《のぶなが》から認《みと》められた秀吉《ひでよし》は出世を重ね、37歳《さい》で長浜城《ながはまじょう》(滋賀県《しがけん》)の城主《じょうしゅ》となった。その後、毛利氏《もうりし》が支配《しはい》する中国《ちゅうごく》地方を攻《せ》める軍団長《ぐんだんちょう》に任命《にんめい》された。

1582年、備中《びっちゅう》(現在《げんざい》の岡山県《おかやまけん》)で毛利軍《もうりぐん》ときびしい戦《たたか》いを続《つづ》けていた秀《ひで》吉《よし》は、信長《のぶなが》に援軍《えんぐん》を求《もと》めた。信長《のぶなが》は明《あけ》智《ち》光秀《みつひで》に秀吉《ひでよし》をたすけに向かうように命令《めいれい》し、自らも中国《ちゅうごく》地方に向かうため京都《きょうと》の本能寺《ほんのうじ》に入った。それを知った光秀《みつひで》は中国《ちゅうごく》地方には向かわず、本能寺《ほんのうじ》をおそって、信長《のぶなが》をほろぼした。

信長《のぶなが》の死を知った秀吉《ひでよし》は、急いで毛《もう》利氏《りし》と仲直《なかなお》りすると、わずか6日間でもどってきた。光秀《みつひで》は山崎《やまざき》(京都府《きょうとふ》)で迎《むか》えうったが、敗《やぶ》れて死んだ。この勝《しょう》利《り》で信長《のぶなが》の後継者《こうけいしゃ》となった秀吉《ひでよし》は、柴《しば》田勝家《たかついえ》など、次つぎとライバルを倒《たお》し、天下を統一《とういつ》した。

秀吉《ひでよし》を見送る信長《のぶなが》

信長《のぶなが》は秀吉《ひでよし》を中国《ちゅうごく》地方へ送り出し、毛利氏《もうりし》を攻《せ》めさせた。

信長《のぶなが》の妹・お市《いち》の方《かた》と結婚《けっこん》した近江《おうみ》の武将《ぶしょう》

浅井長政《あざいながまさ》

出身地《しゅっしんち》	近江《おうみ》(現在《げんざい》の滋賀県《しがけん》)
生年月日《せいねんがっぴ》	1545年(誕生日《たんじょうび》は不明《ふめい》)
死亡年月日《しぼうねんがっぴ》	1573年8月28日
享年《きょうねん》	29歳《さい》(自害《じがい》)

肖像《しょうぞう》

浅井長政《あざいながまさ》は、近江《おうみ》(現在《げんざい》の滋賀県《しがけん》)の北部を支配《しはい》する大名《だいみょう》だった。天下統一《とういつ》を目指し、京都《きょうと》に入ろうとしていた信長《のぶなが》は、京都《きょうと》への通り道をじゃまされないように、妹のお市《いち》の方《かた》を長政《ながまさ》と結《けっ》婚《こん》させて、同盟《どうめい》を結《むす》んだ。このとき、長政《ながまさ》は信長《のぶなが》に、「浅井家《あざいけ》と親しい朝倉《あさくら》家《け》を攻《せ》めるときは、必《かなら》ず相談する」と約束《やくそく》させた。しかし信長《のぶなが》は、長政《ながまさ》に無《む》断《だん》で越前《えちぜん》(現在《げんざい》の福井県《ふくいけん》)の朝倉義景《あさくらよしかげ》を攻《せ》めた。怒《おこ》った長政《ながまさ》は、同盟《どうめい》を破《やぶ》り、信長《のぶなが》への攻撃《こうげき》をはじめた。

1570年、長政《ながまさ》と義景《よしかげ》は、姉川《あねがわ》(滋賀県《しがけん》)で信長《のぶなが》と徳川家康《とくがわいえやす》の連合軍《れんごうぐん》と戦《たたか》ったが敗《やぶ》れた(➡P96)。

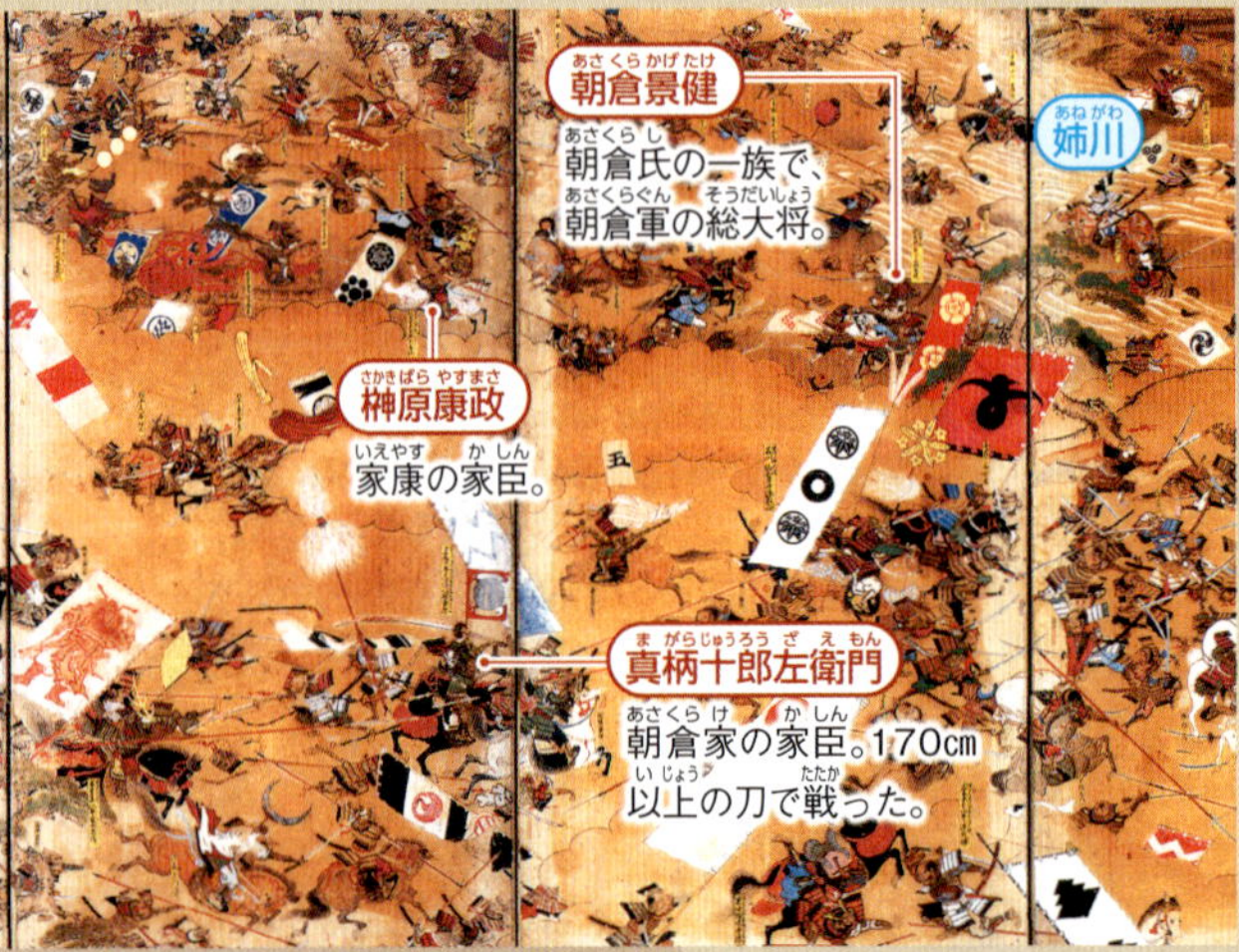

朝倉景健《あさくらかげたけ》
朝倉氏《あさくらし》の一族で、朝倉軍《あさくらぐん》の総大将《そうだいしょう》。
姉川《あねがわ》
榊原康政《さかきばらやすまさ》
家康《いえやす》の家臣《かしん》。
真柄十郎左衛門《まがらじゅうろうざえもん》
朝倉家《あさくらけ》の家臣《かしん》。170㎝以上《いじょう》の刀で戦《たたか》った。

その後、志賀《しが》の陣《じん》(➡P114)などで信長《のぶなが》を苦しめるが、しだいに勢力《せいりょく》を失《うしな》っていった。そして1573年、朝倉氏《あさくらし》をほろぼした信長《のぶなが》によって、本拠地《ほんきょち》の小谷城《おだにじょう》(滋賀県《しがけん》)を攻《せ》められ、敗《やぶ》れて自ら命を絶《た》った。

朝倉義景《あさくらよしかげ》

長政《ながまさ》と一緒《いっしょ》に信長《のぶなが》に逆《さか》らった越前《えちぜん》の武将《ぶしょう》

朝倉義景《あさくらよしかげ》は、室町《むろまち》時代の初期《しょき》から越前《えちぜん》(現在《げんざい》の福井県《ふくいけん》)を支配《しはい》してきた朝倉《あさくら》氏《し》の11代当主だった。1565年、足利義昭《あしかがよしあき》が義景《よしかげ》を頼《たよ》ってきた。義景《よしかげ》は義昭《よしあき》を迎《むか》え入れたが、京都《きょうと》に軍《ぐん》を進めて、義昭《よしあき》を将軍《しょうぐん》にするつもりはなかった。義景《よしかげ》の元を去った義昭《よしあき》は、信長《のぶなが》を頼《たよ》り、将軍《しょうぐん》にしてもらった。

義景《よしかげ》は信長《のぶなが》から「新将軍《しんしょうぐん》にあいさつせよ」と命令《めいれい》されたが、無視《むし》した。これを理由に、信長《のぶなが》は越前《えちぜん》に攻《せ》めこんだが、義景《よしかげ》は浅井長政《あざいながまさ》と組み、信長《のぶなが》をはさみうちにしようとした。命からがら京都《きょうと》へにげ帰った信長《のぶなが》は、その2か月後、姉《あね》川《がわ》の戦《たたか》いで義景《よしかげ》と長政《ながまさ》を破《やぶ》った。

1573年、長政《ながまさ》の小谷城《おだにじょう》(滋賀県《しがけん》)が信長《のぶなが》に攻《せ》められたとき、義景《よしかげ》はたすけに向かったが、織田軍《おだぐん》に敗《やぶ》れて、一乗谷《いちじょうだに》(福井県《ふくいけん》)へにげ帰った。しかし追いかけてきた織田軍《おだぐん》に追いつめられ、親類《しんるい》にも裏切《うらぎ》られ、自ら命を絶《た》った。

出身地《しゅっしんち》	越前《えちぜん》(現在《げんざい》の福井県《ふくいけん》)
生年月日《せいねんがっぴ》	1533年(誕生日《たんじょうび》は不明《ふめい》)
死亡年月日《しぼうねんがっぴ》	1573年8月20日
享年《きょうねん》	41歳《さい》(自害《じがい》)

肖像《しょうぞう》

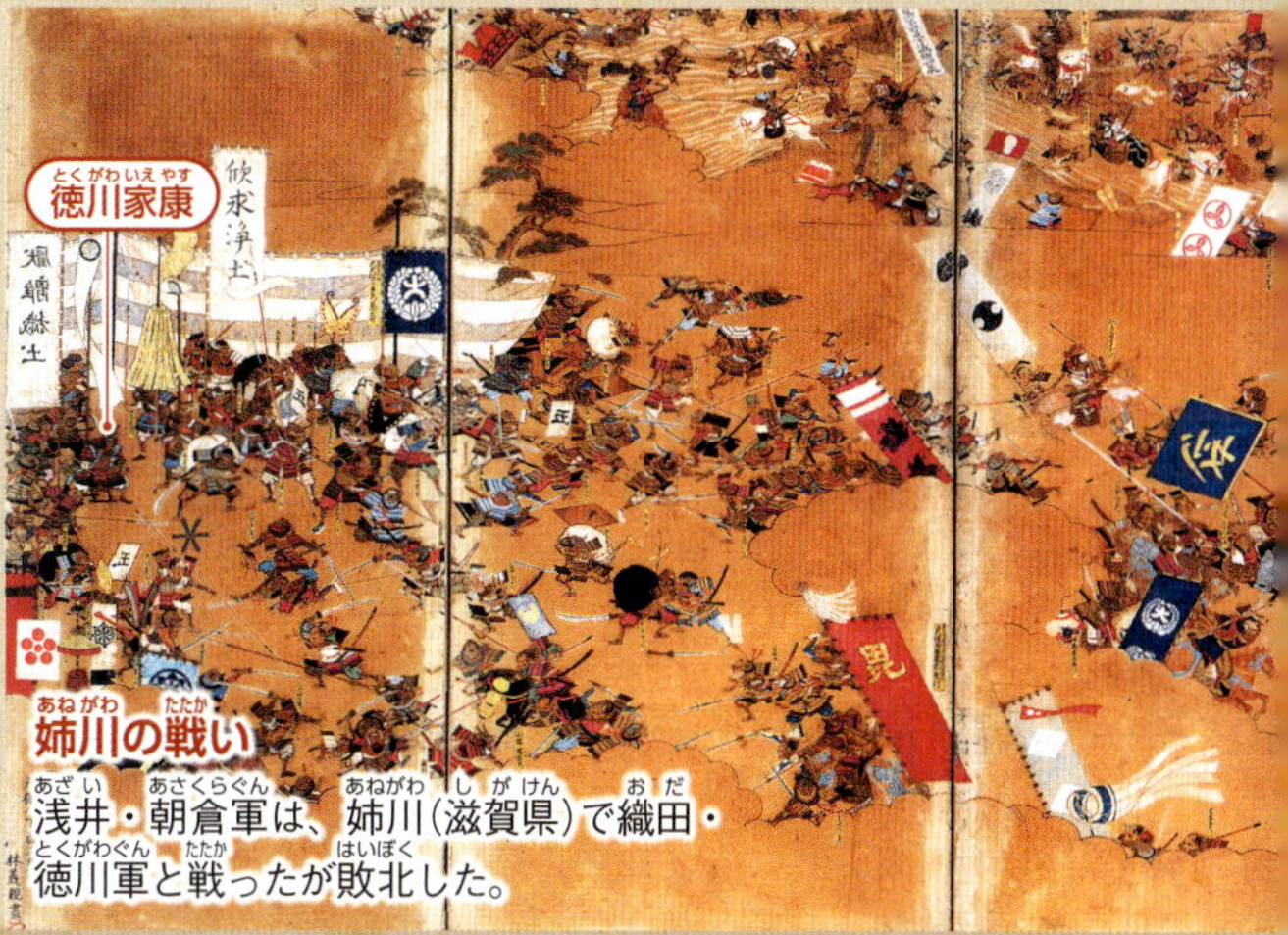

姉川《あねがわ》の戦《たたか》い

浅井《あざい》・朝倉軍《あさくらぐん》は、姉川《あねがわ》(滋賀県《しがけん》)で織田《おだ》・徳川軍《とくがわぐん》と戦《たたか》ったが敗北《はいぼく》した。

信長《のぶなが》の妹で戦国一《せんごくいち》の美女

お市の方《おいちのかた》

お市《いち》の方《かた》は、信長《のぶなが》の13歳《さい》年下の妹で、戦国一《せんごくいち》の美人といわれた。同盟《どうめい》を結《むす》ぶために浅井長政《あざいながまさ》と結婚《けっこん》させられたが、夫婦仲《ふうふなか》はとてもよかったという。長政《ながまさ》の小谷城《おだにじょう》（滋賀県《しがけん》）が信長《のぶなが》に攻《せ》められると、お市《いち》の方《かた》は3人の娘《むすめ》を連《つ》れて城《しろ》から落ちのびた。その後、柴田勝家《しばたかついえ》と再婚《さいこん》したが、勝家《かついえ》が豊臣秀吉《とよとみひでよし》と戦《たたか》って敗《やぶ》れると、北ノ庄《きたのしょう》城《じょう》（福井県《ふくいけん》）で一緒《いっしょ》に自害《じがい》した。

お市《いち》の方《かた》と長政《ながまさ》の像《ぞう》
長政《ながまさ》が信長《のぶなが》を裏切《うらぎ》った後も、ふたりは仲《なか》がよかった（滋賀県《しがけん》）。

出身地《しゅっしんち》	尾張《おわり》（現在《げんざい》の愛知県《あいちけん》）
生年月日《せいねんがっぴ》	1547年?
死亡年月日《しぼうねんがっぴ》	1583年4月24日
享年《きょうねん》	37歳《さい》?（自害《じがい》）

肖像《しょうぞう》

信長《のぶなが》に逆《さか》らった室町幕府《むろまちばくふ》15代将軍《しょうぐん》

足利義昭《あしかがよしあき》

足利義昭《あしかがよしあき》は、室町幕府《むろまちばくふ》12代将軍《しょうぐん》・足利義晴《あしかがよしはる》の次男。13代将軍《しょうぐん》の兄・義《よし》輝《てる》が殺《ころ》された後、義昭《よしあき》は寺に閉《と》じこめられたが、にげ出して朝倉義景《あさくらよしかげ》を頼《たよ》った。その後、信長《のぶなが》を頼《たよ》って15代将軍《しょうぐん》にしてもらったが、政治《せいじ》の実権《じっけん》は信長《のぶなが》ににぎられた。不満《ふまん》をつのらせた義昭《よしあき》は信長《のぶなが》に反乱《はんらん》を起こしたが、敗《やぶ》れて京都《きょうと》から追放された。

出身地《しゅっしんち》	山城《やましろ》（現在《げんざい》の京都府《きょうとふ》）
生年月日《せいねんがっぴ》	1537年11月3日
死亡年月日《しぼうねんがっぴ》	1597年8月28日
享年《きょうねん》	61歳《さい》（病死）

肖像《しょうぞう》

槇島城跡《まきしまじょうあと》
信長《のぶなが》に反乱《はんらん》を起こした義昭《よしあき》は槇島城《まきしまじょう》に立てこもったが、織田軍《おだぐん》に敗《やぶ》れた（京都府《きょうとふ》）。

石山合戦《いしやまかっせん》をはじめた僧《そう》

顕如《けんにょ》

顕如《けんにょ》は12歳《さい》で浄土真宗《じょうどしんしゅう》(一向宗《いっこうしゅう》)の中心的《てき》な寺院・石山本願寺《いしやまほんがんじ》(大阪府《おおさかふ》)を継《つ》いだ。1570年、仏教勢力《ぶっきょうせいりょく》をつぶしたい信長《のぶなが》は、顕如《けんにょ》に「石《いし》山本願寺《やまほんがんじ》から出ろ」と命令《めいれい》した。顕如《けんにょ》は「仏教《ぶっきょう》の敵《てき》・信長《のぶなが》を倒《たお》せ」と浄土真宗《じょうどしんしゅう》の信者《しんじゃ》に呼《よ》びかけ、信長《のぶなが》との戦《たたか》いをはじめた(➡P112)。戦《たたか》いは10年にもおよんだが、顕如《けんにょ》は降伏《こうふく》し、石山本願寺《いしやまほんがんじ》を出た。

石山本願寺跡《いしやまほんがんじあと》
石山本願寺《いしやまほんがんじ》は、大坂城《おおさかじょう》と同じ場所にあった(大阪府《おおさかふ》)。

出身地《しゅっしんち》	摂津《せっつ》(現在《げんざい》の大阪府《おおさかふ》)
生年月日《せいねんがっぴ》	1543年1月6日
死亡年月日《しぼうねんがっぴ》	1592年11月24日
享年《きょうねん》	50歳《さい》(病死)

肖像《しょうぞう》

信長《のぶなが》に会った宣教師《せんきょうし》

ルイス・フロイス

ポルトガル人のルイス・フロイスは、宣教師《せんきょうし》(キリスト教を広めるために外国に送られる人)として、32歳《さい》のとき日本にきた。フロイスは信長《のぶなが》と知り合いになり、近畿《きんき》地方で布教《ふきょう》することを許可《きょか》してもらった。信長《のぶなが》から岐阜城《ぎふじょう》(岐阜県《ぎふけん》)や安土城《あづちじょう》(滋賀県《しがけん》)に招《まね》かれ、城《しろ》の様子や信長《のぶなが》との会話を『日本史《にほんし》』に記録《きろく》した。

宣教師《せんきょうし》
信長《のぶなが》が活躍《かつやく》した時代に、ヨーロッパから多くの宣教《せんきょう》師《し》が日本にやってきた。

出身地《しゅっしんち》	ポルトガル
生年月日《せいねんがっぴ》	1532年(誕生日《たんじょうび》は不明《ふめい》)
死亡年月日《しぼうねんがっぴ》	1597年5月24日
享年《きょうねん》	66歳《さい》(病死)

武田信玄《たけだしんげん》

三方《みかた》ケ《が》原《はら》で徳川《とくがわ》・織田《おだ》連合軍《れんごうぐん》を破《やぶ》った「甲斐《かい》の虎《とら》」

出身地《しゅっしんち》	甲斐《かい》(現在《げんざい》の山梨県《やまなしけん》)
生年月日《せいねんがっぴ》	1521年11月3日
死亡年月日《しぼうねんがっぴ》	1573年4月12日
享年《きょうねん》	53歳《さい》(病死)

肖像《しょうぞう》

武田信玄《たけだしんげん》は、甲斐《かい》(現在《げんざい》の山梨県《やまなしけん》)を中心に、中部《ちゅうぶ》地方を支配《しはい》した戦国大名《せんごくだいみょう》。馬に乗って敵《てき》を攻撃《こうげき》する「武田騎馬隊《たけだきばたい》」を率《ひき》いて、周辺《しゅうへん》の大名《だいみょう》を従《したが》えていった。越後《えちご》(現在《げんざい》の新潟県《にいがたけん》)の上杉謙信《うえすぎけんしん》(⬇P203)とはライバルで、川中島《かわなかじま》(長野《ながの》県《けん》)で5回も戦《たたか》ったが、勝負がつかなかった。

勢力《せいりょく》を広げつつあった信長《のぶなが》だが、信《しん》玄《げん》と戦《たたか》っても勝てないと考えていた。このため信玄《しんげん》に何度も贈《おく》り物をして、信玄《しんげん》と友好《ゆうこう》な関係《かんけい》を築《きず》こうとした。

ところが1572年、足利義昭《あしかがよしあき》の呼《よ》びかけに応《おう》じた信玄《しんげん》は甲斐《かい》を出発し、信長《のぶなが》と敵対《てきたい》することになった。信玄《しんげん》は信長《のぶなが》の同盟者《どうめいしゃ》・徳川家康《とくがわいえやす》が支配《しはい》する遠《とお》江《とうみ》(現在《げんざい》の静岡県《しずおかけん》)に攻《せ》めこむと、三方《みかた》ケ《が》原《はら》の戦《たたか》い(⬇P118)で徳川《とくがわ》・織田《おだ》の連合軍《れんごうぐん》に大勝した。このまま信玄《しんげん》と戦《たたか》えば信長《のぶなが》は危《あぶ》なかったが、翌年《よくとし》、信《しん》玄《げん》は病気で倒《たお》れ、亡《な》くなった。

敵《てき》にうたれた信玄《しんげん》

三方ケ原《みかたがはら》の戦《たたか》いで家康《いえやす》を破《やぶ》った信玄《しんげん》は、家康《いえやす》方の野田城《のだじょう》(愛知県《あいちけん》)を取り囲《かこ》んだ。そのとき鉄砲《てっぽう》でうたれ、その傷《きず》が原因《げんいん》で死んだという説《せつ》がある。

徳川家康《とくがわいえやす》

信長《のぶなが》との同盟《どうめい》を20年も守り続《つづ》けた武将《ぶしょう》

出身地《しゅっしんち》	三河《みかわ》(現在《げんざい》の愛知県《あいちけん》)
生年月日《せいねんがっぴ》	1542年12月26日
死亡年月日《しぼうねんがっぴ》	1616年4月17日
享年《きょうねん》	75歳《さい》(病死)

肖像《しょうぞう》

徳川家康《とくがわいえやす》は、三河《みかわ》(現在《げんざい》の愛知県《あいちけん》)の岡崎城主《おかざきじょうしゅ》・松平広忠《まつだいらひろただ》の長男として生まれた。立場が弱かった広忠《ひろただ》は、駿河《するが》(現在《げんざい》の静岡県《しずおかけん》)の今川氏《いまがわし》に、6歳《さい》の家康《いえやす》を人質《ひとじち》に出した。しかし家臣《かしん》の裏切《うらぎ》りにより、家康《いえやす》は尾張《おわり》(現在《げんざい》の愛知県《あいちけん》)の織田氏《おだし》の人質《ひとじち》にされた。このとき、信長《のぶなが》に会ったといわれる。

その2年後、家康《いえやす》は今川氏《いまがわし》の人質《ひとじち》となり、今川義元《いまがわよしもと》の家臣《かしん》となった。桶狭間《おけはざま》の戦《たたか》いで義元《よしもと》がうたれると、家康《いえやす》は独立《どくりつ》し、信長《のぶなが》と同盟《どうめい》を結《むす》んだが、実際《じっさい》は信長《のぶなが》に従《したが》う関係《かんけい》だった。

家康《いえやす》は何度も信長《のぶなが》の合戦《かっせん》に参加《さんか》したが、家康《いえやす》が武田信玄《たけだしんげん》に攻《せ》められたとき、信長《のぶなが》はわずかな兵《へい》しか送らなかった。それでも家康《いえやす》は同盟《どうめい》を守り続《つづ》けた。

本能寺《ほんのうじ》の変《へん》で信長《のぶなが》が死んだ後、豊臣秀吉《とよとみひでよし》と対立するが、秀吉《ひでよし》に頼《たの》まれて家臣《かしん》となった。秀吉《ひでよし》が死ぬと、天下を取り、江戸幕府《えどばくふ》を開いた。

伊賀越《いがご》え

本能寺《ほんのうじ》の変《へん》のとき、河内《かわち》(現在《げんざい》の大阪府《おおさかふ》)にいた家康《いえやす》は、忍者《にんじゃ》に守られながら伊賀《いが》(現在《げんざい》の三重県《みえけん》)を抜《ぬ》けて岡崎城《おかざきじょう》(愛知県《あいちけん》)まで帰った。

家康像《いえやすぞう》

三方ケ原《みかたがはら》の戦《たたか》いで大敗《たいはい》し、浜松城《はままつじょう》へにげ帰った家康《いえやす》は、自分のみじめな姿《すがた》を絵にかかせた。その姿《すがた》が石像《せきぞう》になっている(愛知県《あいちけん》)。

戦《せん》国《ごく》おもしろコラム

戦《せん》国《ごく》女《じょ》性《せい》の服《ふく》装《そう》

戦国武将《せんごくぶしょう》の妻《つま》たちは、現在《げんざい》の和服のもとになる小袖《こそで》や打掛《うちかけ》を着ていた。

小袖《こそで》

袖口《そでぐち》が小さな着物。室《むろ》町《まち》時代に広まった。

お市《いち》の方《かた》像《ぞう》

打掛《うちかけ》

小袖《こそで》の上にはおる着物。夏は暑いので上半身をぬいで腰巻《こしまき》にした。

お犬《いぬ》の方《かた》像《ぞう》（お市《いち》の方《かた》の妹）

女の子の髪《かみ》はおだんご！

戦国《せんごく》時代の女の子は、5歳頃《さいごろ》まで双髷《そうけい》で、ひもつきの小袖《こそで》を着ていた。

前《まえ》田《だ》菊《きく》姫《ひめ》像《ぞう》（前《まえ》田《だ》利《とし》家《いえ》の娘《むすめ》）

3章

覇《は》王《おう》の快《かい》進《しん》撃《げき》

武田信玄《たけだしんげん》の死後、武田家《たけだけ》を継《つ》いだ息子《むすこ》の勝頼《かつより》は、
家康《いえやす》の長篠城《ながしのじょう》をつぶしてやる！
武田勝頼《たけだかつより》
甲斐《かい》
ウォー
三河《みかわ》
1575年、大軍《たいぐん》を率《ひき》いて家康方《いえやすがた》の長篠城《ながしのじょう》(愛知県《あいちけん》)に押《お》し寄《よ》せた。
岡崎城《おかざきじょう》――
長篠城《ながしのじょう》が武田軍《たけだぐん》に囲《かこ》まれました!!
ウロ
ウロ
ウロ
このままでは……
あわてるな！武田《たけだ》を破《やぶ》るためにたすけにきたではないか！
しかし、武田《たけだ》の騎馬隊《きばたい》は強力です！
まともに戦《たたか》って勝てるか……
あわわわわ
おちつけ
そんなもの、馬より強い武器《ぶき》を使うまでよ！

長篠城《ながしのじょう》の西側《にしがわ》　設楽原《したらがはら》
この柵《さく》で騎馬隊《きばたい》の突撃《とつげき》を防《ふせ》ぐのだ！
な、なるほど……!!
しかし、馬は防《ふせ》げても攻撃《こうげき》しにくいのでは？
心配ご無用《むよう》!!
これなら敵《てき》に近づかずに倒《たお》せます！
鉄砲《てっぽう》の数は３０００丁!!
これで雨のようにうてますよ！
ずらり
そういうことだ！

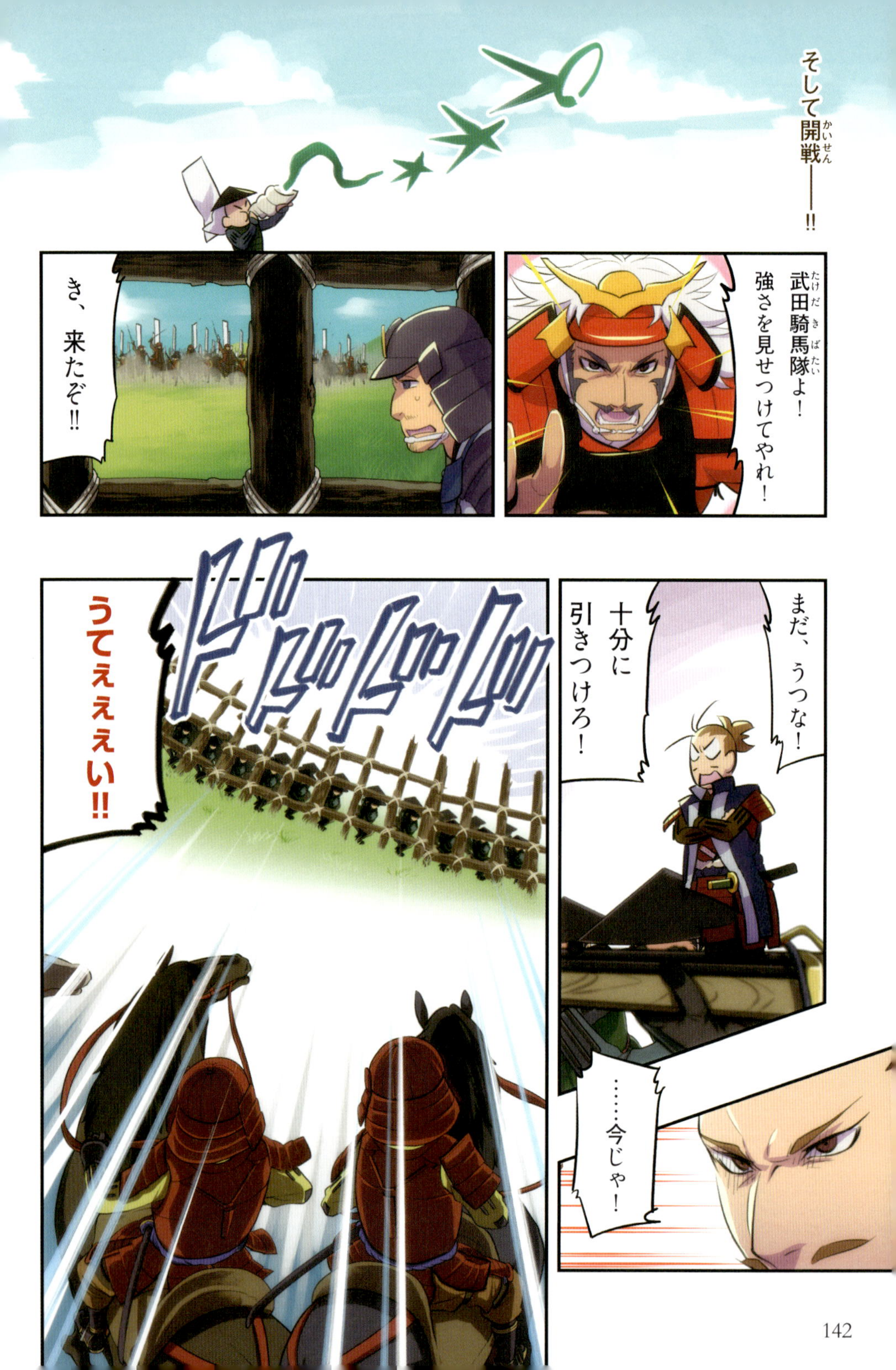
そして開戦《かいせん》――!!
武田騎馬隊《たけだきばたい》よ！
強さを見せつけてやれ！
き、来たぞ!!
まだ、うつな！
十分に引きつけろ！
……今じゃ！
うてぇぇぇい!!

う、うわぁあ
ああああ!!
ザザッ
次っ!!
交代して、すぐにうて
勝頼《かつより》の本陣《ほんじん》
何っ!?
騎《き》馬《ば》隊《たい》が全滅《ぜんめつ》だと!?
にげるしかないのかっ……!!
武田《たけだ》がにげていく!
勝ったぞぉ!!
これで、天下が一気に近くなったな!!
ヤター
ヤター

1576年、勢《いきお》いに乗る信長《のぶなが》は石山本願寺《いしやまほんがんじ》（大阪府《おおさかふ》）への攻撃《こうげき》を再開《さいかい》した。
しかし、織田軍《おだぐん》は雑賀孫一《さいかまごいち》の率《ひき》いる鉄砲隊《てっぽうたい》に敗《やぶ》れた。
雑賀孫一《さいかまごいち》*
石山本願寺《いしやまほんがんじ》は明智光秀《あけちみつひで》が守る天王寺砦《てんのうじとりで》を攻撃《こうげき》した。
おらー
石山本願寺《いしやまほんがんじ》
天王寺砦《てんのうじとりで》
天王寺砦《てんのうじとりで》――
くっ……援軍《えんぐん》はまだなのか!?
……もう限界《げんかい》だ……!!

＊鉄砲集団《てっぽうしゅうだん》「雑賀衆《さいかしゅう》」の頭目《とうもく》で、石山本願寺《いしやまほんがんじ》に味方した。

光秀《みつひで》っ!! あきらめるんじゃない!!
勝手にくたばるのは許《ゆる》さんぞっ!!
の、信長様《のぶながさま》!!
!!
あ、足をうたれたのですか!?
流れ弾《だま》がかすっただけよ！
さあ、ふんばれ！今度はこっちから攻撃《こうげき》をしかけるぞ！
突撃《とつげき》じゃ!!
オォオ!!

何っ!! 信長《のぶなが》に敗《やぶ》れたっ!?
ぐぬぬ……信長《のぶなが》もしぶといっ!!
信長《のぶなが》をこのまま放ってはおけません! おたすけしましょう!
中国《ちゅうごく》地方の大名《だいみょう》 毛利《もうり》輝元《てるもと》
おお!
石山本願寺《いしやまほんがんじ》に味方した毛利氏《もうりし》は水軍《すいぐん》を使って石山本願寺《いしやまほんがんじ》に武器《ぶき》や食料《しょくりょう》を運びこもうとした。
石山本願寺《いしやまほんがんじ》
信長《のぶなが》はこれを止めるため織田《おだ》水軍《すいぐん》をつくり、木津川口《きづがわぐち》(大阪湾《おおさかわん》)で待ち構《かま》えた。
わしは元海賊《もとかいぞく》じゃ!
毛利《もうり》水軍《すいぐん》など、たたきつぶしてくれる!
織田《おだ》水軍《すいぐん》の総大将《そうだいしょう》 九鬼嘉隆《くきよしたか》
かかれぇー!
ワァァアァア
!!

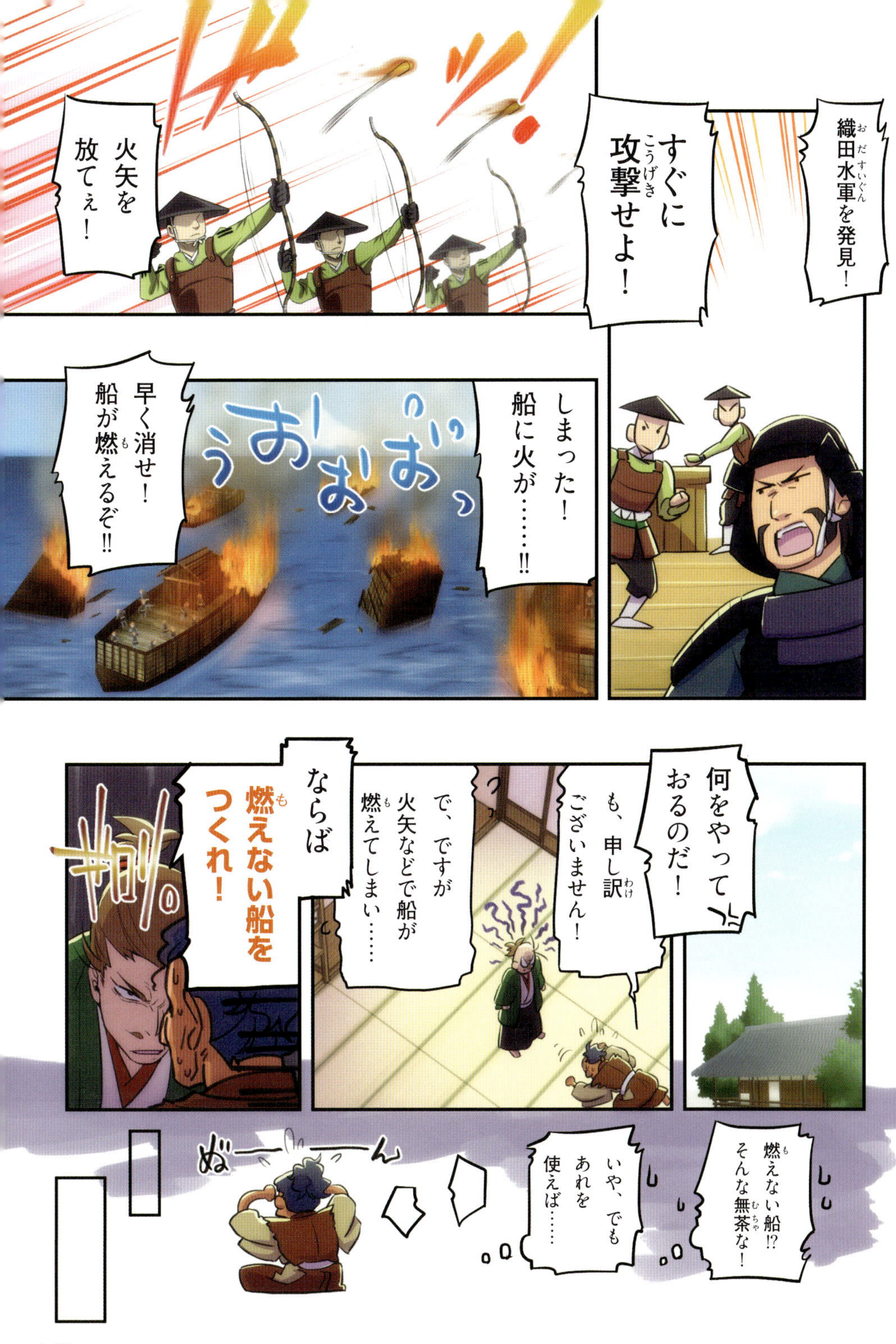
織田水軍《おだすいぐん》を発見！
すぐに攻撃《こうげき》せよ！
火矢を放てぇ！
しまった！船に火が……!!
うおおおっ
早く消せ！船が燃《も》えるぞ!!
何をやっておるのだ！
も、申し訳《わけ》ございません！
で、ですが火矢などで船が燃《も》えてしまい……
ならば燃《も》えない船をつくれ！
燃《も》えない船!?そんな無茶《むちゃ》な！
いや、でもあれを使えば……
ぬーーーん

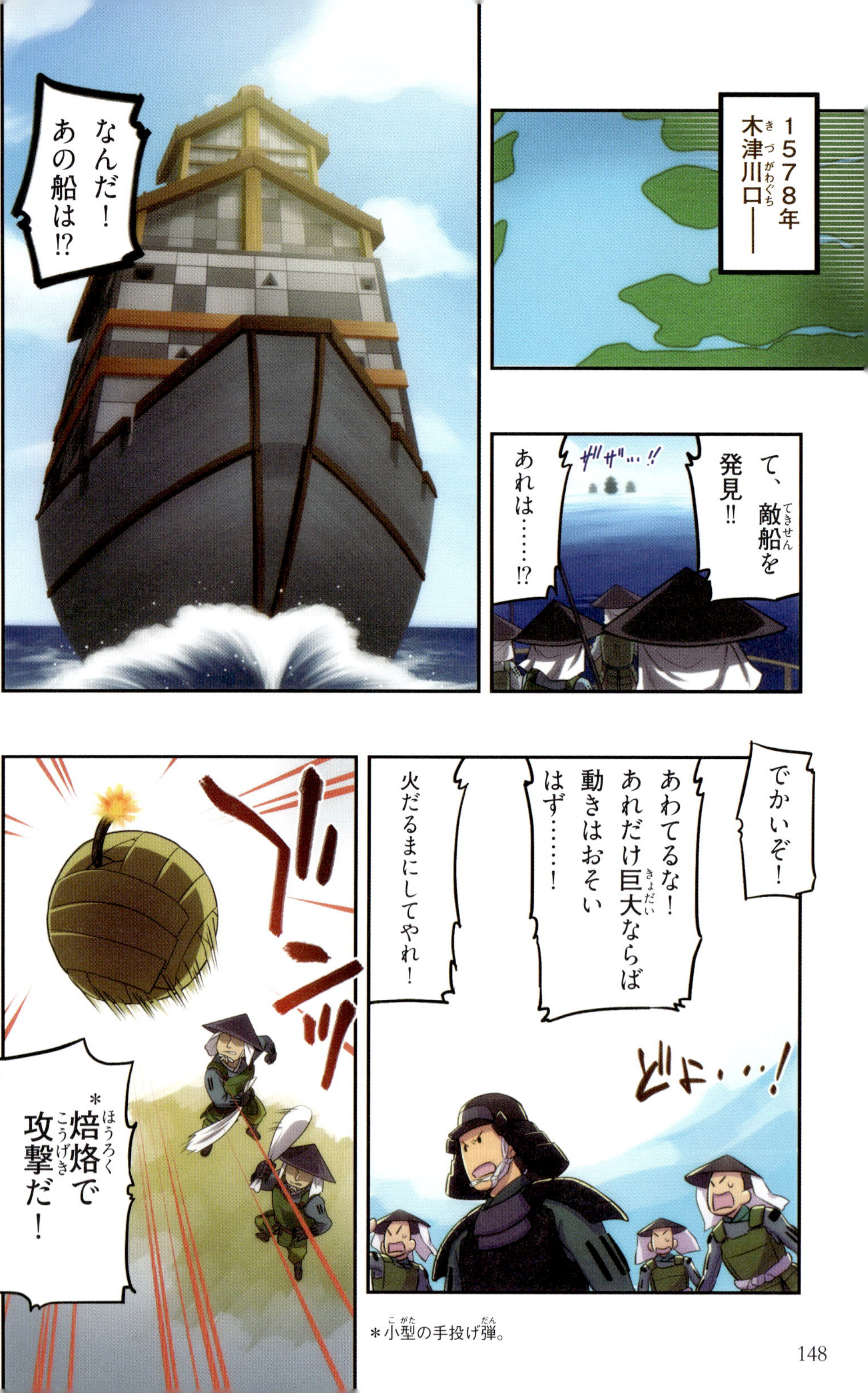
1578年
木津川口《きづがわぐち》——
て、敵船《てきせん》を発見!!
ザザ…!!
あれは……!?
なんだ!あの船は!?
でかいぞ!
あわてるな!あれだけ巨大《きょだい》ならば動きはおそいはず……!
火だるまにしてやれ!
どよ…!
*焙烙《ほうろく》で攻撃《こうげき》だ!

*小型《こがた》の手投げ弾《だん》。

ドン!

ももも…

何っ!燃《も》えてない…!?

フフフ……船を鉄板でおおったのよ!

フフーーフ
これで船が燃《も》えることはなくなった!!

2年前のお返しだっ!これでもくらえっ!

おわーー
この戦《たたか》いに毛利水軍《もうりすいぐん》は大敗《たいはい》。物資《ぶっし》が手に入りにくくなった石山本願寺《いしやまほんがんじ》は、しだいに追いつめられていった。

ぐぬぬ
ぬぬぬ

1575年 42歳《さい》

長《なが》篠《しの》の戦《たたか》い

大勝 戦力《せんりょく》 約《やく》3万8000人

織田信長《おだのぶなが》

徳川家康《とくがわいえやす》

織田《おだ》・徳川軍《とくがわぐん》

VS

武田軍《たけだぐん》

武田勝頼《たけだかつより》

大負 戦力《せんりょく》 約《やく》1万5000人

馬防柵《ばぼうさく》を築《きず》いて待《ま》ち構《かま》えた信長《のぶなが》

武田信玄《たけだしんげん》の死後、信玄《しんげん》の味方だった奥平信昌《おくだいらのぶまさ》が徳川家康《とくがわいえやす》についた。怒《おこ》った信玄《しんげん》の子・勝頼《かつより》は、家《いえ》康《やす》が治《おさ》める三河《みかわ》(現在《げんざい》の愛知県《あいちけん》)を攻《せ》めるため、約《やく》1万5000人の兵《へい》で信昌《のぶまさ》の長篠城《ながしのじょう》(愛知県《あいちけん》)を取り囲《かこ》んだ。長篠城《ながしのじょう》が落ちそうになったので、家康《いえやす》は信長《のぶなが》にたすけを求《もと》めた。信長《のぶなが》は3万人の兵《へい》を率《ひき》いて岐阜《ぎふ》を出発し、徳川軍《とくがわぐん》と合流して長篠城《ながしのじょう》の西の設楽原《したらがはら》に向かった。

信長《のぶなが》は兵士《へいし》ひとりずつに丸太1本と縄《なわ》1束《たば》をもたせていた。設楽《したらが》原《はら》に着いた信長《のぶなが》は、武田軍《たけだぐん》に見つ

長篠《ながしの》の戦《たたか》いの動き

武田軍《たけだぐん》が長篠城《ながしのじょう》を取り囲《かこ》んでいるとき、信長《のぶなが》は酒井忠次《さかいただつぐ》に鳶ケ巣山砦《とびがすやまとりで》を攻めさせ《せ》た。このため、はさみうちされることになった武田軍《たけだぐん》は、織田《おだ》・徳川軍《とくがわぐん》を目がけて突撃《とつげき》してきた。

鉄砲《てっぽう》を大量《たいりょう》に使用した信長《のぶなが》が武田軍《たけだぐん》を破《やぶ》る!

武田勝頼本陣《たけだかつよりほんじん》
勝頼《かつより》の動き
豊臣秀吉軍《とよとみひでよしぐん》
馬防柵《ばぼうさく》
徳川家康本陣《とくがわいえやすほんじん》
織田信長本陣《おだのぶながほんじん》

酒井忠次《さかいただつぐ》に作戦《さくせん》を伝《つた》える信長《のぶなが》

信長《のぶなが》は、家康《いえやす》の家臣《かしん》・酒井忠次《さかいただつぐ》を呼《よ》んで、武田軍《たけだぐん》の鳶ケ巣山砦《とびがすやまとりで》を攻撃《こうげき》するように命令《めいれい》した。

からないようにしながら、丸太や縄《なわ》で「馬防柵《ばぼうさく》」と呼《よ》ばれる柵《さく》をつくらせた。馬防柵《ばぼうさく》は、武田軍《たけだぐん》の騎馬《きば》隊《たい》の突撃《とつげき》を防《ふせ》ぐためのもので、全長《ながさ》は約《やく》2㎞にもおよんだ。それを知らない勝頼《かつより》は、大軍《たいぐん》を率《ひき》いて長《なが》篠城《しのじょう》から設楽原《したらがはら》に向かった。

戦《たたか》いの前日、信長《のぶなが》は、家康《いえやす》の家《か》臣《しん》・酒井忠次《さかいただつぐ》を呼《よ》んで、長篠城《ながしのじょう》を見張《みは》っていた武田軍《たけだぐん》の鳶ケ巣山砦《とびがすやまとりで》を奇襲攻撃《きしゅうこうげき》するように命令《めいれい》した。

武田勝頼《たけだかつより》
鳶《とび》ケ《が》巣《す》山《やま》砦《とりで》が落とされたため、織田《おだ》・徳川軍《とくがわぐん》への突撃《とつげき》を決意した。
長篠城《ながしのじょう》
鳶《とび》ケ《が》巣《す》山《やま》砦《とりで》
酒井忠次《さかいただつぐ》
鳶《とび》ケ《が》巣《す》山《やま》砦《とりで》を背後《はいご》から攻《せ》め落とした。
ビジュアル資料《しりょう》

長篠《ながしの》の戦《たたか》いをえがいた絵
武田軍《たけだぐん》が織田《おだ》・徳川軍《とくがわぐん》の鉄砲隊《てっぽうたい》に突撃《とつげき》したことがわかる。

大量《たいりょう》の鉄砲《てっぽう》を使って最強《さいきょう》の騎馬隊《きばたい》を破《やぶ》る

忠次《ただつぐ》は４０００人の別働隊《べつどうたい》を率《ひき》いて設楽原《したらがはら》を夜中に出発し、翌朝《よくあさ》に鳶《とび》ケ《が》巣《す》山《やま》砦《とりで》の攻撃《こうげき》をはじめた。すぐに鳶《とび》ケ《が》巣《す》山《やま》砦《とりで》を攻《せ》め落とした忠次《ただつぐ》は、長篠城《ながしのじょう》に入って、奥平軍《おくだいらぐん》をたすけ出した。

このため、設楽原《したらがはら》に進んでいた勝頼《かつより》は、長篠城《ながしのじょう》の忠次《ただつぐ》の別働隊《べつどうたい》と、正面の織田《おだ》・徳川軍《とくがわぐん》からはさみうちされる形となった。勝頼《かつより》には、突撃《とつげき》して織田《おだ》・徳川軍《とくがわぐん》を倒《たお》すしか道がなくなってしまったのである。あせった勝頼《かつより》は、騎馬隊《きばたい》に突撃《とつげき》の命令《めいれい》を出した。

武田軍《たけだぐん》の中心となる騎馬隊《きばたい》は、戦国《せんごく》時代最強《さいきょう》の部隊《ぶたい》といわれていたが、馬防柵《ばぼうさく》によってうまく前に進めなかった。さらに信長《のぶなが》は、用意していた３０００丁もの大量《たいりょう》の鉄砲《てっぽう》で、騎馬隊《きばたい》に向けて、とぎれ

豊臣秀吉《とよとみひでよし》
秀吉《ひでよし》は織田軍《おだぐん》の武将《ぶしょう》として戦《たたか》いに参加《さんか》した。
織田信長《おだのぶなが》
織田信忠《おだのぶただ》
信長《のぶなが》の長男。
徳川家康《とくがわいえやす》
長篠城《ながしのじょう》が勝頼《かつより》に取り囲《かこ》まれたので、信長《のぶなが》にたすけを求《もと》めた。
鉄砲隊《てっぽうたい》
馬防柵《ばぼうさく》
騎馬隊《きばたい》に攻《せ》めこまれるのを防《ふせ》ぐため、信長《のぶなが》は柵《さく》をつくっていた。

信長《のぶなが》は3000丁ともいわれる鉄砲《てっぽう》を用意していた。鉄砲《てっぽう》は当時の最新兵器《さいしんへいき》だった。

戦場《せんじょう》で指揮《しき》をとる信長《のぶなが》

信長《のぶなが》は大量《たいりょう》の鉄砲《てっぽう》を用意して、武田騎馬隊《たけだきばたい》をむかえうった。

ることなく攻撃《こうげき》させた。このため騎馬隊《きばたい》は次つぎと倒《たお》れていき、武《たけ》田軍《だぐん》の優秀《ゆうしゅう》な武将《ぶしょう》も多くが戦死《せんし》した。勝頼《かつより》はわずかな家臣《かしん》とともに戦場《せんじょう》からにげ出し、甲斐《かい》(現在《げんざい》の山梨県《やまなしけん》)にもどった。この戦《たたか》いで、武田《たけだ》軍《ぐん》は1万人以上《いじょう》が戦死《せんし》したといわれ、これをきっかけに勢力《せいりょく》が急におとろえていった。

一方、完璧《かんぺき》な勝利《しょうり》をおさめた信長《のぶなが》の勢《いきお》いは、さらに増《ま》していった。

1576年
43歳《さい》

天《てん》王《のう》寺《じ》の戦《たたか》い

信《のぶ》長《なが》は光《みつ》秀《ひで》を救《すく》うために大《たい》軍《ぐん》に突《とつ》撃《げき》する！

合戦分析《かっせんぶんせき》データ
本《ほん》願《がん》寺《じ》軍《ぐん》
織《お》田《だ》軍《ぐん》
戦力《せんりょく》
作戦《さくせん》
運《うん》

合戦《かっせん》場所

天王寺砦《てんのうじとりで》
大阪府《おおさかふ》

勝 戦力《せんりょく》 約《やく》3000人

織《お》田《だ》信《のぶ》長《なが》

織《お》田《だ》軍《ぐん》

VS

本《ほん》願《がん》寺《じ》軍《ぐん》

雑《さい》賀《か》孫《まご》一《いち》

負 戦力《せんりょく》 約《やく》1万5000人

光《みつ》秀《ひで》をたすけるために急いでかけつける

1576年、石山本願寺《いしやまほんがんじ》（大阪《おおさか》府《ふ》）は、中国《ちゅうごく》地方を支配《しはい》する毛利《もうり》輝元《てるもと》と同盟《どうめい》を結《むす》び、武器《ぶき》や食料《しょくりょう》を運びこむようになった。石山本願《いしやまほんがん》寺《じ》が勢《いきお》いを盛《も》り返したので、信長《のぶなが》は明智《あけち》光秀《みつひで》などに攻撃《こうげき》を命じた。

しかし本願寺軍《ほんがんじぐん》は、雑賀孫一《さいかまごいち》の率《ひき》いる雑賀衆《さいかしゅう》を味方につけて、織《お》田軍《だぐん》に反撃《はんげき》した。そして光秀《みつひで》が守る天王寺砦《てんのうじとりで》（大阪府《おおさかふ》）を取り囲《かこ》んだ。京都《きょうと》でこの報告《ほうこく》を受けた信長《のぶなが》は、甲冑《かっちゅう》も着ずに、すぐさま天王《てんのう》寺砦《じとりで》へ向けて出発したが、あまりにも急だったので兵《へい》は3000人

天王寺《てんのうじ》の戦《たたか》いの流れ

1 織田軍《おだぐん》が本願寺軍《ほんがんじぐん》に敗《やぶ》れる

信長《のぶなが》は、家臣《かしん》に本願寺軍《ほんがんじぐん》を攻撃《こうげき》させた。しかし本《ほん》願寺軍《がんじぐん》は、雑賀衆《さいかしゅう》を味方につけて織田軍《おだぐん》を攻撃《こうげき》して勝利《しょうり》し、さらに光秀《みつひで》が守る天王寺砦《てんのうじとりで》を包囲《ほうい》した。

2 信長《のぶなが》が天王寺《てんのうじ》に向かう

光秀《みつひで》をたすけるため、京都《きょうと》にいた信長《のぶなが》はすぐに天王寺《てんのうじ》に向けて出発した。

3 信長《のぶなが》が大軍《たいぐん》に突撃《とつげき》する

信長《のぶなが》の出発が急だったので、兵《へい》は3000人しか集まらなかった。しかし信長《のぶなが》は1万5000人の本願《ほんがん》寺軍《じぐん》に突撃《とつげき》し、天王寺砦《てんのうじとりで》の光秀《みつひで》を救《すく》い出した。

足をうたれても突撃《とつげき》する信長《のぶなが》

信長《のぶなが》は天王寺砦《てんのうじとりで》の明智光秀隊《あけちみつひでたい》を救《すく》うため、わずか3000人の兵《へい》で、1万5000人の本願寺軍《ほんがんじぐん》に突撃《とつげき》した。このとき信長《のぶなが》は足をうたれたが、突撃《とつげき》を続《つづ》けて光秀《みつひで》をたすけた。

しか集まらなかった。それでも信長《のぶなが》は、「天王寺砦《てんのうじとりで》を見殺《みごろ》しにすれば、世間の笑《わら》い者になる」と言い、先頭に立って敵《てき》の大軍《たいぐん》に突撃《とつげき》した。そして足を鉄砲《てっぽう》でうたれながらも、天王寺砦《てんのうじとりで》にかけこんだ。

光秀隊《みつひでたい》と合流した信長《のぶなが》は、石山《いしやま》本願寺《ほんがんじ》の目前まで敵《てき》を追いつめ、約《やく》2700人をうち取った。

村上水軍《むらかみすいぐん》

１５７６年
43歳《さい》

木《き》津《づ》川《がわ》口《ぐち》の戦《たたか》い（第一次）

合戦分析《かっせんぶんせき》データ

織田軍《おだぐん》
毛利軍《もうりぐん》
戦力《せんりょく》
作戦《さくせん》
運《うん》

合戦場所《かっせん》

木津川口《きづがわぐち》
大阪府《おおさかふ》

大勝 戦力《せんりょく》 約《やく》700隻《せき》

村上元吉《むらかみもとよし》

毛利軍《もうりぐん》

VS

織田軍《おだぐん》

九鬼嘉隆《くきよしたか》

大負 戦力《せんりょく》 約《やく》300隻《せき》

村上水軍《むらかみすいぐん》の火攻《ひぜ》めで大型船《おおがたせん》を焼《や》かれる

石山本願寺《いしやまほんがんじ》（大阪府《おおさかふ》）と同盟《どうめい》を結《むす》んだ中国《ちゅうごく》地方の毛利輝元《もうりてるもと》は、水軍《すいぐん》を使って、海から食料《しょくりょう》と武器《ぶき》を石山本願寺《いしやまほんがんじ》に運び入れようとした。毛利水軍《もうりすいぐん》には、瀬戸内海《せとないかい》で最強《さいきょう》の水軍《すいぐん》といわれた村上水軍《むらかみすいぐん》が加《くわ》わっていた。

毛利水軍《もうりすいぐん》を止めたかった信長《のぶなが》は、和泉《いずみ》（現在《げんざい》の大阪府《おおさかふ》）の水軍《すいぐん》を中心に織田水軍《おだすいぐん》を組織《そしき》し、総大将《そうだいしょう》に九鬼嘉隆《くきよしたか》（⬇P200）を任命《にんめい》した。

１５７６年、３００隻《せき》の織田水軍《おだすいぐん》は石山本願寺《いしやまほんがんじ》へ向かう７００隻《せき》の毛利水軍《もうりすいぐん》と、木津川口《きづがわぐち》（大阪湾《おおさかわん》

木津川口《きづがわぐち》の戦《たたか》い（第一次）の流れ

1 信長《のぶなが》が水軍《すいぐん》を組織《そしき》する

石山本願寺《いしやまほんがんじ》に武器《ぶき》や食料《しょくりょう》を運び入れようとする毛利水軍《もうりすいぐん》を止めるため、信長《のぶなが》は和泉《いずみ》（現在《げんざい》の大阪《おおさか》府《ふ》）の水軍《すいぐん》を中心に織田水軍《おだすいぐん》を組織《そしき》した。

2 織田水軍《おだすいぐん》が大敗《たいはい》する

織田水軍《おだすいぐん》は、石山本願寺《いしやまほんがんじ》に向かう毛利水軍《もうりすいぐん》を木津川口《きづがわぐち》で待ち構《かま》えたが、小早《こはや》（快速船《かいそくせん》）で近づかれ火矢や焙烙《ほうろく》などで攻撃《こうげき》されて敗北《はいぼく》した。

織田《おだ》水軍《すいぐん》は火攻《ひぜ》めによって大敗《たいはい》する！

燃《も》え上がる織田水軍《おだすいぐん》の船

毛利軍《もうりぐん》に参加《さんか》した村上水軍《むらかみすいぐん》は、織田水軍《おだすいぐん》の船を火矢や焙烙《ほうろく》（小型《こがた》の爆弾《ばくだん》）で火攻《ひぜ》めにした。

に注ぐ木津川《きづがわ》の河口《かこう》）でぶつかった。村上元吉《むらかみもとよし》が率《ひき》いる村上水軍《むらかみすいぐん》は、小早《こはや》と呼《よ》ばれる小型《こがた》の快速船《かいそくせん》を上手《じょうず》にあやつって織田水軍《おだすいぐん》の大型船《おおがたせん》「安宅船《あたけぶね》」に近づき、火矢を射《い》たり、焙烙《ほうろく》と呼《よ》ばれる小型《こがた》の爆弾《ばくだん》を投げこんだりして焼《や》き払《はら》った。

勝利《しょうり》した毛利水軍《もうりすいぐん》は無事《ぶじ》に石山本願寺《いしやまほんがんじ》へ食料《しょくりょう》と武器《ぶき》を運びこんだ。

焙烙《ほうろく》

玉の形をした陶器《とうき》に火薬をつめた爆弾《ばくだん》。導火線《どうかせん》に火をつけて、布《ぬの》や縄《なわ》などを使って敵《てき》に投げこんだ。

1577年
44歳《さい》

和《わ》歌《か》川《がわ》の戦《たたか》い

合戦分析《かっせんぶんせき》データ

織田軍《おだぐん》

戦力《せんりょく》

作戦《さくせん》

運《うん》

雑賀衆《さいかしゅう》

合戦《かっせん》場所

やや勝 戦力《せんりょく》 約《やく》2000人

雑賀孫一《さいかまごいち》

雑賀衆《さいかしゅう》

VS

織田軍《おだぐん》

織田信長《おだのぶなが》

やや負 戦力《せんりょく》 約《やく》10万人

川にわなをしかけて大軍《たいぐん》の織田軍《おだぐん》を破《やぶ》る

鉄砲《てっぽう》による攻撃《こうげき》を得意《とくい》とする紀《き》伊《い》(現在《げんざい》の和歌山県《わかやまけん》)の雑賀衆《さいかしゅう》は、石山本願寺《いしやまほんがんじ》(大阪府《おおさかふ》)に味方をして、信長《のぶなが》を何度も苦しめてきた。

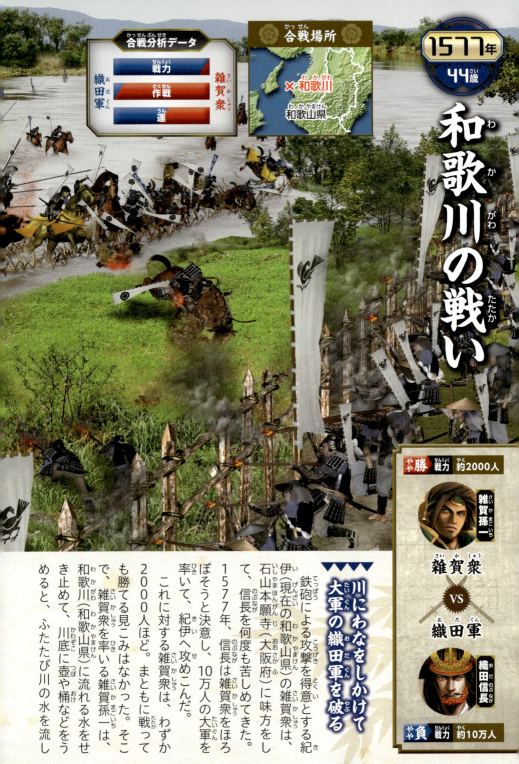

1577年、信長《のぶなが》は雑賀衆《さいかしゅう》をほろぼそうと決意し、10万人の大軍《たいぐん》を率《ひき》いて、紀伊《きい》へ攻めこんだ。

これに対する雑賀衆《さいかしゅう》は、わずか2000人ほど。まともに戦《たたか》っても勝てる見こみはなかった。そこで、雑賀衆《さいかしゅう》を率《ひき》いる雑賀孫一《さいかまごいち》は、和歌川《わかがわ》(和歌山県《わかやまけん》)に流れる水をせき止めて、川底《かわぞこ》に壺《つぼ》や桶《おけ》などをうめると、ふたたび川の水を流し

織田《お》軍《ぐん》は雑賀衆《さいかしゅう》の作戦《さくせん》に苦戦《くせん》する！

織田軍《おだぐん》を攻撃《こうげき》する雑賀衆《さいかしゅう》

雑賀衆《さいかしゅう》が和歌川《わかがわ》の底《そこ》にうめておいた壺《つぼ》などに足を取られた織田《おだ》軍《ぐん》は、動きが止まったところを鉄砲《てっぽう》でねらいうちにされた。

た。川岸《かわぎし》には柵《さく》を築《きず》いて守備《しゅび》を固《かた》め、鉄砲隊《てっぽうたい》を並《なら》べて待ち構《かま》えた。

織田軍《おだぐん》は、馬に乗って川を渡《わた》ろうとしてきたが、馬の足が壺《つぼ》や桶《おけ》に入って動けなくなった。雑賀衆《さいかしゅう》はそれをねらいうちして、大きな被害《ひがい》を与《あた》えた。長期戦《ちょうきせん》になるのをさけたかった信長《のぶなが》は、しかたなく仲直《なかなお》りして、兵《へい》を引き上げた。

和歌川《わかがわ》の戦《たたか》いの流れ

1 信長《のぶなが》が紀伊《きい》へ攻《せ》めこむ

石山本願寺《いしやまほんがんじ》に味方する雑賀衆《さいかしゅう》を倒《たお》すため、信長《のぶなが》は約《やく》10万人の大軍《たいぐん》で紀伊《きい》に攻《せ》めこんだ。

2 川底《かわぞこ》に壺《つぼ》をうめる

孫一《まごいち》が率《ひき》いる雑賀衆《さいかしゅう》は、和歌川《わかがわ》の底《そこ》に壺《つぼ》や桶《おけ》などをうめた。織田軍《おだぐん》の馬が川を渡《わた》ろうとしたとき、足を取られて動けなくなった。

3 柵《さく》から鉄砲《てっぽう》をうつ

雑賀衆《さいかしゅう》は、対岸に柵《さく》を築《きず》いて織田軍《おだぐん》を待ち構《かま》えていた。馬が川で動けなくなったときをねらって鉄砲《てっぽう》をうち、織田軍《おだぐん》を苦しめた。

1577年
44歳《さい》

手《て》取《どり》川《がわ》の戦《たたか》い

合戦分析《かっせんぶんせき》データ
織田軍《おだぐん》
戦力《せんりょく》
作戦《さくせん》
運《うん》
上杉軍《うえすぎぐん》

合戦場所《かっせんばしょ》
石川県《いしかわけん》
七尾城《ななおじょう》
手取川《てどりがわ》

勝 戦力《せんりょく》 約《やく》2万人

上杉謙信《うえすぎけんしん》

上杉軍《うえすぎぐん》

VS

織田軍《おだぐん》

柴田勝家《しばたかついえ》

負 戦力《せんりょく》 約《やく》3万人

合戦《かっせん》が上手《じょうず》な謙信《けんしん》に織田軍《おだぐん》が敗《やぶ》れる

信長《のぶなが》と対立した越後《えちご》（現在《げんざい》の新《に》潟《がた》県《けん》）の上杉謙信《うえすぎけんしん》は、1577年、信長《のぶなが》に味方する畠山氏《はたけやまし》の七尾《ななお》城《じょう》（石川県《いしかわけん》）を取り囲《かこ》んだ。七尾城《ななおじょう》からたすけを求《もと》められた信長《のぶなが》は、3万人の大軍《たいぐん》を送りこんだ。総大《そうだい》将《しょう》に柴田勝家《しばたかついえ》を任命《にんめい》し、豊臣秀吉《とよとみひでよし》も参加《さんか》させたが、秀吉《ひでよし》は勝家《かついえ》とけんかをして、勝手に軍《ぐん》を離《はな》れてしまった。織田軍《おだぐん》は戦《たたか》う前から戦力《せんりょく》を失《うしな》っていたのだ。

一方の謙信《けんしん》は、七尾城《ななおじょう》を攻《せ》め落とし、南へと軍《ぐん》を進めていた。勝家《かついえ》は手取川《てどりがわ》（石川県《いしかわけん》）を渡《わた》ったと

最強《さいきょう》の敵《てき》・謙信《けんしん》が信長《のぶなが》の前に立ちはだかる！

本陣《ほんじん》で指揮《しき》する謙信《けんしん》

織田軍《おだぐん》が退却《たいきゃく》をはじめたことを知った謙信《けんしん》は、すぐに攻撃《こうげき》を命じて勝利《しょうり》した。

ころで、七尾城《ななおじょう》の落城《らくじょう》を知り、あわてて引き返そうとしたが、謙《けん》信《しん》はそのすきを見のがさず一気に攻撃《こうげき》をしかけた。にげる織田軍《おだぐん》の兵士《へいし》は、多くが手取川《てどりがわ》でおぼれ死んだ。謙信《けんしん》は、「織田軍《おだぐん》は意外に弱い」と語ったそうだ。その後、謙信《けんしん》は、いったん越後《えちご》にもどったが、翌年《よくとし》に病気で死んだ。

手取川《てどりがわ》の戦《たたか》いの流れ

1 謙信《けんしん》が能登《のと》へ向かう

越後《えちご》の上杉謙信《うえすぎけんしん》は、能登《のと》（現在《げんざい》の石川県《いしかわけん》）に向かって進軍《しんぐん》を開始し、七尾城《ななおじょう》を攻《せ》めた。

2 織田軍《おだぐん》が能登《のと》へ向かう

柴田勝家《しばたかついえ》は、七尾城《ななおじょう》をたすけるため、3万人の大《たい》軍《ぐん》を率《ひき》いて能登《のと》に向かった。

3 上杉軍《うえすぎぐん》が勝家《かついえ》を追撃《ついげき》する

勝家《かついえ》は手取川《てどりがわ》を渡《わた》った後、七尾城《ななおじょう》が落とされたことを知り、退却《たいきゃく》を開始。謙信《けんしん》はにげる織田軍《おだぐん》を攻撃《こうげき》。多くの織田軍《おだぐん》の兵《へい》が手取川《てどりがわ》でおぼれた。

超《ちょう》ビジュアル！
信《のぶ》長《なが》新聞
第4号
発行所：
桃《もも》山《やま》新聞社

信長《のぶなが》は信玄《しんげん》と謙信《けんしん》を恐《おそ》れていた？

信長《のぶなが》が最《もっと》も恐《おそ》れていたのは武田信玄《たけだしんげん》と上杉謙信《うえすぎけんしん》だったといわれる。本当だろうか？

武田信玄《たけだしんげん》氏《し》

武田信玄氏《たけだしんげんし》に 独占《どくせん》インタビュー

質問《しつもん》 信長《のぶなが》のことをどう思っていましたか？

信長《のぶなが》はわしと戦《たたか》っても勝てないと思っていたらしく、何度も**贈《おく》り物**をしてきた。なかなかいいやつで、しばらくは仲《なか》よくしていたよ。しかし、**比叡山《ひえいざん》の焼《や》き打ち**は許《ゆる》せなかった。それから対立するようになり、**足利義昭様《あしかがよしあきさま》**の呼《よ》びかけに応《おう》じて京都《きょうと》に上って信長《のぶなが》と戦《たたか》おうとしたのだ。

贈《おく》り物の箱まで気を配った!?

信長《のぶなが》は信玄《しんげん》に贈《おく》り物をするとき、漆《うるし》を何度も塗《ぬ》ってつくった箱に入れた。信玄《しんげん》がその箱をけずってみると、漆《うるし》が何重にも塗《ぬ》ってある高《こう》価《か》な箱であることがわかり、信長《のぶなが》を信用《しんよう》したという。

長男・信忠《のぶただ》と信玄《しんげん》の娘《むすめ》を婚約《こんやく》させた!?

信玄《しんげん》と同盟《どうめい》を結《むす》んだ信長《のぶなが》は、11歳《さい》の長男・信忠《のぶただ》と、7歳《さい》の信玄《しんげん》の娘《むすめ》・松姫《まつひめ》を婚約《こんやく》させた。信長《のぶなが》は信忠《のぶただ》に「松《まつ》姫《ひめ》に手紙や贈《おく》り物を何度もせよ」と言い聞かせた。その後、信玄《しんげん》と信長《のぶなが》は対立し、婚約《こんやく》は解消《かいしょう》された。

上杉謙信氏《うえすぎけんしんし》に独占《どくせん》インタビュー

質問《しつもん》 信長《のぶなが》のことをどう思っていましたか?

信長《のぶなが》は何度も**贈《おく》り物**をしてきたよ。仲《なか》よくなりたかったのだろう。だが、信長《のぶなが》が**室町幕府《むろまちばくふ》**をほろぼしたとき、絶交《ぜっこう》したのだ。その後、**手取川《てどりがわ》**で織田軍《おだぐん》と戦《たたか》ったが、思ったより弱かったな。

上杉謙信氏《うえすぎけんしんし》

信長《のぶなが》は謙信《けんしん》にプレゼント攻撃《こうげき》をした!?

桶狭間《おけはざま》の戦《たたか》いに勝った信長《のぶなが》は、謙信《けんしん》に「鷹狩《たかが》り(鷹《たか》を使って小鳥などを捕《つか》まえさせること)のための鷹《たか》がほしい」と手紙を送り、謙《けん》信《しん》はすぐに鷹《たか》を贈《おく》った。以《い》後《ご》、ふたりは仲《なか》よくなり、信長《のぶなが》は豪華《ごうか》なマントや屏風《びょうぶ》などの贈《おく》り物をして、謙信《けんしん》を喜《よろこ》ばせたという。

信長《のぶなが》は息子《むすこ》を謙信《けんしん》の養子《ようし》にしようとした!?

信長《のぶなが》は、子どもがいなかった謙信《けんしん》に、「わたしの息子《むすこ》を養子《ようし》にしてほしい」と伝《つた》えた。謙信《けんしん》も前向きに考えたといわれるが、信長《のぶなが》が足利義昭《あしかがよしあき》を追放したことを知ると、室町幕府《むろまちばくふ》を大切に考えていた謙信《けんしん》は怒《おこ》って信長《のぶなが》と対立するようになり、この話もなくなった。

プレゼントが効《き》いた!?

謙信《けんしん》を屏風《びょうぶ》の中にえがいた!?

信長《のぶなが》が謙信《けんしん》に贈《おく》ったと伝《つた》えられる「洛中洛外図屏風《らくちゅうらくがいずびょうぶ》」には、足利将軍邸《あしかがしょうぐんてい》に向かう武将《ぶしょう》の行列が見られる。この武将《ぶしょう》は謙信《けんしん》といわれ、信長《のぶなが》が謙信《けんしん》を喜《よろこ》ばせるためにえがかせたといわれる。

米沢市上杉博物館所蔵

輿《こし》に乗っているのが謙信《けんしん》といわれる。

1576年
岐阜城《ぎふじょう》——
天下統一《とういつ》も目前……そこでだ！
よっしゃ！
安土《あづち》に新しく城《しろ》を築《きず》こうと思う!!
それも、今までにない、まったく新しい城《しろ》じゃ！
まったく新しい……ですか？
そうだ！その工事は……
丹羽長秀《にわながひで》！
おぬしにまかせる！
承知《しょうち》いたしました……！

長秀《ながひで》！進んでおるかー？

信長様《のぶながさま》！

順調《じゅんちょう》にございます！

おおーっ!!

どん！

殿《との》のご計画どおり、城《しろ》全体を石垣《いしがき》でおおいました！天守《てんしゅ》は完成《かんせい》すると黄金に輝《かがや》きます!!

うむっ！でかしたっ！

これは完成《かんせい》が待ち遠しいっ！

安土城築城《あづちじょうちくじょう》中の
1578年——
秀吉《ひでよし》とともに毛利攻《もうりぜ》めを
していた荒木村重《あらきむらしげ》が、
突然《とつぜん》、織田軍《おだぐん》を離《はな》れた。
そして、
本拠地《ほんきょち》の有岡城《ありおかじょう》（兵庫県《ひょうごけん》）に
帰ってしまった。
荒木村重《あらきむらしげ》
村重《むらしげ》め……何を考えておるのだ!?
光秀《みつひで》！ 村重《むらしげ》に会って話を聞いてこい！
はっ！
有岡城《ありおかじょう》——
信長様《のぶながさま》は「理由があれば何でも話せ」と……
村重殿《むらしげどの》、いったい何があったのですか？
……信長様《のぶながさま》は

最近《さいきん》、何から何まで横暴《おうぼう》すぎます……

わしはもう……あの人のやり方にはついていけんのじゃ！

そなたも、そうは思わんか!?

光秀殿《みつひでどの》！

村重《むらしげ》が有岡城《ありおかじょう》から出なかったので、信長《のぶなが》は攻撃《こうげき》を開始した。追いつめられた村重《むらしげ》は家族を残《のこ》したまま城《しろ》からにげ出した。

にげたか……

有岡城《ありおかじょう》に総攻撃《そうこうげき》を開始せよ！

裏切《うらぎ》りは許《ゆる》さん……！

荒木《あらき》一族は皆殺《みなごろ》しじゃ!!

信長《のぶなが》が有岡城《ありおかじょう》を攻《せ》めている最中《さいちゅう》――
家康様《いえやすさま》っ!!
たいへんです! 信康様《のぶやすさま》がっ……!!
信長《のぶなが》は娘《むすめ》・徳姫《とくひめ》から「夫《おっと》の信康《のぶやす》が武田《たけだ》と通じている」という手紙を受け取った。
家康《いえやす》の長男 松平信康《まつだいらのぶやす》
そんな話はでたらめだ!
忠次《ただつぐ》! すぐに信長様《のぶながさま》のもとに行ってくれ!
ははっ!
家康《いえやす》の家臣《かしん》 酒井忠次《さかいただつぐ》
安土城《あづちじょう》――
信康様《のぶやすさま》が信長様《のぶながさま》を裏切《うらぎ》るなんてありえません!
……それは、まことか?
誓《ちか》って!!

では、徳姫《とくひめ》が書いた手紙はうそだと？
徳姫《とくひめ》が手紙を書いたのは夫《おっと》・信康《のぶやす》との仲《なか》が悪かったためともいわれている……
そっ……それは……
もうよい 信康《のぶやす》は切腹《せっぷく》じゃ
お、お待ちください！信長様《のぶながさま》！
信長様《のぶながさま》っ!!
あれほど待ちわびた城《しろ》が完成《かんせい》したというのに……
むなしくなるばかりじゃ……

長篠《ながしの》の戦《たたか》いで敗《やぶ》れてから武田勝頼《たけだかつより》は家臣《かしん》の信頼《しんらい》を失《うしな》っていった。
そろそろ武田《たけだ》をほろぼす時期じゃな
信忠《のぶただ》！ そなたが総大将《そうだいしょう》じゃ！
信長《のぶなが》の長男
織田信忠《おだのぶただ》
ははっ！
信忠《のぶただ》は数万の大軍《たいぐん》を率《ひき》いて、甲斐《かい》（現在《げんざい》の山梨県《やまなしけん》）に向けて攻《せ》めこんだ。
一気に攻《せ》めるぞっ！
わあぁあ！
織田軍《おだぐん》の勢《いきお》いを見て、勝頼《かつより》の家臣《かしん》は次つぎと降参《こうさん》した。
最後《さいご》、勝頼《かつより》に味方する者は40人ほどになっていた……。
父上――
すみませぬ……！

甲斐《かい》に向かう途中《とちゅう》、信長《のぶなが》は勝頼《かつより》の切腹《せっぷく》を知った。
ついに武田《たけだ》がほろんだか……
残《のこ》る敵《てき》は、毛利《もうり》と北条《ほうじょう》くらいか……
あと、ひといきですね！
あぁ……
もうじき、わしの天下がくるぞ！
……

信長《のぶなが》の城《しろ》 5

安《あ》土《づち》城《じょう》

天下統一《とういつ》に本格的《ほんかくてき》に乗り出した信長《のぶなが》は、琵琶湖《びわこ》(滋賀県《しがけん》)のほとりに、石垣《いしがき》で山全体をおおい、豪華《ごうか》な天守《てんしゅ》をもつ安土城《あづちじょう》を築《きず》いた。

城《しろ》の位置《いち》

日本で最初《さいしょ》の本格的《ほんかくてき》な天守《てんしゅ》をもつ豪華《ごうか》で巨大《きょだい》な城《しろ》

1576年、信長《のぶなが》は近江《おうみ》(現在《げんざい》の滋賀県《しがけん》)の琵琶湖《びわこ》の東岸に、巨《きょ》大《だい》な安土城《あづちじょう》を築《きず》きはじめた。築城《ちくじょう》の指揮《しき》は丹羽長秀《にわながひで》(↓P199)にまかされた。その3年後に完成《かんせい》した安土城《あづちじょう》は、信長《のぶなが》が天下を統一《とういつ》するための新しい本拠地《ほんきょち》になった。

安《あ》土城《づちじょう》は、標高約《ひょうこうやく》199mの安《あ》土山《づちやま》全体を城《しろ》にしたもので、城《しろ》全体は石垣《いしがき》で固《かた》められた。

また、日本初《にほんはつ》の本格的《ほんかくてき》な天守《てんしゅ》(城《しろ》の中で最《もっと》も高い物見櫓《ものみやぐら》)は、地上6階《かい》建《だ》て(地下1階)で、金箔《きんぱく》で飾《かざ》った屋根瓦《やねがわら》や、赤い柱や青い壁《かべ》をもつ、豪華《ごうか》なものだった。家臣《かしん》たちの屋敷《やしき》は、天守《てんしゅ》から見下ろせる山の斜面《しゃめん》に建《た》てられた。

トンデモ伝説《でんせつ》!

安土城《あづちじょう》の天守《てんしゅ》をライトアップした!?

1581年のお盆《ぼん》の日の夜、信長《のぶなが》は安土城《あづちじょう》の天守《てんしゅ》に色とりどりの提灯《ちょうちん》をつるしてライトアップした。また、家臣《かしん》たちに松明《たいまつ》をもたせ、城《しろ》に向かう道を歩かせた。光り輝《かがや》く美しい安《あ》土城《づちじょう》を見た民衆《みんしゅう》は、たいへん喜《よろこ》んだという。

安土城《あづちじょう》の天守《てんしゅ》

6階《かい》建《だ》ての天守《てんしゅ》の高さは約《やく》32mで、どの部屋も美しい絵や金箔《きんぱく》などで飾《かざ》られていた。信長《のぶなが》は天守《てんしゅ》の最上階《さいじょうかい》で生活していたそうだ。

金箔《きんぱく》の屋根瓦《やねがわら》

屋根に使う瓦《かわら》の先に、金箔《きんぱく》を張《は》って飾《かざ》ったもの。安土城《あづちじょう》から発掘《はっくつ》されたもので、天守《てんしゅ》の豪華《ごうか》さを想像《そうぞう》できる。

菊紋《きくもん》の金箔瓦《きんぱくかわら》

安土城《あづちじょう》から発掘《はっくつ》されたもので、天皇《てんのう》から与《あた》えられたという菊紋《きくもん》が金箔《きんぱく》で飾《かざ》られている。

安土城《あづちじょう》の城下町《じょうかまち》

城下町《じょうかまち》を通る街道《かいどう》には、たくさんの店が建《た》ち並《なら》び、とてもにぎわっていた。街道《かいどう》はいつも掃除《そうじ》されていたので、ごみはひとつも落ちていなかったという。

楽市《らくいち》・楽座《らくざ》の立て札《ふだ》

安土城《あづちじょう》の城下町《じょうかまち》が楽市《らくいち》・楽座《らくざ》であることを記した木の札《ふだ》。

楽市《らくいち》・楽座《らくざ》でにぎわった信長《のぶなが》の新しい本拠地《ほんきょち》

信長《のぶなが》が安土《あづち》に城《しろ》を築《きず》いたのは、岐《ぎ》阜《ふ》城《じょう》よりも京都《きょうと》に近いことや、京《きょう》都《と》や北陸《ほくりく》地方まで行ける街道《かいどう》が通っていること、船を使ってすぐに移動《いどう》できることなどが理由であったといわれる。現在《げんざい》の安土山《あづちやま》は周囲《しゅうい》をうめ立てられているが、当時は琵琶湖《びわこ》のほとりにあった。信長《のぶなが》は安土城《あづちじょう》のふもとに港をつくり、船を出入りさせていた。

信長《のぶなが》は、安土城《あづちじょう》の東側《ひがしがわ》に新しい道をつくり、城下町《じょうかまち》を整えた。山の斜面《しゃめん》や城《しろ》に近い場所には家臣《かしん》たちの屋敷《やしき》を建《た》て、街道《かいどう》につながる道ぞいは庶民《しょみん》が住む場所にした。信長《のぶなが》は岐阜《ぎふ》の城下町《じょうかまち》から多数の商人や職人《しょくにん》を移《うつ》して住まわせると、だれでも自由に商売ができるよう、市場を「楽市《らくいち》・楽座《らくざ》」(➡P76)とした。このため、安土城《あづちじょう》の城下《じょうか》町《まち》には全国から人びとが集まり、たいへんにぎわったそうだ。

信長《のぶなが》が安土城《あづちじょう》を拠点《きょてん》に天下統一《とういつ》を進めるにつれて、安土城下《あづちじょうか》も発《はっ》展《てん》を続《つづ》けたが、安土城《あづちじょう》の完成《かんせい》からわずか3年後に起きた本能寺《ほんのうじ》の変《へん》で信長《のぶなが》が死ぬと、安土城《あづちじょう》は原因不《げんいんふ》明《めい》の出火で焼《や》け落ち、城下町《じょうかまち》もすたれてしまった。

安土城《あづちじょう》をえがいた絵

大阪城天守閣所蔵

安土城《あづちじょう》は、琵琶湖《びわこ》のほとりにあった安土山《あづちやま》に築《きず》かれていた。

1577年 44歳《さい》

信《し》貴《ぎ》山《さん》城《じょう》の戦《たたか》い

合戦分析《かっせんぶんせき》データ

松永軍《まつながぐん》		織田軍《おだぐん》
	戦力《せんりょく》	
	作戦《さくせん》	
	運《うん》	

合戦《かっせん》場所

信長《のぶなが》は裏切《うらぎ》った久秀《ひさひで》をほろぼす!

勝 戦力《せんりょく》 約《やく》4万人

織田信忠《おだのぶただ》

織田軍《おだぐん》

VS

松永軍《まつながぐん》

松永久秀《まつながひさひで》

負 戦力《せんりょく》 約《やく》8000人

信長《のぶなが》を二度も裏切《うらぎ》った久秀《ひさひで》がほろぼされる

松永久秀《まつながひさひで》は京都《きょうと》を支配《しはい》していた三好氏《みよしし》の家臣《かしん》だったが、信長《のぶなが》が京《きょう》都《と》に入ると降伏《こうふく》して信長《のぶなが》の家臣《かしん》になった。１５７２年、久秀《ひさひで》は信長《のぶなが》に反乱《はんらん》を起こしたが敗《やぶ》れ、信長《のぶなが》から許《ゆる》されていた。

１５７７年、久秀《ひさひで》は石山本願寺《いしやまほんがんじ》(大阪府《おおさかふ》)を攻撃《こうげき》する織田軍《おだぐん》に加《くわ》わっていたが、突然《とつぜん》、軍《ぐん》を離《はな》れて信貴山城《しぎさんじょう》(奈良県《ならけん》)に立てこもった。信長《のぶなが》は「思うことがあるなら申してみよ」と伝《つた》えたが、久秀《ひさひで》は無視《むし》した。久秀《ひさひで》が裏切《うらぎ》ったのは、大和《やまと》(現在《げんざい》の奈良県《ならけん》)の支配《しはい》を認《みと》めても

信貴山城《しぎさんじょう》の戦《たたか》いの流れ

1 久秀《ひさひで》が信貴山城《しぎさんじょう》に立てこもる

石山本願寺《いしやまほんがんじ》を取り囲《かこ》む織田軍《おだぐん》に参加《さんか》していた久秀《ひさひで》は、突然《とつぜん》、織田軍《おだぐん》を離《はな》れて、信貴山城《しぎさんじょう》に入る。

2 信長《のぶなが》の説得《せっとく》を無視《むし》する

信長《のぶなが》は久秀《ひさひで》に使いを送り、「思うことがあれば申してみよ。望《のぞ》みをかなえてやろう」と説得《せっとく》するが、久秀《ひさひで》は無視《むし》する。怒《おこ》った信長《のぶなが》は人質《ひとじち》だった久秀《ひさひで》のふたりの孫《まご》を殺《ころ》した。

3 信長《のぶなが》が信貴山城《しぎさんじょう》を攻撃《こうげき》する

信長《のぶなが》は4万人の大軍《たいぐん》で信貴山城《しぎさんじょう》を攻めさせ《せ》た。敗《やぶ》れた久秀《ひさひで》は、天守《てんしゅ》に火をつけた後、切腹《せっぷく》した。

落城《らくじょう》する信貴山城《しぎさんじょう》

信貴山城《しぎさんじょう》は守りの固《かた》い城《しろ》だったが、4万人の大軍《たいぐん》で攻《せ》められて落城《らくじょう》した。

らえなかったためといわれる。

信長《のぶなが》は長男の信忠《のぶただ》を総大将《そうだいしょう》にして、約《やく》4万人の大軍《たいぐん》で信貴山城《しぎさんじょう》を攻撃《こうげき》させた。落城寸前《らくじょうすんぜん》になったとき、信長《のぶなが》は久秀《ひさひで》に、「平蜘蛛《ひらぐも》という茶釜《ちゃがま》(茶道《ちゃどう》で使う湯をわかす釜《かま》)を渡《わた》せば命をたすける」と伝《つた》えたが、久秀《ひさひで》は平蜘蛛《ひらぐも》を爆発《ばくはつ》させた後、天守《てんしゅ》に火をつけて自害《じがい》した。

1578年 45歳《さい》

木《き》津《づ》川《がわ》口《ぐち》の戦《たたか》い（第二次）

鉄甲船《てっこうせん》
村上水軍《むらかみすいぐん》

合戦分析《かっせんぶんせき》データ

毛《もう》利《り》軍《ぐん》
戦力《せんりょく》
作戦《さくせん》
運《うん》
織《お》田《だ》軍《ぐん》

合戦《かっせん》場所

木津川口《きづがわぐち》
×
大阪府《おおさかふ》

勝 戦力《せんりょく》 鉄甲船《てっこうせん》6隻《せき》

九《く》鬼《き》嘉《よし》隆《たか》

織《お》田《だ》軍《ぐん》

VS

毛《もう》利《り》軍《ぐん》

村《むら》上《かみ》武《たけ》吉《よし》

負 戦力《せんりょく》 約《やく》600隻《せき》

巨《きょ》大《だい》戦《せん》艦《かん》「鉄《てっ》甲《こう》船《せん》」が火矢や焙《ほう》烙《ろく》をはね返す

木《き》津《づ》川《がわ》口《ぐち》の戦《たたか》い（第一次）（➡P156）で毛《もう》利《り》水《すい》軍《ぐん》に敗《やぶ》れた信長《のぶなが》は、織《お》田《だ》水《すい》軍《ぐん》の総大将《そうだいしょう》・九《く》鬼《き》嘉《よし》隆《たか》に、「火矢や焙烙《ほうろく》（手投げ弾《だん》）でも燃《も》えない船をつくれ」と命令《めいれい》した。嘉隆《よしたか》は全体を鉄板でおおい、大砲《たいほう》を備《そな》えつけた全長22mの巨大《きょだい》戦艦《せんかん》「鉄甲船《てっこうせん》」を6隻《せき》つくった。

1578年、毛《もう》利《り》水軍《すいぐん》は、村上《むらかみ》武《たけ》吉《よし》が率《ひき》いる村上水軍《むらかみすいぐん》を加《くわ》え、武《ぶ》器《き》や食料《しょくりょう》を運びこむために石山《いしやま》本願寺《ほんがんじ》（大阪府《おおさかふ》）に向かった。

一方、嘉隆《よしたか》は鉄甲船《てっこうせん》6隻《せき》を出《しゅつ》撃《げき》させ、木《き》津《づ》川《がわ》口《ぐち》で待ち構《かま》えた。

木津川口《きづがわぐち》の戦《たたか》い（第二次）の流れ

1 信長《のぶなが》が鉄甲船《てっこうせん》の建造《けんぞう》を命じる

信長《のぶなが》は九鬼嘉隆《くきよしたか》に命じて、船体を鉄でおおい、大砲《たいほう》を備《そな》えた「鉄甲船《てっこうせん》」を６隻《せき》つくらせた。

2 木津川口《きづがわぐち》で村上水軍《むらかみすいぐん》をむかえうつ

鉄甲船《てっこうせん》は木津川口《きづがわぐち》で村上水軍《むらかみすいぐん》をむかえうった。鉄甲船《てっこうせん》は火矢をはね返し、大砲《たいほう》で攻撃《こうげき》して勝利《しょうり》した。

村《むら》上《かみ》水《すい》軍《ぐん》を破《やぶ》った信《のぶ》長《なが》は、石《いし》山《やま》本《ほん》願《がん》寺《じ》を追いつめる！

鉄甲船《てっこうせん》の攻撃《こうげき》を受ける村上水軍《むらかみすいぐん》

村上水軍《むらかみすいぐん》の火攻《ひぜ》めをはね返した鉄甲船《てっこうせん》は、大砲《たいほう》で攻撃《こうげき》して勝利《しょうり》した。

九鬼嘉隆《くきよしたか》（1542〜1600）

志摩《しま》（現在《げんざい》の三重県《みえけん》）の海賊《かいぞく》で、九鬼水軍《くきすいぐん》を率《ひき》いて信長《のぶなが》に仕えた。木津川口《きづがわぐち》の戦《たたか》い（第二次）では、鉄甲船《てっこうせん》で村上水軍《むらかみすいぐん》を破《やぶ》った。

（➡P200）

鉄甲船《てっこうせん》に対し村上水軍《むらかみすいぐん》は小早《こはや》（小型《こがた》の快速船《かいそくせん》）で近づき、火矢や焙烙《ほうろく》で攻撃《こうげき》したが、鉄板にはね返されて、鉄甲船《てっこうせん》に火をつけることができなかった。鉄甲船《てっこうせん》からは大砲《たいほう》で激《はげ》しく攻撃《こうげき》され、毛利《もうり》・村上水軍《むらかみすいぐん》はにげていった。このため武器《ぶき》や食料《しょくりょう》が手に入りづらくなった石山本願寺《いしやまほんがんじ》は力を失《うしな》っていった。

織田軍《おだぐん》
黒田官兵衛《くろだかんべえ》

1578年
45歳《さい》

有《あり》岡《おか》城《じょう》の戦《たたか》い

豊臣秀吉《とよとみひでよし》の軍師《ぐんし》だった官兵衛《かんべえ》は、村重《むらしげ》を説得《せっとく》するために有岡城《ありおかじょう》に乗りこんだが、村重《むらしげ》につかまり、ろうやに閉《と》じこめられた。

合戦分析《かっせんぶんせき》データ

荒木軍《あらきぐん》		織田軍《おだぐん》
	戦力《せんりょく》	
	作戦《さくせん》	
	運《うん》	

合戦《かっせん》場所

兵庫県《ひょうごけん》
有岡城《ありおかじょう》

勝　戦力《せんりょく》　約《やく》5万人

織田信長《おだのぶなが》

織田軍《おだぐん》

VS

荒木軍《あらきぐん》

荒木村重《あらきむらしげ》

負　戦力《せんりょく》　約《やく》1万人

信長《のぶなが》を裏切《うらぎ》った村重《むらしげ》は家族を捨《す》ててにげる

摂津《せっつ》（現在《げんざい》の大阪府《おおさかふ》〜兵庫県《ひょうごけん》）を支配《しはい》する池田《いけだ》氏《し》の家臣《かしん》だった荒木《あらき》村重《むらしげ》は、主君を裏切《うらぎ》って力をつけた。その後、信長《のぶなが》に仕えて数かずの手柄《てがら》を立て、出世していた。

1578年、村重《むらしげ》は三木城《みきじょう》（兵庫《ひょうご》県《けん》）を攻《せ》めるため、豊臣秀吉《とよとみひでよし》が率《ひき》いる織田軍《おだぐん》に加《くわ》わっていたが、突《とつ》然《ぜん》、本拠地《ほんきょち》の有岡城《ありおかじょう》（兵庫県《ひょうごけん》）に帰り、信長《のぶなが》に反乱《はんらん》を起こした。おどろいた信長《のぶなが》は使者を送って説得《せっとく》したが、村重《むらしげ》は聞き入れなかった。秀吉《ひでよし》も軍師《ぐんし》の黒田官兵衛《くろだかんべえ》を説得《せっとく》に向かわせたが、官兵衛《かんべえ》は捕《つか》まっ

信長《のぶなが》は反乱《はんらん》を起こした村重《むらしげ》の城《しろ》を落とす！

有岡城《ありおかじょう》に攻《せ》めこむ織田軍《おだぐん》

守りが固《かた》かった有岡城《ありおかじょう》は、織田軍《おだぐん》の攻撃《こうげき》から1年近くもちこたえたが、村重《むらしげ》が城《しろ》からにげると落城《らくじょう》した。

て、ろうやに閉《と》じこめられた。しかたなく信長《のぶなが》は5万人の大軍《たいぐん》で有岡城《ありおかじょう》を取り囲《かこ》み、攻撃《こうげき》を続《つづ》けた。村重《むらしげ》は1年近く織田軍《おだぐん》の攻《こう》撃《げき》にたえたが、突然《とつぜん》、家族や家臣《かしん》を置《お》き去りにして、城《しろ》からにげ出した。このため有岡城《ありおかじょう》は落城《らくじょう》し、村重《むらしげ》の家族や家臣《かしん》たちは信長《のぶなが》に処刑《しょけい》された（➡P127）。

有岡城《ありおかじょう》の戦《たたか》いの流れ

1 村重《むらしげ》が信長《のぶなが》を裏切《うらぎ》る

織田軍《おだぐん》として三木城《みきじょう》を攻《せ》めていた村重《むらしげ》は、突《とつ》然《ぜん》、有岡城《ありおかじょう》に帰り、信長《のぶなが》に反乱《はんらん》を起こした。

2 村重《むらしげ》が信長《のぶなが》の説得《せっとく》を無視《むし》する

おどろいた信長《のぶなが》は使者を送って村重《むらしげ》を説得《せっとく》するが、村重《むらしげ》は無視《むし》した。信長《のぶなが》は「是非《ぜひ》におよばず(しかたない)」と言い、有岡城《ありおかじょう》への攻撃《こうげき》をはじめた。

3 村重《むらしげ》が有岡城《ありおかじょう》からにげる

戦《たたか》いは１年近くにおよんだが、村重《むらしげ》は突然《とつぜん》、城《しろ》を脱出《だっしゅつ》した。それを知った織田軍《おだぐん》は総攻撃《そうこうげき》をしかけたので、有岡城《ありおかじょう》は落城《らくじょう》した。

超《ちょう》ビジュアル！

信《のぶ》長《なが》新聞

第5号

発行所：戦国《せんごく》タイムス社

信長《のぶなが》はなぜ何度も裏切《うらぎ》られた？

信長《のぶなが》の家臣《かしん》や同盟者《どうめいしゃ》が、信長《のぶなが》を裏切《うらぎ》った理由は何だったのだろう？

ルイス・フロイス氏《し》に 独占《どくせん》インタビュー

質問《しつもん》 信長《のぶなが》が裏切《うらぎ》られた理由は何でしょう？

ルイス・フロイス氏《し》

信長様《のぶながさま》は家臣《かしん》の意見をまったく聞かず、何事も**自分で決断《けつだん》**しました。家臣たちは、信長様《のぶながさま》のことをライオンのように**恐《おそ》れていました。**裏切《うらぎ》った理由はいろいろあるでしょうが、**コミュニケーションの不足《ふそく》**も理由のひとつだったと思います。

浅井長政氏《あざいながまさし》に 独占《どくせん》インタビュー

質問《しつもん》 なぜ信長《のぶなが》との同盟《どうめい》を破《やぶ》ったのですか？

浅井長政氏《あざいながまさし》

わたしが信長《のぶなが》と**同盟《どうめい》**を結《むす》ぶとき、「浅井氏《あざいし》と古くから親しい**朝倉氏《あさくらし》**を相談なしで攻《せ》めない」という約束《やくそく》をしました。しかし信長《のぶなが》はその**約束《やくそく》を破《やぶ》り**、勝手に朝倉氏《あさくらし》を攻《せ》めはじめたのです。そのため同盟《どうめい》を破《やぶ》りました。

荒木村重氏《あらきむらしげし》に 独占《どくせん》インタビュー

質問《しつもん》 なぜ信長《のぶなが》を裏切《うらぎ》ったのですか？

荒木村重氏《あらきむらしげし》

石山合戦《いしやまかっせん》のとき、「村重《むらしげ》が石山本願寺《いしやまほんがんじ》に食料《しょくりょう》を売った」といううわさが流れました。わたしは**無実《むじつ》**であることを説明《せつめい》しようとしましたが、家臣《かしん》から「信長《のぶなが》は疑《うたが》った**家臣《かしん》を許《ゆる》さない**」と注意され、反乱《はんらん》を起こすことを決めたのです。

信長《のぶなが》は"天然《てんねん》"だった!?
信長《のぶなが》は同盟者《どうめいしゃ》や家臣《かしん》から何度も裏切《うらぎ》られた。
信長様《のぶながさま》、裏切《うらぎ》りです!
何っ!
裏切《うらぎ》りの知らせを聞いた信長《のぶなが》は、いつもおどろいていた。
あれだけ大事にしてやったのに…。信《しん》じられん…
たいてい信長《のぶなが》は裏切《うらぎ》りを許《ゆる》そうとした。
降伏《こうふく》すれば許《ゆる》すと伝《つた》えよ!
はっ
しかし裏切《うらぎ》った者は降伏《こうふく》しなかった。
是非《ぜひ》におよばず。攻撃《こうげき》せよ!
なぜ降伏《こうふく》せぬ…!?
はっ

松永久秀氏《まつながひさひでし》に 独占《どくせん》インタビュー

質問《しつもん》 なぜ信長《のぶなが》を二度も裏切《うらぎ》ったのですか?

松永久秀氏《まつながひさひでし》

信長《のぶなが》が京都《きょうと》に入ったとき、わたしは降伏《こうふく》して家臣《かしん》になった。しかし、**信長《のぶなが》に命令《めいれい》されるのはいやだった。**それで三好氏《みよしし》らとともに反乱《はんらん》を起こしたのだが、敗《やぶ》れて降伏《こうふく》した。信長《のぶなが》は**許《ゆる》してくれたよ。**

その後、わたしは**大和《やまと》**（現《げん》在《ざい》の奈良県《ならけん》）を支配《しはい》したかったが、信長《のぶなが》は許《ゆる》してくれなかった。怒《おこ》ったわたしは、**石山本願寺《いしやまほんがんじ》**と同盟《どうめい》を組んで、信長《のぶなが》を倒《たお》そうとしたのだ。

きびしい出世競争《きょうそう》に疲《つか》れた!?

信長《のぶなが》は、能力《のうりょく》がある者はだれでも出世させた。しかし、役に立たない家臣《かしん》はきびしく怒《おこ》られ、追放されることもあった。信長《のぶなが》のもとで重要《じゅうよう》な役職《やくしょく》でいるためには、手柄《てがら》を立て続《つづ》けなければならなかった。この出世競争《きょうそう》に疲《つか》れた家臣《かしん》が裏切《うらぎ》ったという説《せつ》もある。

家康《いえやす》は絶対《ぜったい》に裏切《うらぎ》らなかった!?

信長《のぶなが》と同盟《どうめい》を結《むす》んでいた徳川家康《とくがわいえやす》は三方ケ原《みかたがはら》の戦《たたか》いのとき、信長《のぶなが》からわずかな兵《へい》しか送ってもらえず、長男・信康《のぶやす》は信長《のぶなが》に切腹《せっぷく》させられた。それでも家康《いえやす》は信長《のぶなが》を裏切《うらぎ》らなかった。

信長《のぶなが》との同盟《どうめい》を守った家康《いえやす》。

※荒木村重《あらきむらしげ》や松永久秀《まつながひさひで》が信長《のぶなが》を裏切《うらぎ》った理由は、はっきりわかっていない。ここで紹介《しょうかい》した以外《いがい》にも、さまざまな説《せつ》がある。

1580年
47歳《さい》

石《いし》山《やま》合《かっ》戦《せん》が終わる

10年をかけて、信長《のぶなが》は石山本願寺《いしやまほんがんじ》を降伏《こうふく》させた!

顕如《けんにょ》(1543〜1592)

石山本願寺《いしやまほんがんじ》を継《つ》いだ僧《そう》で、信長《のぶなが》に逆《さか》らって石山合戦《いしやまかっせん》をはじめた。1580年、信長《のぶなが》と仲直《なかなお》りして石山本願《いしやまほんがん》寺《じ》を明け渡《わた》した。

合戦場所《かっせんばしょ》

石山本願寺《いしやまほんがんじ》
大阪府《おおさかふ》

石山本願寺《いしやまほんがんじ》を降伏《こうふく》させ近畿《きんき》の支配《しはい》を固《かた》める

木津川口《きづがわぐち》の戦《たたか》い(第二次)(⬇P178)で、石山本願寺《いしやまほんがんじ》(大阪府《おおさかふ》)に武器《ぶき》や食料《しょくりょう》を運び入れていた毛利《もうり》水軍《すいぐん》が信長《のぶなが》に敗《やぶ》れたため、石山本《いしやまほん》願寺《がんじ》は苦しい状況《じょうきょう》が続《つづ》いていた。

しかし信長《のぶなが》は、一気に石山本願《いしやまほんがん》寺《じ》を攻撃《こうげき》することはせずに、仲直《なかなお》りしようとした。1580年、信長《のぶなが》は本願寺《ほんがんじ》の顕如《けんにょ》に、「石山本《いしやまほん》願寺《がんじ》を明け渡《わた》すなら、信者《しんじゃ》たちの命はたすける」と伝《つた》えた。顕如《けんにょ》は信長《のぶなが》の提案《ていあん》を受け入れ、石山本願《いしやまほんがん》寺《じ》を出ると、紀伊《きい》(現在《げんざい》の和歌山《わかやま》県《けん》)へ向かった。

しかし、石山本願寺《いしやまほんがんじ》には、顕如《けんにょ》の子・教如《きょうにょ》を中心に、「最後《さいご》まで信長《のぶなが》と戦《たたか》う」という集団《しゅうだん》が立てこもっていた。それでも信長《のぶなが》は攻撃《こうげき》せずに、ふたたび仲直《なかなお》りを提案《ていあん》した。負けを認《みと》めた教如《きょうにょ》たちは石山《いしやま》

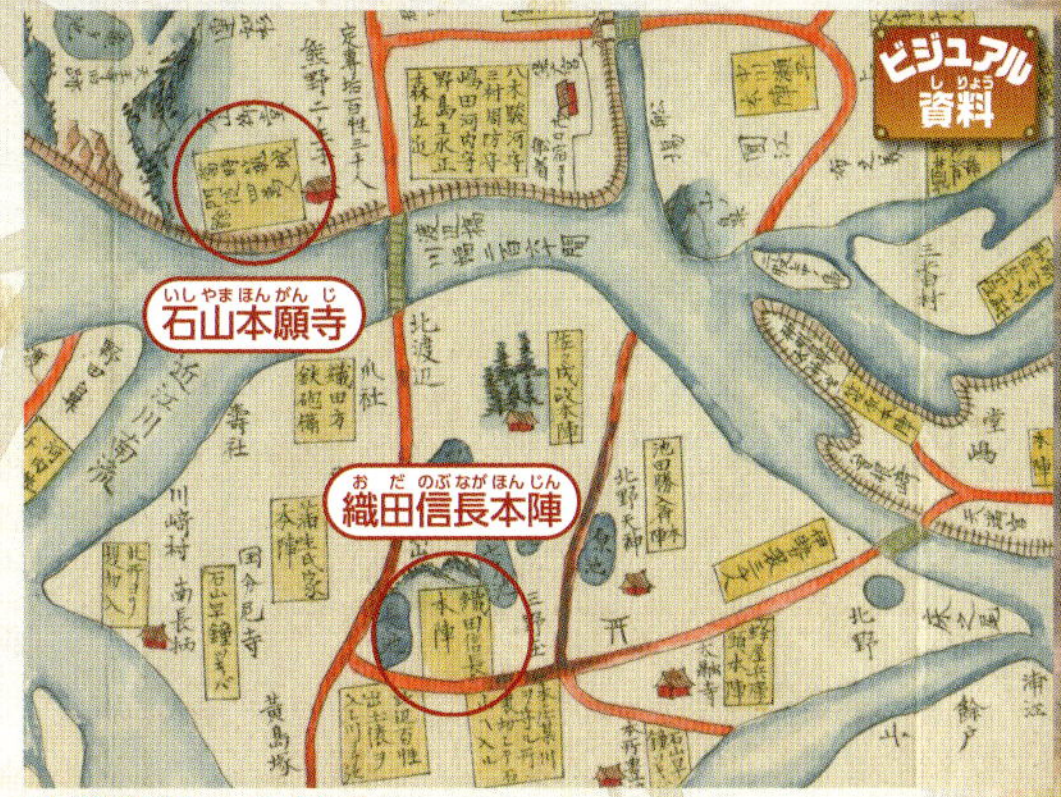

石山合戦《いしやまかっせん》の布陣図《ふじんず》

石山本願寺《いしやまほんがんじ》は川や堀《ほり》に守られていた。信長《のぶなが》は長年攻撃《こうげき》を続《つづ》けたが、攻め落《お》とせなかった。

なるほどエピソード

親子の対立で教団《きょうだん》が分裂《ぶんれつ》した!?

信長《のぶなが》に降伏《こうふく》することを決めた顕如《けんにょ》と、最後《さいご》まで戦《たたか》いたかった顕如《けんにょ》の子・教如《きょうにょ》は、信長《のぶなが》の死後も対立を続《つづ》けた。このため浄土真宗《じょうどしんしゅう》の教団《きょうだん》はふたつに分かれ、京都《きょうと》には顕如派《けんにょは》の本山・西本願寺《にしほんがんじ》と、教如派《きょうにょは》の本山・東本願寺《ひがしほんがんじ》ができた。

燃《も》え上がる石山本願寺《いしやまほんがんじ》

1580年7月、最後《さいご》まで戦《たたか》っていた顕如《けんにょ》の子・教如《きょうにょ》が信長《のぶなが》と仲直《なかなお》りして、石山本《いしやまほん》願寺《がんじ》を出た。その直後、石《いし》山本願寺《やまほんがんじ》は燃《も》え上がった。

1580年の信長《のぶなが》の勢力図《せいりょくず》

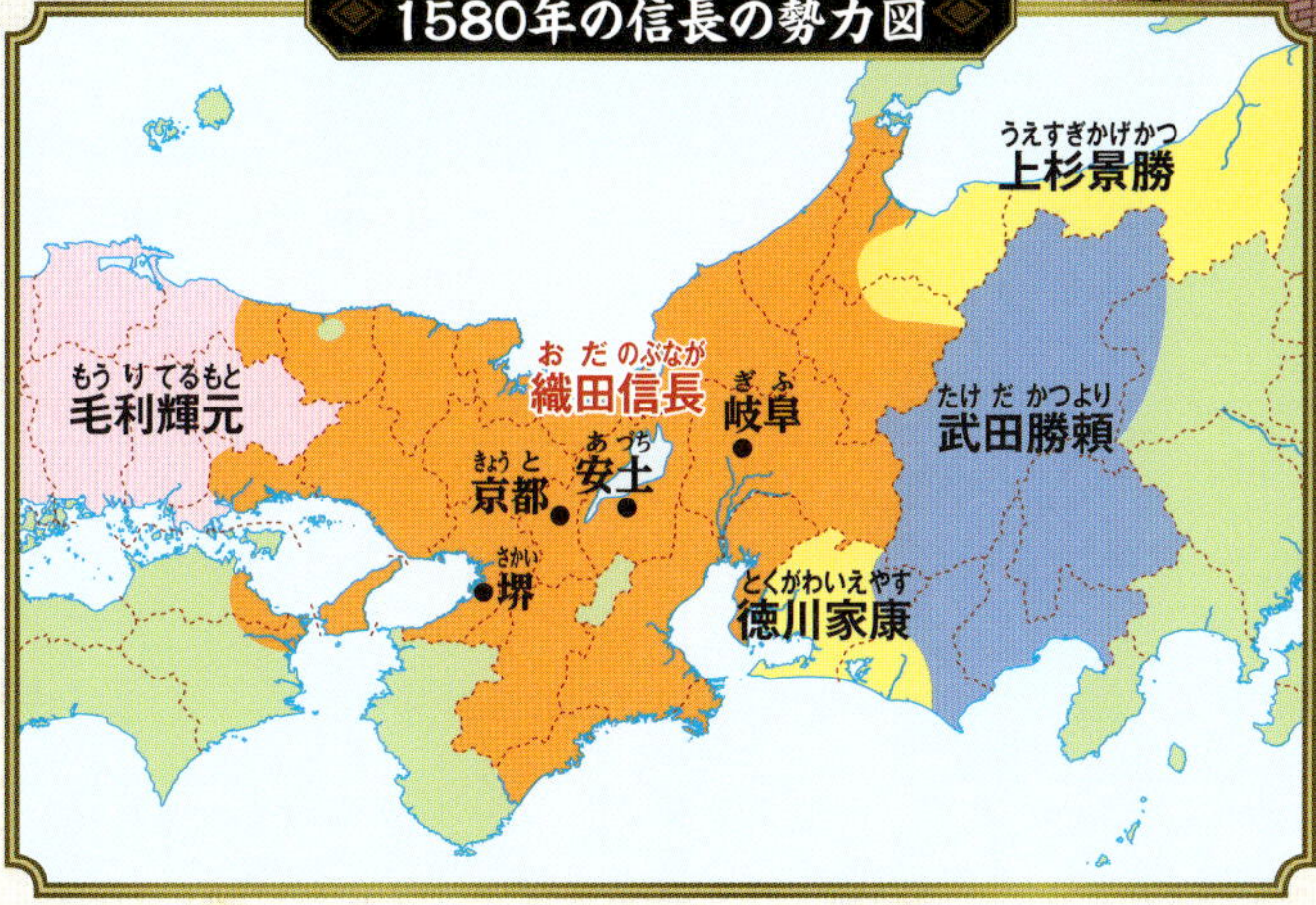

本願寺《ほんがんじ》を出たが、その直後、石山《いしやま》本願寺《ほんがんじ》では原因不明《げんいんふめい》の火事が起こり、境内《けいだい》の建物《たてもの》は焼《や》きつくされた。

こうして10年におよんだ石山合《いしやまかっ》戦《せん》は終わり、信長《のぶなが》は近畿《きんき》地方の支《し》配《はい》を固《かた》めた。

1581年
48歳《さい》

京《きょう》都《と》で馬《うま》揃《ぞろ》えをおこなう

天下人は自分であると世の中に示《しめ》した信長《のぶなが》

石山本願寺《いしやまほんがんじ》を降伏《こうふく》させ、近畿《きんき》地方を支配《しはい》した信長《のぶなが》は、家臣《かしん》たちに中国《ちゅうごく》・北陸《ほくりく》地方などを攻《せ》めさせ、順《じゅん》調《ちょう》に勝利《しょうり》を重ねていた。信長《のぶなが》の天下統一《とういつ》の夢《ゆめ》は実現《じつげん》しつつあった。

1581年、信長《のぶなが》は京都《きょうと》で馬揃《うまぞろ》え（馬のパレード）をおこなうことを決め、明智光秀《あけちみつひで》に準備《じゅんび》を命じた。光秀《みつひで》は、正親町天皇《おおぎまちてんのう》を招待《しょうたい》するための宮殿《きゅうでん》や、馬が行進するための馬場を建設《けんせつ》した。

馬揃《うまぞろ》え当日、馬に乗った信長《のぶなが》の家臣《かしん》たちは、本能寺《ほんのうじ》を出発した。行列は丹羽長秀《にわながひで》を先頭に、光秀《みつひで》や織田信忠《おだのぶただ》（信長《のぶなが》の長男）、柴田勝《しばたかつ》家《いえ》、前田利家《まえだとしいえ》などと続《つづ》き、信長《のぶなが》のおもな家臣《かしん》がすべて参加《さんか》した（豊《とよ》臣秀吉《とみひでよし》は中国攻《ちゅうごくぜ》めで不参加《ふさんか》）。行列は京都《きょうと》の中心部を進んだ後、正《おお》親町天皇《ぎまちてんのう》が見守る馬場に入り、そ

信《のぶ》長《なが》は自分が天下の覇《は》者《しゃ》であることを示《しめ》した！

正親町天皇《おおぎまちてんのう》(1517～1593)

106代天皇《てんのう》で、信長《のぶなが》の馬揃《うまぞろ》えを見学した。信長《のぶなが》が権力《けんりょく》をもちすぎたため、明智光秀《あけちみつひで》に信長《のぶなが》を殺《ころ》すように命令《めいれい》したという説《せつ》がある。

馬揃《うまぞろ》えの準備《じゅんび》をする光秀《みつひで》

信長《のぶなが》から馬揃《うまぞろ》えの計画と準備《じゅんび》を命じられた光秀《みつひで》は、内裏《だいり》(天皇《てんのう》の住居《じゅうきょ》)のそばに、巨大《きょだい》な馬場や宮殿《きゅうでん》を築《きず》いた。

馬に乗って行進する信長《のぶなが》

信長《のぶなが》は正親町天皇《おおぎまちてんのう》を招《まね》いて馬揃《うまぞろ》えをおこなった。信長《のぶなが》は黒色の馬に乗り、中国風《ちゅうごくふう》の冠《かんむり》をかぶり、赤色の着物を着ていた。

の最後《さいご》に、黒色の馬に乗って、豪《ごう》華《か》な赤色の着物をはおった信長《のぶなが》が現《あらわ》れた。京都《きょうと》の人びとは盛大《せいだい》な馬揃《うまぞろ》えを見て大喜《おおよろこ》びしたそうだ。

信長《のぶなが》が馬揃《うまぞろ》えをした理由は、自分が天下を統一《とういつ》する人物であることを世の中に示《しめ》すためといわれる。

ウソ！ホント!?

山内一豊《やまうちかずとよ》は名馬が信長《のぶなが》の目にとまって出世した!?

信長《のぶなが》に仕えていた山内一豊《やまうちかずとよ》は、馬揃《うまぞろ》えの日に、妻《つま》・千代《ちよ》が買ってくれた名馬に乗っていた。それを見た信長《のぶなが》は一豊《かずとよ》に注目するようになり、そのことがきっかけで、一《かず》豊《とよ》は出世していった。

1581年

48歳《さい》

天《てん》正《しょう》伊《い》賀《が》の乱《らん》（第二次）

合戦分析《かっせんぶんせき》データ
伊《い》賀《が》軍《ぐん》
織《お》田《だ》軍《ぐん》
戦力《せんりょく》
作戦《さくせん》
運《うん》

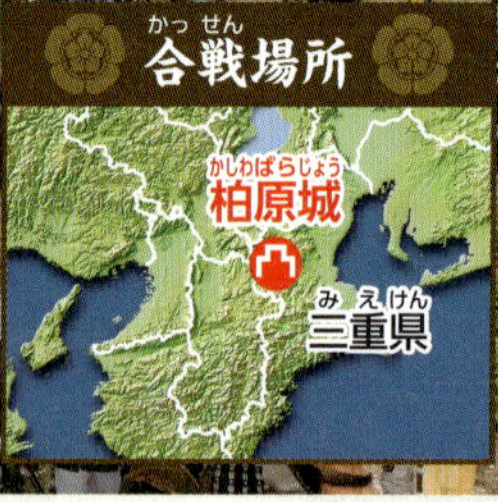
合戦《かっせん》場所
柏原城《かしわばらじょう》
三重県《みえけん》

勝 戦力《せんりょく》 約《やく》5万人

織《お》田《だ》信《のぶ》雄《かつ》

滝《たき》川《がわ》一《かず》益《ます》

織《お》田《だ》軍《ぐん》

VS

伊《い》賀《が》軍《ぐん》

伊《い》賀《が》忍《にん》者《じゃ》

負 戦力《せんりょく》 約《やく》9000人

住民《じゅうみん》を皆殺《みなごろ》しにして伊賀忍者《いがにんじゃ》に勝利《しょうり》する

伊賀《いが》（現在《げんざい》の三重県《みえけん》）は、小さな領主《りょうしゅ》たちが話し合いで治《おさ》めていた。伊賀《いが》には、合戦《かっせん》で情報《じょうほう》を集めたりする「忍者《にんじゃ》」が多く住んでいた。伊賀忍者《いがにんじゃ》は優秀《ゆうしゅう》で、各地《かくち》の戦国大名《せんごくだいみょう》にやとわれて活動していた。

1579年、伊勢《いせ》（現在《げんざい》の三重《みえ》県《けん》）を領地《りょうち》にしていた織田信雄《おだのぶかつ》（信長《のぶなが》の次男）は、信長《のぶなが》に相談せずに伊賀《いが》に攻めこんだが、伊賀忍者《いがにんじゃ》の巧《たく》みな作戦《さくせん》によって大敗《たいはい》した（天正伊賀《てんしょういが》の乱《らん》［第一次］）。信長《のぶなが》は、信雄《のぶかつ》に「親子の縁《えん》を切る」と伝《つた》えたほど怒《いか》り狂《くる》ったそうだ。

天正伊賀《てんしょういが》の乱《らん》の流れ

1 信雄《のぶかつ》が伊賀《いが》を攻《せ》める

1579年、信長《のぶなが》の次男・信雄《のぶかつ》は、伊賀《いが》を支配《しはい》しようとして、信長《のぶなが》に相談せずに8000人の兵《へい》で伊賀《いが》を攻《せ》めたが大敗《たいはい》した(天正伊賀《てんしょういが》の乱《らん》[第一次])。

2 信雄《のぶかつ》がふたたび伊賀《いが》を攻《せ》める

1581年、信雄《のぶかつ》は5万人の大軍《たいぐん》で伊賀《いが》を攻《せ》めた。織田軍《おだぐん》は各地《かくち》で伊賀軍《いがぐん》を破《やぶ》り、住民《じゅうみん》を殺《ころ》した。この戦《たたか》いで伊賀《いが》の人口は半分になったといわれる。

信長《のぶなが》は大軍《たいぐん》で伊賀忍者《いがにんじゃ》をほろぼす！

伊賀《いが》の住民《じゅうみん》を殺《ころ》す織田軍《おだぐん》

伊賀忍者《いがにんじゃ》は住民《じゅうみん》に変装《へんそう》して攻撃《こうげき》をしかけることが多かったので、織田軍《おだぐん》は住民《じゅうみん》も皆殺《みなごろ》しにした。

1581年、信長《のぶなが》は信雄《のぶかつ》を総大将《そうだいしょう》にして、約《やく》5万人の大軍《たいぐん》で伊賀《いが》を攻《せ》めさせた。織田軍《おだぐん》は見かけた住民《じゅうみん》をすべて殺《ころ》しながら伊賀《いが》を攻《せ》めた。伊賀忍者《いがにんじゃ》は反撃《はんげき》できないまま敗《やぶ》れ、信長《のぶなが》は伊賀《いが》を自分の領地《りょうち》にした(天正伊賀《てんしょういが》の乱《らん》[第二次])。

なるほどエピソード

信長《のぶなが》の暗殺《あんさつ》を2回も失敗《しっぱい》した忍者《にんじゃ》がいた!?

伊賀《いが》の忍者《にんじゃ》・城戸弥左衛門《きどやざえもん》は、鉄砲《てっぽう》が上手《じょうず》だった。1579年に近江《おうみ》で馬に乗った信長《のぶなが》を鉄砲《てっぽう》でうったが失敗《しっぱい》した。弥左衛門《やざえもん》は、天正伊賀《てんしょういが》の乱《らん》(第二次)の後、伊賀《いが》を見に来た信長《のぶなが》を鉄砲《てっぽう》でうったが、このときも失敗《しっぱい》した。

1582年 49歳《さい》

天目山《てんもくざん》の戦《たたか》い

合戦分析《かっせんぶんせき》データ
武田軍《たけだぐん》
戦力《せんりょく》
作戦《さくせん》
運《うん》
織田軍《おだぐん》
合戦場所《かっせんばしょ》
高遠城《たかとおじょう》
天目山《てんもくざん》
山梨県《やまなしけん》
織田軍《おだぐん》

自《みずか》ら命を絶《た》つ勝頼《かつより》

天目山《てんもくざん》を目指していた勝頼《かつより》たちは、目前のところで滝川一益隊《たきがわかずますたい》に追いつかれた。わずか40人ほどだった武田軍《たけだぐん》は敗《やぶ》れ、勝頼《かつより》は自害《じがい》した。

大勝 戦力《せんりょく》 約《やく》3000人

滝川一益《たきがわかずます》

織田軍《おだぐん》

VS

武田軍《たけだぐん》

武田勝頼《たけだかつより》

大負 戦力《せんりょく》 約《やく》40人

あっけなくほろびた甲斐《かい》の名門・武田《たけだ》氏《し》

長篠《ながしの》の戦《たたか》い（➡P150）に敗《やぶ》れた甲斐《かい》（現在《げんざい》の山梨県《やまなしけん》）の武田勝頼《たけだかつより》は、急速に力が弱まっていった。

1582年、武田《たけだ》一族の武将《ぶしょう》が勝頼《かつより》を裏切《うらぎ》ったことをきっかけに、信長《のぶなが》は武田氏《たけだし》をほろぼすことを決意した。信長《のぶなが》は、長男の信忠《のぶただ》を総大将《そうだいしょう》にして、約《やく》3万人の大《たい》軍《ぐん》を勝頼《かつより》の領地《りょうち》に攻《せ》めこませた。

織田軍《おだぐん》に抵抗《ていこう》したのは勝頼《かつより》の弟が守る高遠城《たかとおじょう》（長野県《ながのけん》）だけで、他の武田方《たけだがた》の城《しろ》は、戦《たたか》うことなく降《こう》伏《ふく》した。高遠城《たかとおじょう》が落ちた後、家臣《かしん》たちに次つぎと裏切《うらぎ》られた勝頼《かつより》

信《のぶ》長《なが》は武《たけ》田《だ》氏《し》をほろぼした！

高遠城《たかとおじょう》

武田軍《たけだぐん》が3000人の兵《へい》で守っていたが、信忠《のぶただ》が率《ひき》いる３万人の大軍《たいぐん》に総攻撃《そうこうげき》を受けて落城《らくじょう》した。

富士山《ふじさん》をながめる信長《のぶなが》

勝頼《かつより》が切腹《せっぷく》した後に甲斐《かい》へきた信長《のぶなが》は、富士山《ふじさん》を見物しながら安土城《あづちじょう》へ帰った。

は、本拠地《ほんきょち》の新府城《しんぷじょう》（山梨県《やまなしけん》）からにげ出した。しかし、味方の兵士《へいし》にもにげられ、勝頼《かつより》に従《したが》う者は、わずか40人ほどになった。勝頼《かつより》は天目山《てんもくざん》（山梨県《やまなしけん》）を目指してにげたが、織田軍《おだぐん》の滝川一益隊《たきがわかずますたい》に追いつかれて、自ら命を絶《た》った。

なるほどエピソード

滝川一益《たきがわかずます》に関東《かんとう》の支配《しはい》をまかせる

武田氏《たけだし》をほろぼした信長《のぶなが》は、滝《たき》川一益《がわかずます》を呼《よ》んで、「上野《こうずけ》（現在《げんざい》の群《ぐん》馬県《まけん》）を与《あた》える。関東《かんとう》地方を支配《しはい》せよ」と命令《めいれい》した。また、大切にしていた名馬を与《あた》え、「これに乗って上野《こうずけ》に入れ」と命令《めいれい》し、一《かず》益《ます》を喜《よろこ》ばせたそうだ。

超《ちょう》ビジュアル！
信《のぶ》長《なが》新聞
第6号
発行所：
戦《せん》国《ごく》タイムス社

信《のぶ》長《なが》は本当はやさしかった!?

恐《こわ》いイメージの信《のぶ》長《なが》だが、やさしい一面もあったという。

戦《せん》死《し》した家《か》臣《しん》のために泣《な》いた!?

信《のぶ》長《なが》は21歳《さい》のとき、今《いま》川《がわ》氏《し》の村《むら》木《き》城《じょう》（愛《あい》知《ち》県《けん》）を攻《せ》め落とした。しかし、この戦《たたか》いで織《お》田《だ》軍《ぐん》に多くのけが人や戦《せん》死《し》者《しゃ》が出た。信《のぶ》長《なが》は涙《なみだ》を流して悲しんだという。

平《ひら》手《て》政《まさ》秀《ひで》のために寺を建《た》てた!?

少年時代の信《のぶ》長《なが》の守《もり》役《やく》（世話をする役《やく》職《しょく》）だった平《ひら》手《て》政《まさ》秀《ひで》は、信《のぶ》長《なが》がまじめになってくれるように願《ねが》って切《せっ》腹《ぷく》した。悲しんだ信《のぶ》長《なが》は、政《まさ》秀《ひで》のために「政《せい》秀《しゅう》寺《じ》」を建《た》てた。

村人たちに親しく話しかけていた

信《のぶ》長《なが》が尾《お》張《わり》一国の領《りょう》主《しゅ》だった頃《ころ》、村人たちが信《のぶ》長《なが》のために踊《おど》りを見せにきた。信《のぶ》長《なが》は「これはおもしろい」など、親しく声をかけた。その日は暑かったので団《う》扇《ちわ》であおいだり、お茶を飲ませたりした。

おね氏《し》に独占《どくせん》インタビュー

質問《しつもん》

どんなときに信長《のぶなが》をやさしいと思いましたか？

豊臣秀吉《とよとみひでよし》の妻《つま》・おね氏《し》

夫《おっと》の秀吉《ひでよし》はよく浮気《うわき》をするので、わたしは悩《なや》んでいました。そんなとき、信長様《のぶながさま》はわたしに手紙をくれました。その手紙には「**はげネズミ**(秀吉《ひでよし》のこと)が、**あなたほど美しい女性《じょせい》**と結婚《けっこん》することは二度とできないだろう」となぐさめてくれたのです。そして、「**やきもちはいけませんよ**」とアドバイスしてくれました。

家康《いえやす》に大量《たいりょう》の黄金《おうごん》をプレゼントした!?

1574年、徳川家康《とくがわいえやす》の高天神城《たかてんじんじょう》(静岡県《しずおかけん》)が武田勝頼《たけだかつより》に攻《せ》められたとき、信長《のぶなが》は家康《いえやす》をたすけに向かった。しかし信長《のぶなが》が着く前に高天神城《たかてんじんじょう》は落城《らくじょう》した。信長《のぶなが》は間に合わなかったおわびとして、黄金《おうごん》をつめた大きな皮袋《かわぶくろ》をふたつ、家康《いえやす》に贈《おく》った。

やさしすぎる信長《のぶなが》

信長《のぶなが》は山の中で体が不自由《ふじゆう》な物ごいを見かけた。
おめぐみを…
あの物ごいは、いつもあそこに座《すわ》っているのか？
そのようです
かわいそうではないか！
村人たちを集めよ！
この布《ぬの》を与《あた》えるから、あの物ごいの世話をしてほしい！
ははーっ！

お気に入りの屏風《びょうぶ》を贈《おく》った!?

1581年、宣教師《せんきょうし》の責任者《せきにんしゃ》と会った信長《のぶなが》は、自分が一番気に入っていた安土城《あづちじょう》をえがいた屏風《びょうぶ》をプレゼントした。この屏風《びょうぶ》はイタリアに送られたが、その後、なくなってしまった。

知っておどろき!
信長《のぶなが》!

これが信長《のぶなが》の最強軍団《さいきょうぐんだん》だ!!

日本の中央部の支配《しはい》を固《かた》めた信長《のぶなが》は、子どもたちや信頼《しんらい》する家臣《かしん》を司令官《しれいかん》に任命《にんめい》し、日本の各《かく》方面を攻撃《こうげき》させた。天下統一《とういつ》は目前に迫《せま》っていた。

北陸方面軍《ほくりくぐん》 VS 上杉氏《うえすぎし》

柴田勝家《しばたかついえ》が前田利家《まえだとしいえ》などを率《ひき》いて、上杉景勝《うえすぎかげかつ》が支配《しはい》する北陸《ほくりく》方面を攻《せ》め、越中《えっちゅう》（現在《げんざい》の富山県《とやまけん》）まで支配《しはい》した。本能寺《ほんのうじ》の変《へん》（➡P212）が起きたとき、勝家《かついえ》は景《かげ》勝《かつ》と戦《たたか》っている最中《さいちゅう》だった。

軍団長《ぐんだんちょう》
柴田勝家《しばたかついえ》

能登領主《のとりょうしゅ》
前田利家《まえだとしいえ》

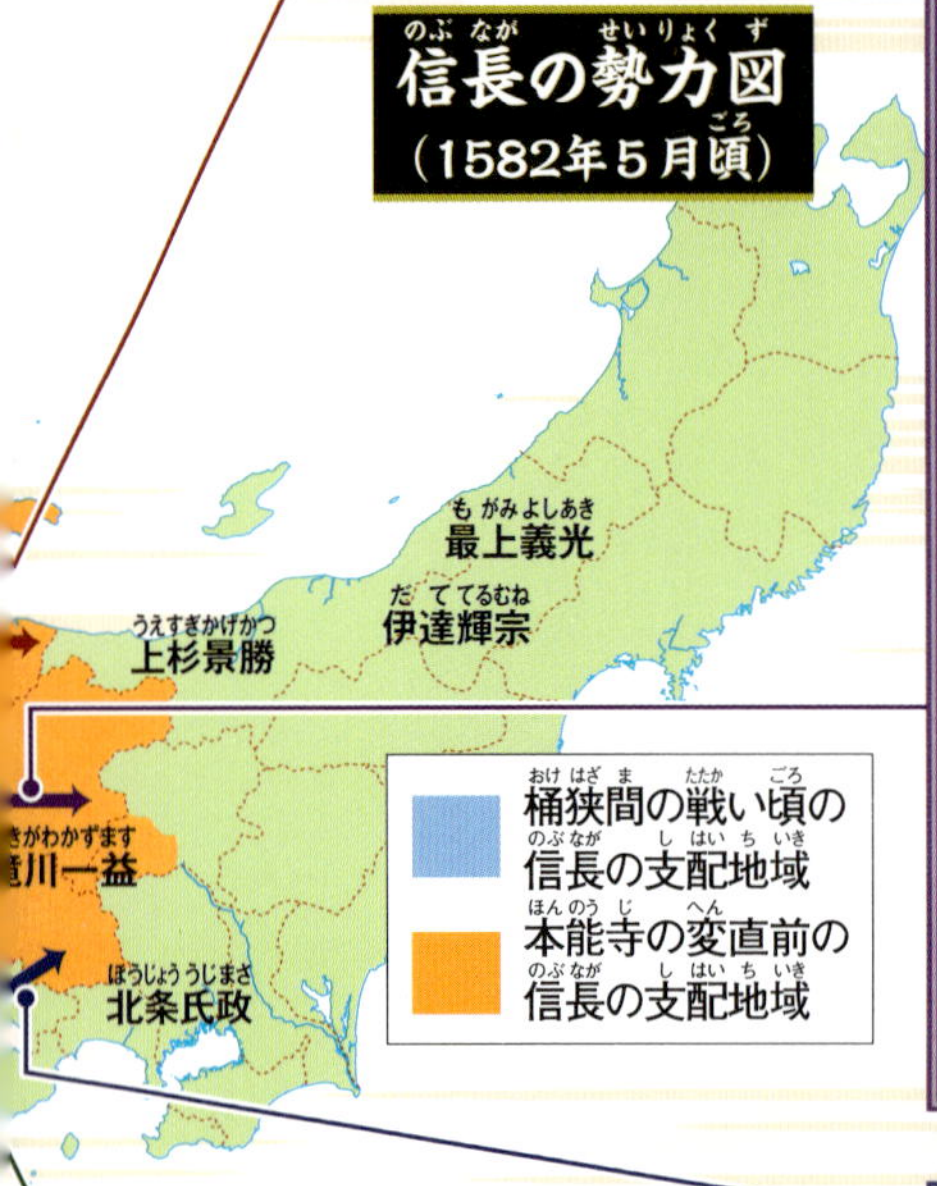
信長《のぶなが》の勢力図《せいりょくず》
（1582年5月頃《ごろ》）
最上義光《もがみよしあき》
伊達輝宗《だててるむね》
上杉景勝《うえすぎかげかつ》
北条氏政《ほうじょううじまさ》
桶狭間《おけはざま》の戦《たたか》い頃《ごろ》の信長《のぶなが》の支配地域《しはいちいき》
本能寺《ほんのうじ》の変《へん》直前の信長《のぶなが》の支配地域《しはいちいき》

関東方面軍《かんとうぐん》 VS 北条氏《ほうじょうし》

武田氏《たけだし》がほろんだ後、滝川一益《たきがわかずます》は関東《かんとう》地方を支配《しはい》するように命令《めいれい》された。本能寺《ほんのうじ》で信長《のぶなが》が死んだ後、一益《かずます》は北条氏政《ほうじょううじまさ》と戦《たたか》ったが敗《やぶ》れてしまった。

軍団長《くんだんちょう》
滝川一益《たきがわかずます》

美濃方面軍《みのぐん》 VS 武田氏《たけだし》

信長《のぶなが》の長男・信忠《のぶただ》は、信長《のぶなが》の後継者《こうけいしゃ》として織田軍《おだぐん》を率《ひき》いて美濃《みの》（現在《げんざい》の岐阜県《ぎふけん》）を出発し、甲斐《かい》（現在《げんざい》の山梨県《やまなしけん》）の武田氏《たけだし》をほろぼした。

信長《のぶなが》の長男
織田信忠《おだのぶただ》

東海方面軍《とうかいぐん》 VS 武田氏《たけだし》

信長《のぶなが》と同盟《どうめい》を結《むす》んでいた徳川家康《とくがわいえやす》は、織田軍《おだぐん》とともに武田氏《たけだし》をほろぼした。

同盟者《どうめいしゃ》
徳川家康《とくがわいえやす》

中国《ちゅうごく》方面軍《ぐん》 VS 毛利氏《もうりし》

豊臣秀吉《とよとみひでよし》は、軍師《ぐんし》・黒田官兵衛《くろだかんべえ》とともに、毛利方《もうりがた》の備中高松城《びっちゅうたかまつじょう》を水攻《みずぜ》めにしていたとき、本能寺《ほんのうじ》の変《へん》を知った。

軍団長《ぐんだんちょう》

豊臣秀吉《とよとみひでよし》

軍師《ぐんし》

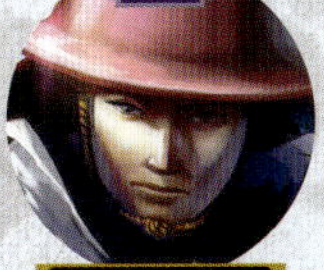

黒田官兵衛《くろだかんべえ》

近畿《きんき》方面軍《ぐん》

VS 波多野氏《はたのし》・一色氏《いっしきし》

明智光秀《あけちみつひで》は丹波《たんば》(現在《げんざい》の京都府《きょうとふ》中部)を支配《しはい》する波多野氏《はたのし》をほろぼした。その後、細川幽斎《ほそかわゆうさい》とともに一色氏《いっしきし》が支配《しはい》する丹後《たんご》(現在《げんざい》の京都府《きょうとふ》北部)を攻《せ》め取った。

軍団長《ぐんだんちょう》

明智光秀《あけちみつひで》

細川幽斎《ほそかわゆうさい》

京都《きょうと》の行政《ぎょうせい》

京都《きょうと》の町の政治《せいじ》をおこなったり、京都《きょうと》の安全を守ったりする京都所司代《きょうとしょしだい》には、村井貞勝《むらいさだかつ》が任命《にんめい》された。貞勝《さだかつ》は本能寺《ほんのうじ》の変《へん》で戦死《せんし》した。

京都所司代《きょうとしょしだい》

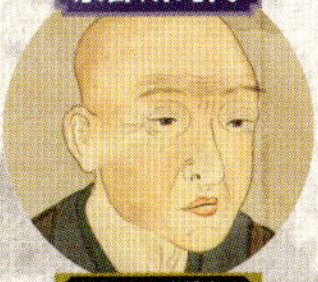

村井貞勝《むらいさだかつ》

龍造寺隆信《りゅうぞうじたかのぶ》
大村純忠《おおむらすみただ》
有馬晴信《ありまはるのぶ》
大友宗麟《おおともそうりん》
島津義久《しまづよしひさ》
吉川元春《きっかわもとはる》
毛利輝元《もうりてるもと》
小早川隆景《こばやかわたかかげ》
長宗我部元親《ちょうそかべもとちか》
京都《きょうと》
安土《あづち》
堺《さかい》
織田信長《おだのぶなが》
織田信忠《おだのぶただ》
徳川家《とくがわいえや》
織田信雄《おだのぶかつ》

四国《しこく》方面軍《ぐん》 VS 長宗我部氏《ちょうそかべし》

信長《のぶなが》の三男・信孝《のぶたか》は、丹羽長秀《にわながひで》とともに四国《しこく》の長宗我部元親《ちょうそかべもとちか》を攻《せ》める準備《じゅんび》を進めていたとき、本能寺《ほんのうじ》の変《へん》が起こった。

軍団長《ぐんだんちょう》

丹羽長秀《にわながひで》

信長《のぶなが》の三男

織田信孝《おだのぶたか》

伊勢《いせ》方面軍《ぐん》

VS 伊賀軍《いがぐん》

信長《のぶなが》の次男・信雄《のぶかつ》は、伊勢《いせ》(現在《げんざい》の三重県《みえけん》)を支配《しはい》し、伊賀忍者《いがにんじゃ》たちが治《おさ》めていた伊賀《いが》(三重県《みえけん》)を攻《せ》め取った。

信長《のぶなが》の次男

織田信雄《おだのぶかつ》

信《のぶ》長《なが》は家族を大切にしていた!?

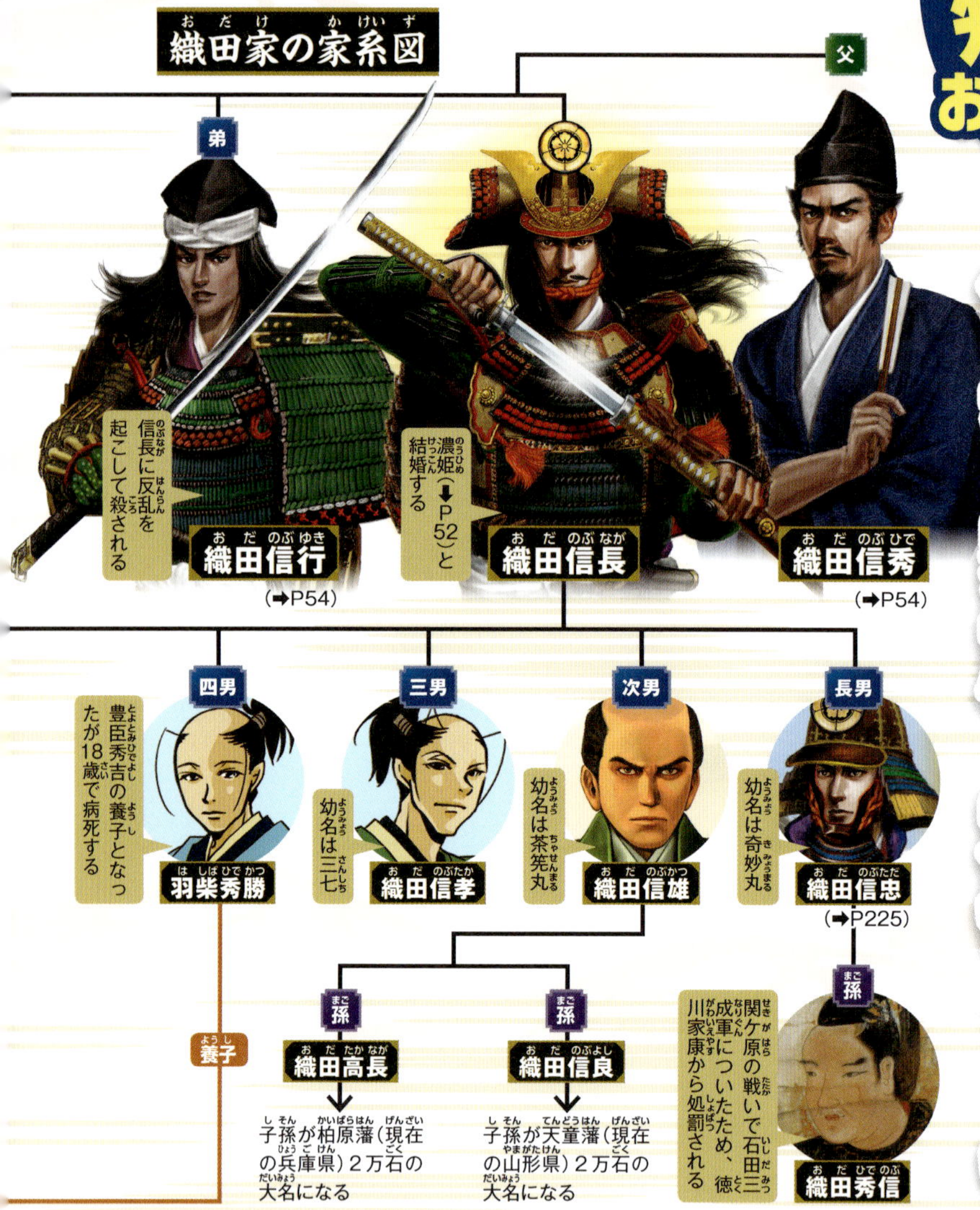

娘《むすめ》の幸せを願《ねが》って結婚《けっこん》相手を決めた

戦国武将《せんごくぶしょう》たちは、同盟《どうめい》を結《むす》んだり仲直《なかなお》りしたりするため、子どもどうしを結婚《けっこん》させることが普通《ふつう》だった。しかし同盟《どうめい》が破《やぶ》られれば、子どもは殺《ころ》されることもあった。子どもたちは人質《ひとじち》だったのである。

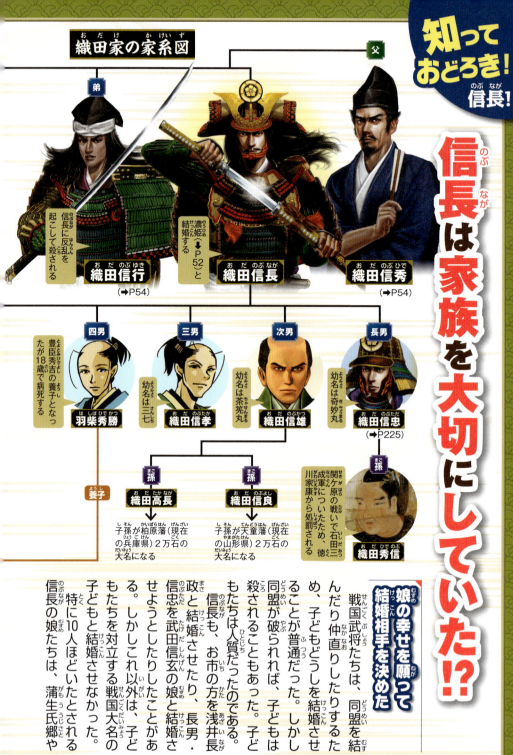

信長《のぶなが》も、お市《いち》の方《かた》を浅井長《あざいなが》政《まさ》と結婚《けっこん》させたり、長男・信忠《のぶただ》を武田信玄《たけだしんげん》の娘《むすめ》と結婚《けっこん》させようとしたりしたことがある。しかしこれ以外《いがい》は、子どもたちを対立する戦国大名《せんごくだいみょう》の子どもと結婚《けっこん》させなかった。

特《とく》に10人ほどいたとされる信長《のぶなが》の娘《むすめ》たちは、蒲生氏郷《がもううじさと》や

(➡P134)
(➡P131)

前田利長《まえだとしなが》などの家臣《かしん》や、松平《まつだいら》信康《のぶやす》(徳川家康《とくがわいえやす》の長男)などの親しい戦国大名《せんごくだいみょう》の息子と結婚《けっこん》している。信長《のぶなが》は、娘《むすめ》を大切にしてくれると判断《はんだん》した男性《だんせい》と結婚《けっこん》させていたようだ。

ウソ!ホント!?

信長《のぶなが》が一番愛《あい》した女性《じょせい》は吉乃《きつの》だった!?

信長《のぶなが》には、濃姫《のうひめ》の他に数人の妻《つま》がいたといわれ、その中に吉乃《きつの》という女性《じょせい》がいた。吉《きつ》乃《の》は信忠《のぶただ》や信雄《のぶかつ》、徳姫《とくひめ》の母で、信長《のぶなが》が一番愛《あい》した女性《じょせい》だったといわれるが、39歳《さい》の若《わか》さで亡《な》くなった。

武田勝頼《たけだかつより》

信長《のぶなが》に敗《やぶ》れてほろびた武田信玄《たけだしんげん》の子

出身地《しゅっしんち》	甲斐《かい》(現在《げんざい》の山梨県《やまなしけん》)?
生年月日《せいねんがっぴ》	1546年(誕生日《たんじょうび》は不明《ふめい》)
死亡年月日《しぼうねんがっぴ》	1582年3月11日
享年《きょうねん》	37歳《さい》(自害《じがい》)

肖像《しょうぞう》

　武田勝頼《たけだかつより》は武田信玄《たけだしんげん》の子で、信玄《しんげん》の死後、中部《ちゅうぶ》地方の広い領地《りょうち》を引き継《つ》いだ。領地《りょうち》をさらに広げようとした勝頼《かつより》は、徳川家康《とくがわいえやす》の領地《りょうち》の三河《みかわ》(現在《げんざい》の愛知県《あいちけん》)に攻《せ》めこみ、長篠城《ながしのじょう》(愛知県《あいちけん》)を取り囲《かこ》んだ。長篠城《ながしのじょう》を救《すく》うために信長《のぶなが》と家康《いえやす》の連合軍《れんごうぐん》がやってくると、勝頼《かつより》は武田騎馬隊《たけだきばたい》を突撃《とつげき》させたが、信長《のぶなが》の鉄砲隊《てっぽうたい》によって次つぎと倒《たお》され、武田《たけだ》軍《ぐん》は大敗《たいはい》した(長篠《ながしの》の戦《たたか》い)。

　その後、家臣《かしん》を見殺《みごろ》しにしたり、家臣《かしん》の反対を押《お》し切って新府城《しんぷじょう》(山梨県《やまなしけん》)を築《きず》いたりしたため、勝頼《かつより》は人気がなくなり、勢力《せいりょく》はおとろえていった。

　1582年、武田氏《たけだし》をほろぼすことを決意した信長《のぶなが》は、長男の信忠《のぶただ》を総大《そうだい》将《しょう》に任命《にんめい》して、武田氏《たけだし》への攻撃《こうげき》をはじめた。家臣《かしん》たちに次つぎと裏切《うらぎ》られた勝頼《かつより》は新府城《しんぷじょう》を捨《す》ててにげたが、織田《おだ》軍《ぐん》に追いつめられ、天目山《てんもくざん》の戦《たたか》い(➡P190)に敗《やぶ》れて切腹《せっぷく》した。

追いつめられる勝頼《かつより》

勝頼《かつより》は織田軍《おだぐん》に追いつかれて自殺《じさつ》し、武田氏《たけだし》はほろびた。

勝頼像《かつよりぞう》

1582年、家臣《かしん》に次つぎと裏切《うらぎ》られた勝頼《かつより》は、織田軍《おだぐん》から攻《せ》められ、本拠地《ほんきょち》の新府城《しんぷじょう》を捨《す》ててにげた(山梨県《やまなしけん》)。

滝川一益《たきがわかずます》

信長《のぶなが》の命令《めいれい》で関東《かんとう》に入る

出身地《しゅっしんち》	近江《おうみ》（現在《げんざい》の滋賀県《しがけん》）
生年月日《せいねんがっぴ》	1525年（誕生日《たんじょうび》は不明《ふめい》）
死亡年月日《しぼうねんがっぴ》	1586年9月9日
享年《きょうねん》	62歳《さい》（病死）

肖像《しょうぞう》

滝川《たきがわ》一益《かずます》は信長《のぶなが》に仕えた武将《ぶしょう》で、伊勢長島一揆《いせながしまいっき》（⬇P124）などで活躍《かつやく》した。合戦《かっせん》での駆《か》け引きが上手で、「進むも滝川《たきがわ》、退《ひ》くも滝川《たきがわ》」とたたえられた。天目山《てんもくざん》の戦《たたか》い（⬇P190）で武田勝頼《たけだかつより》をほろぼすと、上野《こうずけ》（現在《げんざい》の群馬県《ぐんまけん》）を与《あた》えられ、関《かん》東《とう》地方の支配《しはい》を任《まか》された。しかし信長《のぶなが》が急死したため、北条氏《ほうじょうし》に攻《せ》められ、敗《やぶ》れて関東《かんとう》からにげた。

厩橋城跡《まやばしじょうあと》

武田氏《たけだし》をほろぼした一益《かずます》が入った城《しろ》（群馬県《ぐんまけん》）。

丹羽長秀《にわながひで》

事務《じむ》にすぐれた信長《のぶなが》の家臣《かしん》

出身地《しゅっしんち》	尾張《おわり》（現在《げんざい》の愛知県《あいちけん》）
生年月日《せいねんがっぴ》	1535年（誕生日《たんじょうび》は不明《ふめい》）
死亡年月日《しぼうねんがっぴ》	1585年4月16日
享年《きょうねん》	51歳《さい》（病死）

肖像《しょうぞう》

信長《のぶなが》の家臣《かしん》だった丹羽長秀《にわながひで》は、姉《あね》川《がわ》の戦《たたか》い（⬇P96）をはじめ、信長《のぶなが》のほとんどの戦《たたか》いに参加《さんか》した。長《なが》秀《ひで》は他の武将《ぶしょう》をたすけることが多く、事務《じむ》が得意《とくい》だった。このため、信長《のぶなが》が安土城《あづちじょう》（⬇P172）を築《きず》くとき、最高責任者《さいこうせきにんしゃ》に任命《にんめい》され、みごとに完成《かんせい》させた。信長《のぶなが》の死後は、豊《とよ》臣秀吉《とみひでよし》の家臣《かしん》となり、北陸《ほくりく》地方で約《やく》120万石《ごく》を治《おさ》める大名《だいみょう》になった。

「太平記英勇伝 七十 庭五郎左衛門長秀」
東京都立中央図書館特別文庫室所蔵

長秀《ながひで》をえがいた絵

どんな仕事もこなした長秀《ながひで》は、米のように欠《か》かせない存在《そんざい》だったので「米五郎《こめごろう》左《ざ》」と呼《よ》ばれた。

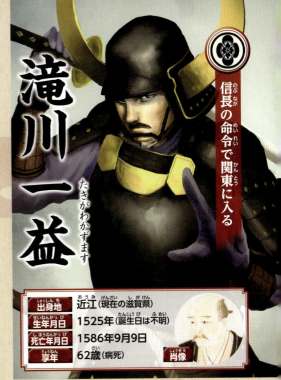

九鬼水軍《くきすいぐん》を率《ひき》いた信長《のぶなが》の家臣《かしん》

九鬼嘉隆《くきよしたか》

九鬼嘉隆《くきよしたか》は志摩《しま》（現在《げんざい》の三重県《みえけん》）で九鬼水軍《くきすいぐん》を率《ひき》いる海賊《かいぞく》だった。信長《のぶなが》に仕えて、木津川口《きづがわぐち》の戦《たたか》い（第一次）に参加《さんか》したが、村上水軍《むらかみすいぐん》の火攻《ひぜ》めによって大敗《たいはい》した。信長《のぶなが》から「燃《も》えない船をつくれ」と命じられた嘉《よし》隆《たか》は、船の表面を鉄板でおおった「鉄甲船《てっこうせん》」をつくった。木津川口《きづがわぐち》の戦《たたか》い（第二次）では、嘉隆《よしたか》は鉄甲船《てっこうせん》を率《ひき》いて、村上水軍《むらかみすいぐん》を破《やぶ》った。

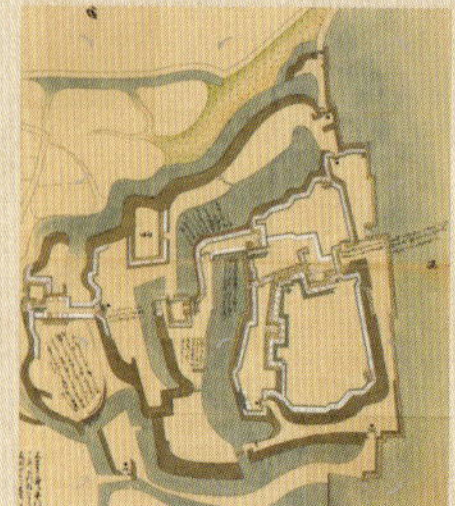

鳥羽城《とばじょう》の図面

嘉隆《よしたか》の鳥羽城《とばじょう》（三重県《みえけん》）は海岸にあり、すぐに船で海に出られた。

出身地《しゅっしんち》	志摩《しま》（現在《げんざい》の三重県《みえけん》）
生年月日《せいねんがっぴ》	1542年（誕生日《たんじょうび》は不明《ふめい》）
死亡年月日《しぼうねんがっぴ》	1600年10月12日
享年《きょうねん》	59歳《さい》（自害《じがい》）

肖像《しょうぞう》

長篠《ながしの》の戦《たたか》いで活躍《かつやく》した家康《いえやす》の家臣《かしん》

酒井忠次《さかいただつぐ》

酒井忠次《さかいただつぐ》は、8歳《さい》の徳川家康《とくがわいえやす》が今《いま》川《がわ》氏《し》の人質《ひとじち》になった頃《ころ》から、そばに仕えた家臣《かしん》で、家康《いえやす》の重要《じゅうよう》な戦《たたか》いにはすべて参加《さんか》した。長篠《ながしの》の戦《たたか》いでは、信長《のぶなが》から別働隊《べつどうたい》を率《ひき》いるように命令《めいれい》され、大活躍《だいかつやく》した。その後、家《いえ》康《やす》の長男・松平信康《まつだいらのぶやす》が信長《のぶなが》から反乱《はんらん》の疑《うたが》いをかけられたとき、信康《のぶやす》をかばいきれず、切腹《せっぷく》させてしまった。

長篠城跡《ながしのじょうあと》

忠次《ただつぐ》は、武田軍《たけだぐん》に囲《かこ》まれていた長《なが》篠城《しのじょう》を攻撃《こうげき》し、味方をたすけた。

出身地《しゅっしんち》	三河《みかわ》（現在《げんざい》の愛知県《あいちけん》）
生年月日《せいねんがっぴ》	1527年（誕生日《たんじょうび》は不明《ふめい》）
死亡年月日《しぼうねんがっぴ》	1596年10月28日
享年《きょうねん》	70歳《さい》（病死）

肖像《しょうぞう》

信長《のぶなが》を苦しめた鉄砲《てっぽう》の名人

雑賀孫一《さいかまごいち》

雑賀孫一《さいかまごいち》は、紀伊《きい》(現在《げんざい》の和歌山《わかやま》県《けん》)を拠点《きょてん》に活動した鉄砲集団《てっぽうしゅうだん》「雑賀《さいか》衆《しゅう》」のリーダーだった。石山合戦《いしやまかっせん》のとき、顕如《けんにょ》に味方して、信長《のぶなが》を苦しめた。雑賀衆《さいかしゅう》をほろぼそうとした信長《のぶなが》は、10万人の大軍《たいぐん》で紀伊《きい》に攻《せ》めこんだが、孫一《まごいち》はわなをしかけて待ち構《かま》え、織田軍《おだぐん》に大きな被害《ひがい》を与《あた》えた(和歌川《わかがわ》の戦《たたか》い➡P158)。

出身地《しゅっしんち》	紀伊《きい》(現在《げんざい》の和歌山県《わかやまけん》)
生年月日《せいねんがっぴ》	1534年?
死亡年月日《しぼうねんがっぴ》	1589年?
享年《きょうねん》	56歳《さい》?(病死?)

肖像《しょうぞう》

「太平記英勇伝 四十六 鈴木孫市」
東京都立中央図書館特別文庫室所蔵

孫一《まごいち》をえがいた絵

天王寺《てんのうじ》の戦《たたか》いで、信長《のぶなが》の足に鉄砲《てっぽう》を命中させたのは孫一《まごいち》といわれる。

信長《のぶなが》を二度も裏切《うらぎ》る

松永久秀《まつながひさひで》

近畿《きんき》地方を支配《しはい》する三好《みよし》氏《し》の家臣《かしん》・松永久秀《まつながひさひで》は、室町幕府《むろまちばくふ》13代将軍《しょうぐん》・足利義輝《あしかがよしてる》を暗殺《あんさつ》して権力《けんりょく》をにぎった。信長《のぶなが》が京都《きょうと》に入ると、降伏《こうふく》して家臣《かしん》になったが、その後、三好《みよし》氏《し》と一緒《いっしょ》に信長《のぶなが》に反乱《はんらん》を起こした。敗《やぶ》れた久秀《ひさひで》は降伏《こうふく》し、信長《のぶなが》から許《ゆる》された。しかし、ふたたび信長《のぶなが》に逆《さか》らい、信貴山城《しぎさんじょう》(奈良県《ならけん》)に立てこもったが、信長《のぶなが》の軍勢《ぐんぜい》に敗《やぶ》れて戦死《せんし》した。

茶釜《ちゃがま》を爆発《ばくはつ》させる久秀《ひさひで》

信貴山城《しぎさんじょう》の戦《たたか》いで、信長《のぶなが》から平蜘蛛《ひらぐも》という茶釜《ちゃがま》を渡《わた》せば命をたすけるといわれたが、久秀《ひさひで》は断《ことわ》って平蜘蛛《ひらぐも》を爆発《ばくはつ》させた。

出身地《しゅっしんち》	山城《やましろ》(現在《げんざい》の京都府《きょうとふ》)
生年月日《せいねんがっぴ》	1510年(誕生日《たんじょうび》は不明《ふめい》)
死亡年月日《しぼうねんがっぴ》	1577年10月10日
享年《きょうねん》	68歳《さい》(自害《じがい》)

肖像《しょうぞう》

信長《のぶなが》を裏切《うらぎ》って有岡城《ありおかじょう》で戦《たたか》う

荒木村重《あらきむらしげ》

出身地《しゅっしんち》	摂津《せっつ》（現在《げんざい》の大阪府《おおさかふ》）
生年月日《せいねんがっぴ》	1535年（誕生日《たんじょうび》は不明《ふめい》）
死亡年月日《しぼうねんがっぴ》	1586年5月4日
享年《きょうねん》	52歳《さい》（病死）

荒木村重《あらきむらしげ》は池田城《いけだじょう》（大阪府《おおさかふ》）の城《じょう》主《しゅ》・池田氏《いけだし》の家臣《かしん》だったが、後に信長《のぶなが》に仕え、有岡城《ありおかじょう》（兵庫県《ひょうごけん》）の城《じょう》主《しゅ》となった。1578年、織田軍《おだぐん》として石山本願寺《いしやまほんがんじ》（大阪府《おおさかふ》）を攻《せ》めているとき、突然《とつぜん》、信長《のぶなが》を裏切《うらぎ》って、有《あり》岡城《おかじょう》に立てこもった。織田軍《おだぐん》の攻撃《こうげき》に1年近くもちこたえたが、家族を捨《す》てて城《しろ》からにげ出した。信長《のぶなが》の死後、茶人《ちゃじん》として豊臣秀吉《とよとみひでよし》に仕えた。

刀でまんじゅうを出される村重《むらしげ》

村重《むらしげ》は、はじめて会った信長《のぶなが》から刀で刺《さ》したまんじゅうを差《さ》し出され、それを食べた。

「太平記英勇伝　三十八　荒木摂津守村重」
東京都立中央図書館特別文庫室所蔵

若《わか》いときから信長《のぶなが》に仕える

前田利家《まえだとしいえ》

14歳《さい》で信長《のぶなが》に仕えた前田利家《まえだとしいえ》は、とても気が短く、信長《のぶなが》の弟とけんかして切り殺《ころ》した。このため信長《のぶなが》から家臣《かしん》をやめさせられたが、桶狭間《おけはざま》の戦《たたか》いなどに勝手に参加《さんか》して敵《てき》をうち取った。手柄《てがら》を認《みと》められた利家《としいえ》は、ふたたび信長《のぶなが》の家臣《かしん》となった。その後は柴田勝家《しばたかついえ》の部下となり、北《ほく》陸《りく》地方での戦《たたか》いに参加《さんか》した。

七尾城跡《ななおじょうあと》

信長《のぶなが》から能登《のと》（現《げん》在《ざい》の石川県《いしかわけん》）をあたえられた利家《としいえ》は七尾城《ななおじょう》に入った（石川県《いしかわけん》）。

出身地《しゅっしんち》	尾張《おわり》（現在《げんざい》の愛知県《あいちけん》）
生年月日《せいねんがっぴ》	1538年（誕生日《たんじょうび》は不明《ふめい》）
死亡年月日《しぼうねんがっぴ》	1599年3月3日
享年《きょうねん》	62歳《さい》（病死）

肖像《しょうぞう》

手取川《てどりがわ》で織田軍《おだぐん》を破《やぶ》った「越後《えちご》の龍《りゅう》」

上杉謙信《うえすぎけんしん》

上杉謙信《うえすぎけんしん》は、越後《えちご》(現在《げんざい》の新潟県《にいがたけん》)を支配《しはい》する戦国大名《せんごくだいみょう》で、合戦《かっせん》にとても強く、「越後《えちご》の龍《りゅう》」と呼《よ》ばれた。謙信《けんしん》は領土《りょうど》を広げるためではなく、困《こま》っている人や、自分を頼《たよ》ってきた人のために戦《たたか》った。甲斐《かい》(現在《げんざい》の山梨県《やまなしけん》)の武田信玄《たけだしんげん》とはライバルで、川中島《かわなかじま》で5回も戦《たたか》ったが、勝負はつかなかった。

謙信《けんしん》の強さを恐《おそ》れた信長《のぶなが》は、ヨーロッパ製《せい》のマントや、京都《きょうと》の町をえがいた屏風《びょうぶ》など、豪華《ごうか》な贈《おく》り物をして、仲《なか》よくしたいという気持ちを伝《つた》えた。

謙信《けんしん》は関東管領《かんとうかんれい》(関東《かんとう》を支配《しはい》する室町幕府《むろまちばくふ》の役職《やくしょく》)で、室町幕府《むろまちばくふ》を大切に考えていたが、信長《のぶなが》が室町幕府《むろまちばくふ》をほろぼしたので、信長《のぶなが》と対立するようになった。1577年、謙信《けんしん》は、手取川《てどりがわ》(石川県《いしかわけん》)で柴田勝家《しばたかついえ》が率《ひき》いる織田軍《おだぐん》と戦《たたか》い、勝利した(⬇P160)。「織田《おだ》軍《ぐん》は意外に弱い」と語ったというが、翌年《よくとし》、病で倒《たお》れて亡《な》くなった。

出身地《しゅっしんち》	越後《えちご》(現在《げんざい》の新潟県《にいがたけん》)
生年月日《せいねんがっぴ》	1530年1月21日
死亡年月日《しぼうねんがっぴ》	1578年3月13日
享年《きょうねん》	49歳《さい》(病死)

肖像《しょうぞう》

上杉景勝《うえすぎかげかつ》(1555~1623)

謙信《けんしん》の死後、上杉家《うえすぎけ》を継《つ》いだ武将《ぶしょう》。信長《のぶなが》から大軍《たいぐん》で攻《せ》められ、ほろびそうになるが、信長《のぶなが》が死んだのでたすかった。

手取川《てどりがわ》の戦《たたか》いの石碑《せきひ》

謙信《けんしん》は柴田勝家《しばたかついえ》の率《ひき》いる織田軍《おだぐん》を、手取川《てどりがわ》で破《やぶ》った(石川県《いしかわけん》)。

戦国《せんごく》おもしろコラム

戦《せん》国《ごく》時代のお金

製造者《せいぞうしゃ》
武田信玄《たけだしんげん》

金貨《きんか》

1枚《まい》は約《やく》15万円

甲州金《こうしゅうきん》

甲斐《かい》(現在《げんざい》の山梨県《やまなしけん》)で多くとれた金を使って、信玄《しんげん》がつくった。

銭貨《せんか》

1枚《まい》は約《やく》100円

永楽通宝《えいらくつうほう》

明《みん》(中国《ちゅうごく》)から輸入《ゆにゅう》された貨幣《かへい》で、日本の経済《けいざい》の基本《きほん》となった。

製造者《せいぞうしゃ》
上杉謙信《うえすぎけんしん》

金貨《きんか》

現在《げんざい》の価値《かち》は不明《ふめい》

天正越座金《てんしょうえつざきん》

謙信《けんしん》がつくったという金貨《きんか》で、越後《えちご》(現《げん》在《ざい》の新潟県《にいがたけん》)で通用したといわれる。

銀貨《ぎんか》

製造者《せいぞうしゃ》
毛利元就《もうりもとなり》

重さ375gなら約《やく》30万円

石州銀《せきしゅうぎん》

石見銀山《いわみぎんざん》からとれた銀でつくった銀貨《ぎんか》。重さを計って価値《かち》を決めた。

輸入《ゆにゅう》した銭貨《せんか》と日本産《にほんさん》の金貨《きんか》・銀貨《ぎんか》

戦国《せんごく》時代の日本で使われていた貨幣《かへい》(銭貨《せんか》)は、明《みん》(中国《ちゅうごく》)から輸入《ゆにゅう》した貨幣《かへい》だった。なかでも品質《ひんしつ》がよかった永楽通宝《えいらくつうほう》が基準《きじゅん》となり、これをもとに武将《ぶしょう》たちの給料《きゅうりょう》も計算されていた。経済《けいざい》を大切に考えていた信長《のぶなが》は、永楽通宝《えいらくつうほう》をデザインした旗印《はたじるし》を使っている。

戦国武将《せんごくぶしょう》たちは、領地《りょうち》の経《けい》済《ざい》を発展《はってん》させるため、領地《りょうち》の中だけで通用する金貨《きんか》や銀貨《ぎんか》などをつくった。その代表が武田信玄《たけだしんげん》の甲州金《こうしゅうきん》や、上杉謙《うえすぎけん》信《しん》の天正越座金《てんしょうえつざきん》などである。また、石見銀山《いわみぎんざん》(島根県《しまねけん》)からは大量《たいりょう》の銀がとれたので、毛《もう》利元就《りもとなり》が石州銀《せきしゅうぎん》をつくり、海外にも輸出《ゆしゅつ》した。

※ここで紹介《しょうかい》した現在《げんざい》の貨幣価値《かへいかち》は推定《すいてい》です。

4章
本《ほん》能《のう》寺《じ》に散《ち》る

信長《のぶなが》から毛利《もうり》攻《ぜ》めを命《めい》じられていた秀吉《ひでよし》は、備中高松城《びっちゅうたかまつじょう》（岡山県《おかやまけん》）への攻撃《こうげき》をはじめた。
秀吉《ひでよし》の軍師《ぐんし》 黒田官兵衛《くろだかんべえ》
毛利軍《もうりぐん》がたすけに来られないよう水攻《みずぜ》めにしましょう
秀吉《ひでよし》は城《しろ》のまわりに堤防《ていぼう》を築《きず》き、川の水を流しこんだ。
よっしゃ!!
これで毛利軍《もうりぐん》は城《しろ》に近づけんぞ！
しかし毛利《もうり》め、大軍《たいぐん》じゃのう……
こっちに攻《せ》めてきたら厄介《やっかい》だな……
ちまっ
どーん
ここは、信長様《のぶながさま》にたすけに来ていただこう！

安土城《あづちじょう》――
秀吉《ひでよし》がたすけを求《もと》めてきたぞ
わしもあとから行くが……
光秀《みつひで》、おぬしが先に行ってこい！
えっ…!?
何だ、不満《ふまん》か？
イラッ
い、いいえ……
ならばさっさと準備《じゅんび》をしろ！
ぽすっ
わしは先に京《きょう》へ行って本能寺《ほんのうじ》で茶会を開く
後は、まかせたぞ！
いくぞー
はーい
――はっ！

京都《きょうと》
愛宕神社《あたごじんじゃ》——
このまま……
信長様《のぶながさま》に天下を取らせるべきなのだろうか……？
ガラガラ
信長様《のぶながさま》の天下は本当に世のためになるのか……？
ガラガラ
わたしにはわからない……
ガラガラガラ…
凶

本能寺《ほんのうじ》——
ゴオ!
ありったけの火矢をうて!
ひとりものがすなっ!
……
信長様《のぶながさま》……
やはりあなたの天下はまちがっている!!
ひるむな!
敵《てき》は……本能寺《ほんのうじ》にあり!!

本能寺《ほんのうじ》の内部——
バタバタバタ
は、旗印《はたじるし》は……
桔梗《ききょう》の紋《もん》！明智光秀《あけちみつひで》です！
!?
そんな、備中《びっちゅう》に行ったんじゃ……
ふっ！
是非《ぜひ》におよばず
返りうちにしてくれるわ!!
打って出るぞ！
動ける者はわしに続《つづ》けっ！
ばしっ
小助《こすけ》よ
おまえはすぐにここからにげろ
な、なぜですか!? わたしも一緒《いっしょ》に……

おまえはいつもわしについてきてくれたな……
だが、地獄《じごく》まで供《とも》をすることはない！
おまえは生きろ！
生きて、わしの代わりに戦《たたか》いのない平和な世の中をつくってくれ！
のっ
信長様《のぶながさま》――!!
ゴォォォ
信長様《のぶながさま》ぁ!!

1582年
49歳《さい》

本《ほん》能《のう》寺《じ》の変《へん》

本《ほん》能《のう》寺《じ》にいた信《のぶ》長《なが》を光《みつ》秀《ひで》が大《たい》軍《ぐん》で攻《こう》撃《げき》する

武田氏《たけだし》をほろぼした後、信長《のぶなが》は、中国《ちゅうごく》地方の毛利氏《もうりし》を攻《せ》めている豊臣秀吉《とよとみひでよし》からたすけを求《もと》められた。信長《のぶなが》は明智光秀《あけちみつひで》に秀吉《ひでよし》をたすけるように命令《めいれい》した後、自分も中《ちゅう》国《ごく》地方へ向かうために安土城《あづちじょう》を出発し、京都《きょうと》の本能寺《ほんのうじ》に入った。

光秀《みつひで》は、約《やく》1万3000人の兵《へい》を率《ひき》いて本拠地《ほんきょち》の亀山城《かめやまじょう》を出発したが、中国《ちゅうごく》地方ではなく京都《きょうと》へ向かいはじめた。このとき「敵《てき》は本能寺《ほんのうじ》にあり！」と叫《さけ》んだという。

明智軍《あけちぐん》は、信長《のぶなが》が寝《ね》ていた本能《ほんのう》寺《じ》を取り囲《かこ》むと、いっせいに攻《せ》め

合戦分析《かっせんぶんせき》データ

織《お》田《だ》軍《ぐん》		明《あけ》智《ち》軍《ぐん》
	戦力《せんりょく》	
	作戦《さくせん》	
	運《うん》	

合戦《かっせん》場所

大勝 戦力《せんりょく》 約《やく》1万3000人

明《あけ》智《ち》軍《ぐん》

VS

織《お》田《だ》軍《ぐん》

大負 戦力《せんりょく》 約《やく》100人

光秀《みつひで》が信長《のぶなが》のいる本能寺《ほんのうじ》を奇襲《きしゅう》する！

明智光秀《あけちみつひで》(1528?～1582)

40歳頃《さいごろ》から信長《のぶなが》に仕え、数多くの手柄《てがら》を立てて丹波《たんば》(現在《げんざい》の京都府《きょうとふ》中部)を与《あた》えられた。本能寺《ほんのうじ》の変《へん》を起こして信長《のぶなが》を倒《たお》すが、山崎《やまざき》の戦《たたか》いで豊臣秀吉《とよとみひでよし》に敗《やぶ》れた。

(➡P224)

茶会《ちゃかい》を開く信長《のぶなが》

本能寺《ほんのうじ》の変《へん》の前日、信長《のぶなが》は公家《くげ》(朝廷《ちょうてい》に仕える人びと)たちを招《まね》いて茶会《ちゃかい》を開き、自慢《じまん》の茶器《ちゃき》を見せた。

本能寺《ほんのうじ》に攻《せ》めこむ明智軍《あけちぐん》

1582年6月2日の夜明け前、本能寺《ほんのうじ》に突入《とつにゅう》した明智軍《あけちぐん》は、信長《のぶなが》が寝《ね》ていた奥《おく》書院《しょいん》へ突《つ》き進んだ。

こんだ。激《はげ》しい物音に目を覚《さ》ました信長《のぶなが》は、小姓《こしょう》(世話役)の森蘭《もりらん》丸《まる》を呼《よ》び出して、「謀反《むほん》だな。だれのしわざだ」とたずねた。蘭丸《らんまる》が「明智軍《あけちぐん》と思われます」と答えると、信長《のぶなが》は「是非《ぜひ》におよばず(しかたがない)」と言ったという。

ウソ！ホント!?

光秀《みつひで》の兵《へい》たちは家康《いえやす》をうつと思っていた!?

中国《ちゅうごく》地方に行くはずだった光秀《みつひで》の兵《へい》たちは、京都《きょうと》の本能寺《ほんのうじ》を攻《せ》めるように命令《めいれい》されたとき、「信長《のぶなが》の命令《めいれい》で、本能《ほんのう》寺《じ》にいる徳川《とくがわ》家康《いえやす》をうつのだ」と思ったそうだ。兵《へい》たちは自分たちが信長《のぶなが》を攻撃《こうげき》しているとは想像《そうぞう》すらしていなかった。

槍《やり》で戦《たたか》う信長《のぶなが》

信長《のぶなが》は、弓や槍《やり》をもって、森蘭《もりらん》丸《まる》らと一緒《いっしょ》に明智軍《あけちぐん》と戦《たたか》ったが、ひじを槍《やり》で突《つ》かれてけがをすると奥《おく》の部屋に入った。

なるほどエピソード

最初《さいしょ》は息子の信忠《のぶただ》を疑《うたが》った!?

本能寺《ほんのうじ》が攻《せ》められていることを知った信長《のぶなが》は、蘭丸《らんまる》に「信忠《のぶただ》(信長《のぶなが》の長男)が裏《うら》切《ぎ》ったのか?」と聞き、蘭《らん》丸《まる》は「明智《あけち》の裏切《うらぎ》りのようです」と答えたという記録《きろく》が残《のこ》っている。事実だとすれば、信長《のぶなが》は光秀《みつひで》が裏切《うらぎ》ることを想像《そうぞう》すらしていなかったことがわかる。

明智軍《あけちぐん》におそわれる信長《のぶなが》。

森蘭丸《もりらんまる》(1565〜1582)

15歳《さい》で信長《のぶなが》の小姓《こしょう》(世話役)となった。勇気《ゆうき》と才能《さいのう》があり、信長《のぶなが》から評価《ひょうか》された。

(➡P225)

ウソ!ホント!?

信長《のぶなが》は本能寺《ほんのうじ》から脱出《だっしゅつ》した!?

本能寺《ほんのうじ》の変《へん》によって、信長《のぶなが》がいた奥書院《おくしょいん》は焼《や》け落ちた。明智軍《あけちぐん》が焼《や》け跡《あと》をどんなに探《さが》しても、信長《のぶなが》の遺体《いたい》や骨《ほね》は見つからなかったという。このため、信長《のぶなが》は本能寺《ほんのうじ》を脱出《だっしゅつ》したが、けがのため途中《とちゅう》で亡《な》くなったという説《せつ》がある。

最期《さいご》の姿《すがた》をだれにも見せずに自ら命を絶《た》つ

明智軍《あけちぐん》におそわれたとき本能寺《ほんのうじ》にはわずか100人ほどしかおらず、信長《のぶなが》に勝ち目はなかった。

しかし信長《のぶなが》は、攻《せ》め寄《よ》せる明智《あけち》軍《ぐん》の兵《へい》に対し、蘭丸《らんまる》などの味方の兵《へい》と一緒《いっしょ》に戦《たたか》った。信長《のぶなが》はまず弓を射《い》たが、弦《つる》が切れると、次は槍《やり》をもって戦《たたか》った。しかしひじを突《つ》かれてけがをすると、奥《おく》に引き下がった。本能寺《ほんのうじ》には火がつけられ、炎《ほのお》は信長《のぶなが》の近くまで迫《せま》っていた。そのとき信長《のぶなが》は、周囲《しゅうい》にいた女性《じょせい》たちに、「女たちはもうよい。急いでここから脱出《だっしゅつ》しろ」と命令《めいれい》し、本能寺《ほんのうじ》からにげさせた。

ひとりになった信長《のぶなが》は、奥《おく》の部屋に入ると、自ら命を絶《た》った。信長《のぶなが》の遺体《いたい》は、本能寺《ほんのうじ》と一緒《いっしょ》に焼《や》き尽《つ》くされた。こうして信長《のぶなが》の天下統一《とういつ》の夢《ゆめ》は消え去った。

信《のぶ》長《なが》の天下統《とう》一《いつ》の夢《ゆめ》は、炎《ほのお》の中に消えていった！

炎《ほのお》の中で舞《ま》う信長《のぶなが》

奥《おく》の部屋に入った信長《のぶなが》は、かぎをかけてだれも入れないようにすると、炎《ほのお》の中で命を絶《た》った。死の前、信長《のぶなが》は『敦盛《あつもり》』を舞《ま》ったという伝説《でんせつ》も残《のこ》る。

1582年
享年《きょうねん》49歳《さい》

二《に》条《じょう》御《ご》所《しょ》合《かっ》戦《せん》

二条御所《にじょうごしょ》を取り囲《かこ》む明智軍《あけちぐん》

本能寺《ほんのうじ》で信長《のぶなが》を倒《たお》した明智軍《あけちぐん》は信忠《のぶただ》が入った二条御所《にじょうごしょ》を取り囲《かこ》み、鉄砲《てっぽう》や弓矢で攻撃《こうげき》した。

本能寺《ほんのうじ》
妙覚寺《みょうかくじ》
二条御所《にじょうごしょ》

合戦分析《かっせんぶんせき》データ
織田軍《おだぐん》
明智軍《あけちぐん》
戦力《せんりょく》
作戦《さくせん》
運

合戦場所《かっせんばしょ》

二条御所《にじょうごしょ》
京都府《きょうとふ》

大勝 戦力《せんりょく》 約《やく》1万3000人

明智光秀《あけちみつひで》

明智軍《あけちぐん》

VS

織田軍《おだぐん》

織田信忠《おだのぶただ》

大負 戦力《せんりょく》 約《やく》1500人

二条御所《にじょうごしょ》で自害《じがい》した信長《のぶなが》の後継者《こうけいしゃ》・信忠《のぶただ》

本能寺《ほんのうじ》の変《へん》(➡P212)のとき、信長《のぶなが》の長男・織田信忠《おだのぶただ》は、信長《のぶなが》と一緒《いっしょ》に京都《きょうと》に入り、妙覚寺《みょうかくじ》に泊《と》まっていた。明智軍《あけちぐん》に本能寺《ほんのうじ》がおそわれたことを知った信忠《のぶただ》は、信長《のぶなが》をたすけに向かおうとした。しかし信長《のぶなが》が自害《じがい》したという報告《ほうこく》を受けると、妙覚寺《みょうかくじ》から二条御所《にじょうごしょ》に移《うつ》った。二条御所《にじょうごしょ》は石垣《いしがき》と堀《ほり》に囲《かこ》まれていたが、大軍《たいぐん》の明智軍《あけちぐん》に勝てる見こみはなかった。家臣《かしん》からは、「二条御所《にじょうごしょ》からにげてください」と言われたが、信忠《のぶただ》は「光秀《みつひで》のことだから、にげ道はないだろう。ここで腹《はら》

信長《のぶなが》の後継者《こうけいしゃ》・信忠《のぶただ》も光秀《みつひで》に倒《たお》される!

ビジュアル資料《しりょう》

二条御所《にじょうごしょ》と本能寺《ほんのうじ》

『洛中洛外図屏風《らくちゅうらくがいずびょうぶ》』に、当時の二条御所《にじょうごしょ》や本能寺《ほんのうじ》がえがかれている。

明智軍《あけちぐん》と戦《たたか》う信忠《のぶただ》

信忠《のぶただ》は武器《ぶき》を取って明智軍《あけちぐん》と激《はげ》しく戦《たたか》ったが、二《に》条御所《じょうごしょ》に明智軍《あけちぐん》が突入《とつにゅう》すると、自ら命を絶《た》った。

織田信忠《おだのぶただ》(1557～1582)

信長《のぶなが》の長男。岐阜城主《ぎふじょうしゅ》となり、武田氏《たけだし》をほろぼす活躍《かつやく》をしたが、明智光秀《あけちみつひで》の裏切《うらぎ》りによって、自害《じがい》に追いこまれた。

(➡P225)

を切ろう」と答えた。

二条御所《にじょうごしょ》が明智軍《あけちぐん》に取り囲《かこ》まれると、信忠《のぶただ》は武器《ぶき》を取って戦《たたか》ったという。しかし、次つぎと味方が倒《たお》れ、明智軍《あけちぐん》が二条御所《にじょうごしょ》に突《とつ》入《にゅう》すると、自ら命を絶《た》った。

本能寺《ほんのうじ》の変《へん》からわずか11日後、豊臣秀吉《とよとみひでよし》が明智光秀《あけちみつひで》を倒《たお》し、信長《のぶなが》の後継者《こうけいしゃ》として名乗りを上げた。

ビジュアル資料《しりょう》

二条御所《にじょうごしょ》に攻《せ》めこむ明智軍《あけちぐん》

明智軍《あけちぐん》は二条御所《にじょうごしょ》に突入《とつにゅう》すると、建物《たてもの》に火をつけた。

超《ちょう》ビジュアル！信《のぶ》長《なが》新聞

第7号

発行所：安土新報社《あづちしんぽうしゃ》

光《みつ》秀《ひで》はどうして信《のぶ》長《なが》を裏《うら》切《ぎ》った？

信長《のぶなが》から高く評《ひょう》価《か》されていたのに、なぜ光秀《みつひで》は本能寺《ほんのうじ》の変《へん》を起こしたのだろう？

けられたときのうらみを晴らした⁉

あるとき信長《のぶなが》は、言い返した光秀《みつひで》を怒《おこ》って人前でけったという。年下の信長《のぶなが》にばかにされた光秀《みつひで》は、うらみを晴らすために信長《のぶなが》を攻撃《こうげき》したという説《せつ》がある。

もともと「裏《うら》切《ぎ》り」が好《す》きだった⁉

宣教師《せんきょうし》・フロイスによると、光秀《みつひで》は裏《うら》切《ぎ》りが好《す》きで、相手をだますことが得《とく》意《い》だったという。フロイスは、「光秀《みつひで》は天下を取りたいという野望《やぼう》のため信長《のぶなが》を殺《ころ》した」と感じていたようだ。

信《のぶ》長《なが》についていけなくなった⁉

信長《のぶなが》は家臣《かしん》たちを競争《きょうそう》させて能力《のうりょく》を引き出した。光《みつ》秀《ひで》は信長《のぶなが》に認《みと》められていた。しかし毛利《もうり》攻《ぜ》めで活躍《かつやく》する豊臣秀吉《とよとみひでよし》に負けたと感じ、「このままでは追放される」と不安《ふあん》に思って信長《のぶなが》を倒《たお》したという説《せつ》がある。

家臣《かしん》の斎藤利三《さいとうとしみつ》にそそのかされた!?

斎藤利三《さいとうとしみつ》は光秀《みつひで》の重要《じゅうよう》な家臣《かしん》だった。利三《としみつ》の妹は、四国《しこく》を支配《しはい》する長宗我部元親《ちょうそかべもとちか》の妻《つま》だった。本能寺《ほんのうじ》の変《へん》の直前、信長《のぶなが》は三男の信孝《のぶたか》と家臣《かしん》の丹羽長秀《にわながひで》に、元親《もとちか》を攻《せ》めるように命じていた。もし織田軍《おだぐん》が攻《せ》めれば、長宗我部軍《ちょうそかべぐん》は敗《やぶ》れる可能性《かのうせい》が高かった。妹を守りたかった利三《としみつ》は、光秀《みつひで》に「今こそ信長《のぶなが》を殺《ころ》すべきだ」と提案《ていあん》し、本能寺《ほんのうじ》の変《へん》を起こさせたという説《せつ》がある。

光秀《みつひで》の家臣《かしん》・斎藤利三《さいとうとしみつ》。

和歌の本当の意味
本能寺《ほんのうじ》の変《へん》の2日前、光秀《みつひで》は和歌の会を開いた。
それでは、わたしから
時《とき》は今 雨《あめ》が下《した》しる 五月《さつき》かな
…!!
「時《とき》」は光秀殿《みつひでどの》の出身の「土岐氏《ときし》」
「雨が下《した》しる」は「天が下知《したし》る」。つまり「天下を治《おさ》める」という意味!
里村紹巴《さとむらじょうは》
次の方、どうぞ
は、はい
光秀殿《みつひでどの》は天下をねらっているのか…!

豊臣秀吉氏《とよとみひでよしし》に独占《どくせん》インタビュー

質問《しつもん》 **信長《のぶなが》が死んで一番得《とく》をしたあなたが光秀《みつひで》をそそのかしたといううわさがありますが…?**

わたしは、一生、信長《のぶなが》様に仕えるつもりでした。その証拠《しょうこ》に、わたしは**信長様《のぶながさま》の四男・秀勝様《ひでかつさま》を養子《ようし》にして、後継《あとつ》ぎ**にしました。

もし、わたしが光秀《みつひで》に「信長様《のぶながさま》を殺《ころ》せ」と言って、それが**ばれたら、**どうなるでしょう? わたしは信長様《のぶながさま》に殺《ころ》されるでしょう。確《たし》かに、わたしは信長様《のぶながさま》が死んだ後に**天下を取りました**が、光秀《みつひで》をそそのかしたなんて、**ありえません!**

土岐氏《ときし》を復活《ふっかつ》させたかった!?

光秀《みつひで》は土岐氏《ときし》の出身といわれる。土岐氏《ときし》は平安《へいあん》時代から美濃《みの》（現在《げんざい》の岐阜県《ぎふけん》）を支配《しはい》した名門だったが、斎《さい》藤道三《とうどうさん》に美濃《みの》を奪《うば》われておとろえていた。光秀《みつひで》は信長《のぶなが》を殺《ころ》して、土岐氏《ときし》の勢《いきお》いを復活《ふっかつ》させたかったという。

光秀《みつひで》をえがいた絵。服には土岐氏《ときし》の家紋《かもん》の「桔梗紋《ききょうもん》」が見える。

本能寺の変から8年後、
1590年
小田原城《おだわらじょう》(神奈川県《かながわけん》)——
最後《さいご》の敵《てき》、北条氏《ほうじょうし》が降伏《こうふく》した！
豊臣秀吉《とよとみひでよし》
これで天下が統一《とういつ》されたぞっ!!
みなの者！勝ちどきを上げよ！
徳川家康《とくがわいえやす》
えいっ、えいっ
おおお〜〜〜っ!!
おおお!!
信長《のぶなが》の死後、秀吉《ひでよし》が後継者《こうけいしゃ》となり天下統一《とういつ》を成《な》しとげた。
わぁあ あぁあ

わい
わい
小助《こすけ》え～！
ついにやったなぁ！
秀吉様《ひでよしさま》！
油断《ゆだん》してはいけませんぞ！
秀吉様《ひでよしさま》がしっかりなさらないと、世はまた乱《みだ》れますぞ！
わ、わかっておるわい！
確《たし》かに、戦《たたか》いは終わりました……しかし――
平和な世をつくるにはこれからが大事ですね
信長様《のぶながさま》――
あなたが目指した天下はもうすぐ実現《じつげん》しますよ！

信長《のぶなが》は7つの家紋《かもん》を使っていた!?

織田木瓜《おだもっこう》

キュウリの切り口をデザイン化したといわれる家紋《かもん》。信長《のぶなが》の父・信秀《のぶひで》が尾張守護《おわりしゅご》の斯波氏《しばし》から与《あた》えられたという。

大阪城天守閣所蔵

信長《のぶなが》の陣羽織《じんばおり》

ヨーロッパから伝《つた》わった布《ぬの》でつくった陣羽織《じんばおり》(甲冑《かっちゅう》の上からはおる着物)。織田木瓜《おだもっこう》と五七桐《ごしちのきり》がデザインされている。

二引両《ふたつひきりょう》

足利将軍家《あしかがしょうぐんけ》に伝《つた》わる家《か》紋《もん》。信長《のぶなが》が足利義昭《あしかがよしあき》を連《つ》れて京都《きょうと》に入ったとき、義昭《よしあき》から与《あた》えられたもの。

織田蝶《おだちょう》

アゲハチョウをデザインした平氏《へいし》に伝《つた》わる家《か》紋《もん》。平氏《へいし》の流れをくむと自称《じしょう》した信長《のぶなが》が好んで使った。

与《あた》えられるだけでなく自分で家紋《かもん》を決めた信長《のぶなが》

現在《げんざい》、家紋《かもん》(各家《かくいえ》の紋章《もんしょう》)は一家にひとつと思われているが、戦国武将《せんごくぶしょう》たちは複数《ふくすう》の家《か》紋《もん》を使っていた。信長《のぶなが》も7つの家紋《かもん》を使っていたそうだ。

そのうち「織田木瓜《おだもっこう》」は、織《お》田《だ》家《け》に伝《つた》わる家紋《かもん》で、陣羽織《じんばおり》や甲冑《かっちゅう》(⬇P129)などに使用されている。「二引両《ふたつひきりょう》」と「五三桐《ごさんのきり》」は足利将軍家《あしかがしょうぐんけ》に伝《つた》わる家紋《かもん》で、信長《のぶなが》が足利義昭《あしかがよしあき》から、感謝《かんしゃ》のしるしに与《あた》えられたものである。信長《のぶなが》が自分で決めた家紋《かもん》には「永楽通宝《えいらくつうほう》」がある。経済《けいざい》を大切に考えていた信長《のぶなが》らしい家紋《かもん》である。

五三桐《ごさんのきり》

足利将軍家《あしかがしょうぐんけ》に伝《つた》わる家紋《かもん》で、信長《のぶなが》に将軍《しょうぐん》にしてもらった義昭《よしあき》が、感謝《かんしゃ》を表すために与《あた》えた。

肩衣《かたぎぬ》の五三桐《ごさんのきり》

信長《のぶなが》の肖像画《しょうぞうが》には、肩衣《かたぎぬ》に五三桐《ごさんのきり》がえがかれている。

長興寺所蔵・豊田市郷土資料館写真提供

上田市立博物館所蔵

信長《のぶなが》が着た韋胴服《かわどうふく》

信長《のぶなが》が箕作城《みつくりじょう》攻《ぜ》め(➡P88)で手柄《てがら》を立てた松平《まつだいら》信一《のぶかず》に与《あた》えたものと伝《つた》えられる。鹿《しか》の皮でつくられた服で、五三桐《ごさんのきり》がつけられている。

十六葉菊《じゅうろくようぎく》

菊紋《きくもん》は皇室《こうしつ》が使う家紋《かもん》。信長《のぶなが》は朝廷《ちょうてい》をたすけたので、正親町天《おおぎまちてん》皇《のう》から十六葉《じゅうろくよう》菊《ぎく》を与《あた》えられたといわれる。

永楽通宝《えいらくつうほう》

永楽通宝《えいらくつうほう》(寳《ほう》)は、明《みん》(中国《ちゅうごく》)から輸入《ゆにゅう》された貨幣《かへい》で、戦《せん》国《ごく》時代に使われた。信長《のぶなが》は、家紋《かもん》や旗《はた》印《じるし》に使った。

なるほどエピソード

信長《のぶなが》が最初《さいしょ》に馬印《うまじるし》をつくった!?

馬印《うまじるし》とは、戦場《せんじょう》で武将《ぶしょう》が自分の場所を示《しめ》すための飾《かざ》り。馬印《うまじるし》を最初《さいしょ》に考えて使ったのは信長《のぶなが》という説《せつ》がある。信長《のぶなが》の馬印《うまじるし》は「金の傘《かさ》」という派手《はで》なものだった。

信長《のぶなが》の馬印《うまじるし》「金の傘《かさ》」。

無文字《むもじ》

信長《のぶなが》は、「この世のすべては無《む》(何もない)」という、仏教《ぶっきょう》の禅《ぜん》の考えが好《す》きで、「無《む》」の字を家《か》紋《もん》にしたといわれる。

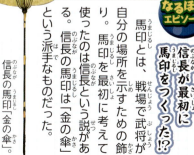

人物図鑑《じんぶつずかん》

主君・信長《のぶなが》を裏切《うらぎ》って本能寺《ほんのうじ》の変《へん》を起こす

明智光秀《あけちみつひで》

出身地《しゅっしんち》	美濃《みの》(現在《げんざい》の岐阜県《ぎふけん》)
生年月日《せいねんがっぴ》	1528年?
死亡年月日《しぼうねんがっぴ》	1582年6月13日
享年《きょうねん》	55歳《さい》?(戦死《せんし》)

肖像《しょうぞう》

明智光秀《あけちみつひで》は、美濃《みの》(現在《げんざい》の岐阜県《ぎふけん》)の名門・土岐《とき》氏の出身で、若《わか》いときは斎藤道三《さいとうどうさん》に仕えていたといわれる。

道三《どうさん》が子の義龍《よしたつ》にほろぼされたとき、光秀《みつひで》の一族も攻撃《こうげき》を受け、美濃《みの》からにげたという。その後、越前《えちぜん》(現在《げんざい》の福井県《ふくいけん》)の朝倉義景《あさくらよしかげ》に10年ほど仕えた。このとき、義景《よしかげ》のもとにいた足利《あしかが》義昭《よしあき》と知り合いになり、義昭《よしあき》を信長《のぶなが》に紹介《しょうかい》した。これがきっかけで、光秀《みつひで》は信長《のぶなが》に仕えることになった。光秀《みつひで》は軍《ぐん》を指揮《しき》する能力《のうりょく》だけでなく、朝廷《ちょうてい》と話し合うことも上手《じょうず》だったので、信長《のぶなが》から高く評価《ひょうか》され、すぐに出世した。

光秀《みつひで》は丹波《たんば》・丹後《たんご》(現在《げんざい》の京都府《きょうとふ》)への攻撃《こうげき》をまかされ、みごとに成功《せいこう》させる。その後、武田《たけだ》氏をほろぼす戦《たたか》いに従《したが》ったとき、光秀《みつひで》は「われわれも骨《ほね》を折《お》った甲斐《かい》がありました」と言ったが、これを聞いた信長《のぶなが》は、「お前ごときが何をしたのだ」と激《はげ》しく怒《おこ》ったという。

本能寺《ほんのうじ》の変《へん》で、主君・信長《のぶなが》を倒《たお》したが、その理由は今もわかっていない。本能寺《ほんのうじ》の変《へん》から11日後、光秀《みつひで》は山崎《やまざき》の戦《たたか》いで豊臣秀吉《とよとみひでよし》に敗《やぶ》れ、戦場《せんじょう》からにげる途中《とちゅう》に農民《のうみん》に殺《ころ》された。

山崎《やまざき》の戦《たたか》いで敗《やぶ》れる光秀《みつひで》

本能寺《ほんのうじ》の変《へん》のわずか11日後、光秀《みつひで》は山崎《やまざき》の戦《たたか》いで豊臣秀吉《とよとみひでよし》に敗《やぶ》れた。

織田信忠《おだのぶただ》

光秀《みつひで》におそわれた信長《のぶなが》の長男

出身地《しゅっしんち》	尾張《おわり》（現在《げんざい》の愛知県《あいちけん》）
生年月日《せいねんがっぴ》	1557年（誕生日《たんじょうび》は不明《ふめい》）
死亡年月日《しぼうねんがっぴ》	1582年6月2日
享年《きょうねん》	26歳《さい》（自害《じがい》）

肖像《しょうぞう》

信長《のぶなが》の長男として生まれ、「奇妙《きみょう》丸《まる》」と名づけられた。大人になり信忠《のぶただ》と名を改《あらた》めると、長篠《ながしの》の戦《たたか》いをはじめ、さまざまな戦《たたか》いに参加《さんか》して、手《て》柄《がら》を立てた。信長《のぶなが》が安土城《あづちじょう》に移《うつ》ると、岐阜城主《ぎふじょうしゅ》となった。1582年には武田氏《たけだし》をほろぼす活躍《かつやく》をして、信長《のぶなが》から織田家《おだけ》の後継者《こうけいしゃ》として認《みと》められた。しかし本能寺《ほんのうじ》の変《へん》のとき明《あけ》智軍《ちぐん》に攻《せ》められ、自ら命を絶《た》った。

二条御所跡《にじょうごしょあと》

明智軍《あけちぐん》におそわれた信忠《のぶただ》は二条御所《にじょうごしょ》に立てこもって戦《たたか》った（京都府《きょうとふ》）。

森蘭丸《もりらんまる》

本能寺《ほんのうじ》で信長《のぶなが》とともに死ぬ

出身地《しゅっしんち》	尾張《おわり》（現在《げんざい》の愛知県《あいちけん》）
生年月日《せいねんがっぴ》	1565年（誕生日《たんじょうび》は不明《ふめい》）
死亡年月日《しぼうねんがっぴ》	1582年6月2日
享年《きょうねん》	18歳《さい》（戦死《せんし》）

肖像《しょうぞう》

森蘭丸《もりらんまる》は、志賀《しが》の陣《じん》（➡P114）で戦死《せんし》した森可成《もりよしなり》の三男で、幼《おさな》いときから信長《のぶなが》の小姓《こしょう》（身の回りの世話役）をつとめた。蘭丸《らんまる》はとても頭がよく、正直だったので、信長《のぶなが》は他人に自慢《じまん》するほど評価《ひょうか》していたそうだ。また、美男子だったと伝《つた》えられている。本能寺《ほんのうじ》の変《へん》では、明智軍《あけちぐん》から信長《のぶなが》を守るために槍《やり》をもって戦《たたか》ったが、うち取られた。

本能寺《ほんのうじ》で戦《たたか》う蘭丸《らんまる》

蘭丸《らんまる》は明智軍《あけちぐん》の攻撃《こうげき》を必死《ひっし》で防《ふせ》いだが、戦死《せんし》した。

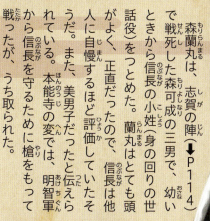

戦国《せんごく》時代の国名《こくめい》マップ

奈良《なら》時代から明治《めいじ》時代のはじめ頃《ごろ》まで、日本の地方は、現在《げんざい》とはちがう名前「国名《こくめい》」で呼《よ》ばれていた。国と国の境《さかい》も、現在《げんざい》の都《と》道府県《どうふけん》との境《さかい》とは少しちがっていた。

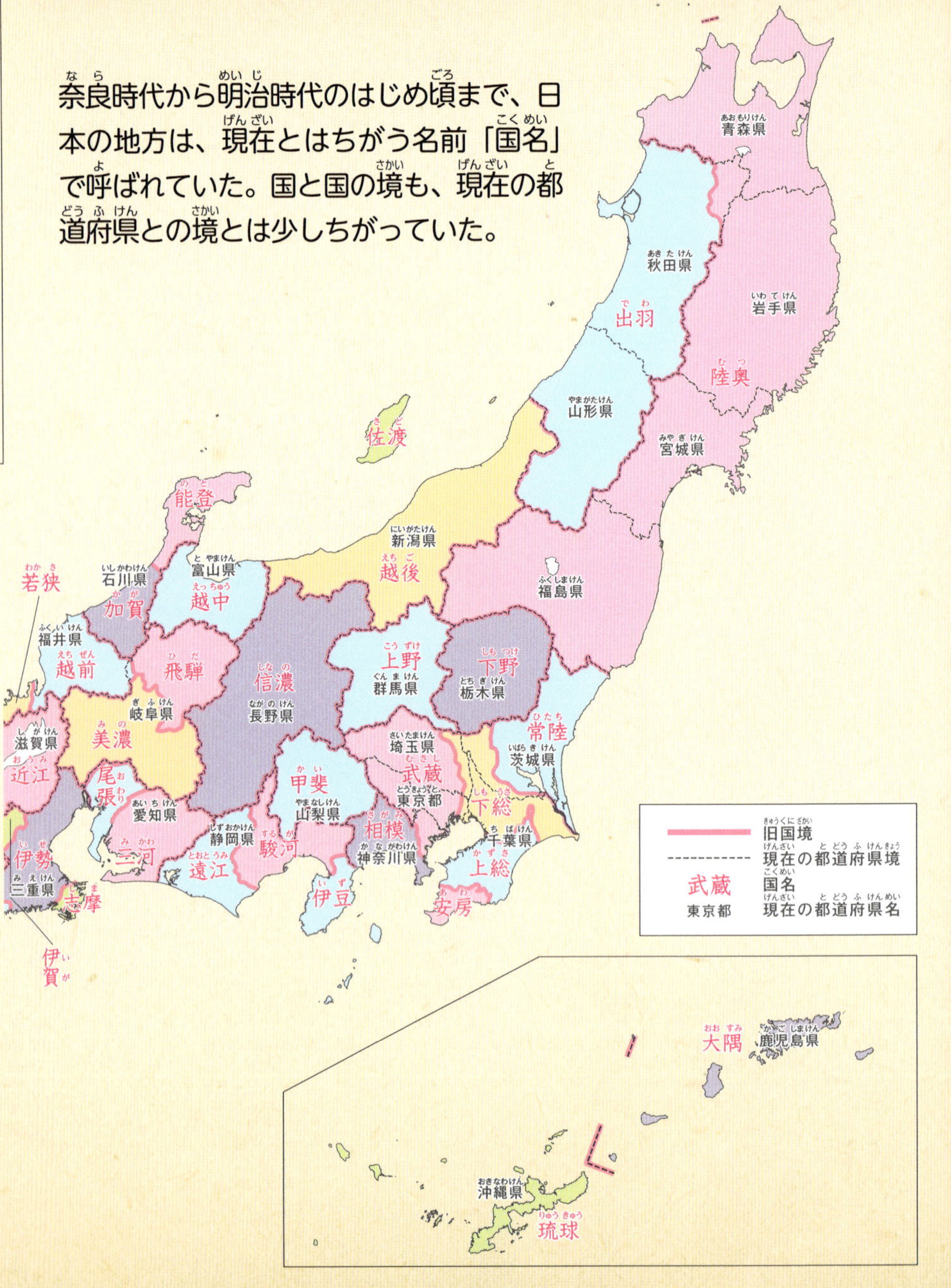

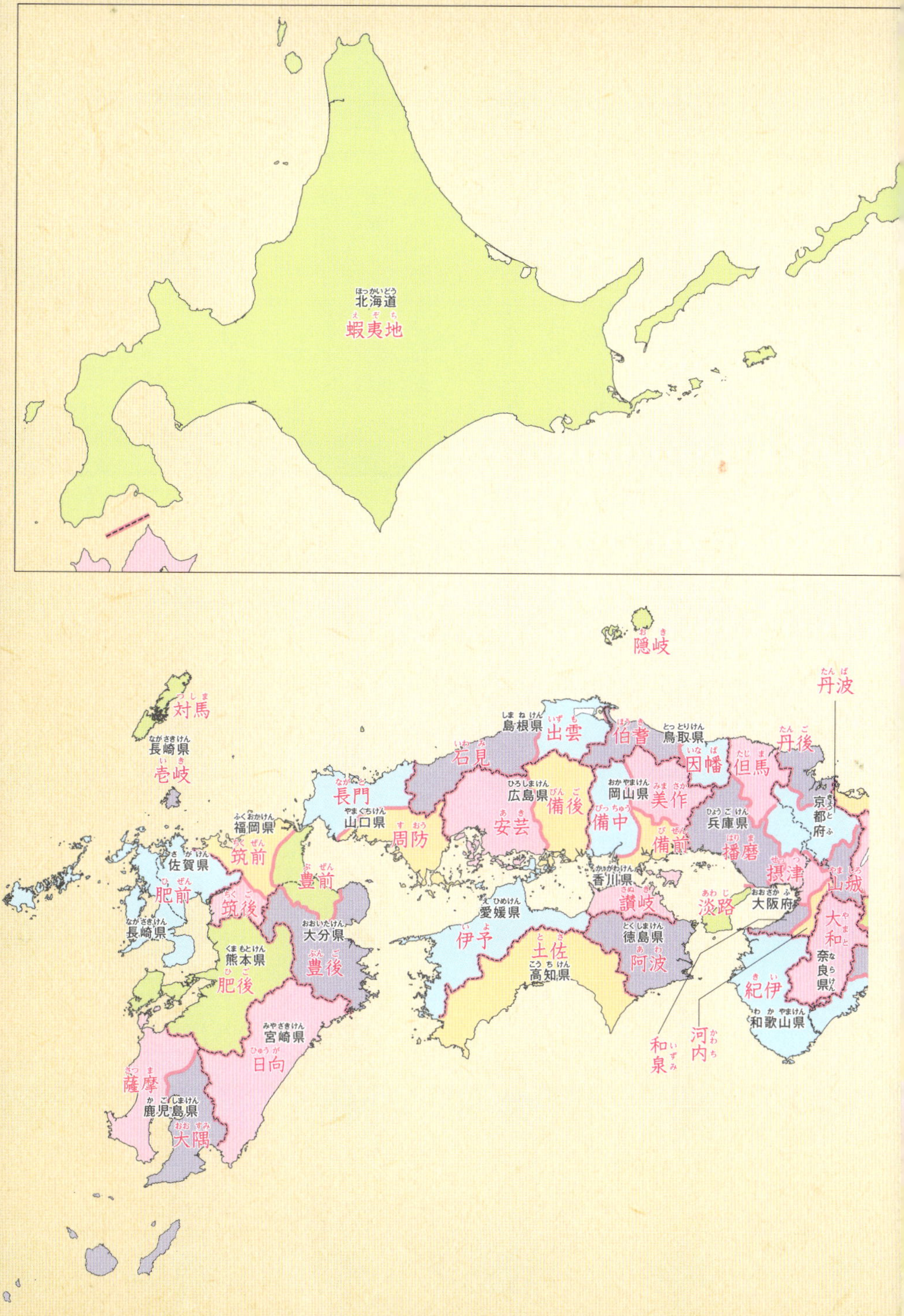

北海道《ほっかいどう》
蝦夷地《えぞち》
隠岐《おき》
丹波《たんば》
対馬《つしま》
長崎県《ながさきけん》
壱岐《いき》
島根県《しまねけん》
出雲《いずも》
伯耆《ほうき》
鳥取県《とっとりけん》
丹後《たんご》
石見《いわみ》
因幡《いなば》
但馬《たじま》
長門《ながと》
広島県《ひろしまけん》
備後《びんご》
岡山県《おかやまけん》
美作《みまさか》
京都府《きょうとふ》
福岡県《ふくおかけん》
山口県《やまぐちけん》
安芸《あき》
備中《びっちゅう》
兵庫県《ひょうごけん》
周防《すおう》
備前《びぜん》
播磨《はりま》
佐賀県《さがけん》
筑前《ちくぜん》
豊前《ぶぜん》
香川県《かがわけん》
摂津《せっつ》
山城《やましろ》
肥前《ひぜん》
筑後《ちくご》
讃岐《さぬき》
淡路《あわじ》
大阪府《おおさかふ》
愛媛県《えひめけん》
大分県《おおいたけん》
大和《やまと》
長崎県《ながさきけん》
徳島県《とくしまけん》
伊予《いよ》
熊本県《くまもとけん》
豊後《ぶんご》
土佐《とさ》
高知県《こうちけん》
阿波《あわ》
奈良県《ならけん》
肥後《ひご》
紀伊《きい》
宮崎県《みやざきけん》
和歌山県《わかやまけん》
和泉《いずみ》
河内《かわち》
日向《ひゅうが》
薩摩《さつま》
鹿児島県《かごしまけん》
大隅《おおすみ》

織《お》田《だ》信《のぶ》長《なが》関《かん》連《れん》年表

※赤字はこの本で大きく取り上げているできごとです。

時代	
西暦《せいれき》（年）	できごと
室町《むろまち》時代（戦国《せんごく》時代）	
1534	1歳《さい》
5月	吉法師《きっぽうし》（織田信長《おだのぶなが》）が生まれる
1535	2歳《さい》
?月	那古野城《なごやじょう》を与《あた》えられる
1537	4歳《さい》
2月	日吉丸《ひよしまる》（豊臣秀吉《とよとみひでよし》）が生まれる
1542	9歳《さい》
8月	斎藤道三《さいとうどうさん》が守護《しゅご》・土岐氏《ときし》を追放する
9月	織田信秀《おだのぶひで》が小豆坂《あずきざか》の戦《たたか》いで今川義元《いまがわよしもと》を破《やぶ》る
12月	竹千代《たけちよ》（徳川家康《とくがわいえやす》）が生まれる
1543	10歳《さい》
8月	種子島《たねがしま》に鉄砲《てっぽう》が伝《つた》わる
1544	11歳《さい》
9月	信秀《のぶひで》が稲葉山城《いなばやまじょう》を攻《せ》めるが道三《どうさん》に敗《やぶ》れる
1546	13歳《さい》

時代	
室町《むろまち》時代（戦国《せんごく》時代）	
10月	厳島《いつくしま》の戦《たたか》いで毛利元就《もうりもとなり》が陶晴賢《すえはるかた》を破《やぶ》る
1556	23歳《さい》
4月	長良川《ながらがわ》の戦《たたか》いで道三《どうさん》が息子《むすこ》・義龍《よしたつ》にうたれる
8月	**稲生《いのう》の戦《たたか》い**（➡P48）
1557	24歳《さい》
11月	信長《のぶなが》が弟・信行《のぶゆき》を殺《ころ》す
1559	26歳《さい》
2月	京都《きょうと》に行き、13代将軍《しょうぐん》・足利義輝《あしかがよしてる》に会う
1560	27歳《さい》
5月	**桶狭間《おけはざま》の戦《たたか》い**（➡P66）
1561	28歳《さい》
5月	義龍《よしたつ》が病死し、龍興《たつおき》が斎藤家《さいとうけ》を継《つ》ぐ
9月	川中島《かわなかじま》の戦《たたか》い（第四次）
1562	29歳《さい》
1月	信長《のぶなが》と家康《いえやす》が清洲同盟《きよすどうめい》を結《むす》ぶ
1563	30歳《さい》
?月	小牧山城《こまきやまじょう》を築《きず》く（➡P72）
9月	家康《いえやす》の領地《りょうち》・三河《みかわ》で一向一揆《いっこういっき》が起こる

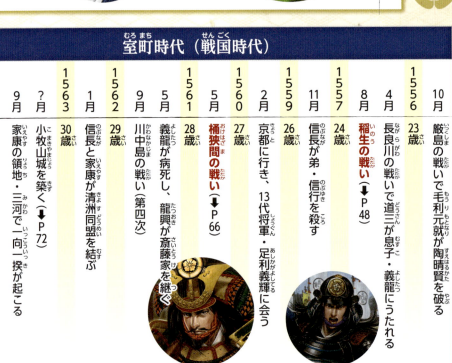

室町《むろまち》時代（戦国《せんごく》時代）

	?月		吉法師《きっぽうし》が元服《げんぷく》し、信長《のぶなが》と名乗る
1547		14歳《さい》	
	?月		**はじめて合戦《かっせん》で戦《たたか》う**（➡P28）
	8月		竹千代《たけちよ》が織田家《おだけ》の人質《ひとじち》になる
1548		15歳《さい》	
			濃姫《のうひめ》と結婚《けっこん》する（➡P30）
1549		16歳《さい》	
	8月		ザビエルが日本にキリスト教を伝《つた》える
	11月		竹千代《たけちよ》が今川家《いまがわけ》の人質《ひとじち》になる
1551		18歳《さい》	
	3月		信秀《のぶひで》が死に、信長《のぶなが》が織田家《おだけ》を継《つ》ぐ
1553		20歳《さい》	
	1月		平手政秀《ひらてまさひで》が切腹《せっぷく》する
	4月		**斎藤道三《さいとうどうさん》と会う**（➡P46）
1554		21歳《さい》	
	1月		今川氏《いまがわし》の村木城《むらきじょう》を落とす
1555		22歳《さい》	
	4月		信長《のぶなが》が清洲城《きよすじょう》をうばう（➡P50）

室町《むろまち》時代（戦国《せんごく》時代）

1565		32歳《さい》	
	5月		松永久秀《まつながひさひで》が将軍《しょうぐん》・足利義輝《あしかがよしてる》を殺《ころ》す
	9月		信長《のぶなが》が尾張《おわり》を完全《かんぜん》に統一《とういつ》する
1567		34歳《さい》	
	5月		徳姫《とくひめ》（信長《のぶなが》の長女）と松平信康《まつだいらのぶやす》（家康《いえやす》の長男）が結婚《けっこん》する
	9月		**稲葉山城《いなばやまじょう》の戦《たたか》い**（➡P68）
			岐阜城《ぎふじょう》を築《きず》きはじめる（➡P74）
	12月		信忠《のぶただ》（信長《のぶなが》の長男）と松姫《まつひめ》（武田信玄《たけだしんげん》の娘《むすめ》）が婚約《こんやく》する（➡P162）
1568		35歳《さい》	
	?月		**浅井長政《あざいながまさ》と同盟《どうめい》を結《むす》ぶ**（➡P70）
	7月		越前《えちぜん》より足利義昭《あしかがよしあき》を迎《むか》える
	9月		**信長《のぶなが》の上洛戦《じょうらくせん》**（➡P88）
	10月		**足利義昭《あしかがよしあき》を将軍《しょうぐん》にする**（➡P90）
1569		36歳《さい》	
	1月		本圀寺《ほんこくじ》の変《へん》（➡P91）
			堺《さかい》の会合衆《えごうしゅう》が信長《のぶなが》に降伏《こうふく》する（➡P93）

室町《むろまち》時代（戦国《せんごく》時代）

2月　義昭《よしあき》の邸宅《ていたく》「二条城《にじょうじょう》」を建《た》てはじめる

4月　フロイスにキリスト教の布教《ふきょう》を許可《きょか》する

1570　37歳《さい》

4月　**金ケ崎《かねがさき》の戦《たたか》い**（➡P94）

6月　**姉川《あねがわ》の戦《たたか》い**（➡P96）

9月　**石山合戦《いしやまかっせん》がはじまる**（➡P112）

志賀《しが》の陣《じん》（➡P114）

1571　38歳《さい》

5月　伊勢長島一揆《いせながしまいっき》（第一次）

松永久秀《まつながひさひで》が信長《のぶなが》を裏切《うらぎ》る

9月　**比叡山《ひえいざん》を焼《や》き打ちにする**（➡P116）

1572　39歳《さい》

12月　**三方ケ原《みかたがはら》の戦《たたか》い**（➡P118）

1573　40歳《さい》

4月　武田信玄《たけだしんげん》が病死する

7月　槙島城《まきしまじょう》の戦《たたか》いで信長《のぶなが》が義昭《よしあき》を破《やぶ》る

信長《のぶなが》が義昭《よしあき》を京都《きょうと》から追放して、室町幕府《むろまちばくふ》をほろぼす（➡P120）

安土桃山《あづちももやま》時代

10月　**信貴山城《しぎさんじょう》の戦《たたか》い**（➡P176）

秀吉《ひでよし》が中国攻《ちゅうごくぜ》めを開始する

11月　信長《のぶなが》が右大臣《うだいじん》になる

1578　45歳《さい》

2月　安土城《あづちじょう》で相撲《すもう》大会を開く

3月　三木城《みきじょう》の戦《たたか》いがはじまる

謙信《けんしん》が病死する

11月　**木津川口《きづがわぐち》の戦《たたか》い（第二次）**（➡P178）

有岡城《ありおかじょう》の戦《たたか》い（➡P180）

1579　46歳《さい》

5月　安土城《あづちじょう》の天守《てんしゅ》が完成《かんせい》する

9月　信長《のぶなが》が家康《いえやす》の長男・信康《のぶやす》を切腹《せっぷく》させる

天正伊賀《てんしょういが》の乱《らん》（第一次）

10月　明智光秀《あけちみつひで》が丹波《たんば》・丹後《たんご》を攻《せ》め取る

11月　有岡城《ありおかじょう》が落城《らくじょう》する

12月　荒木村重《あらきむらしげ》一族を処刑《しょけい》する（➡P127）

1580　47歳《さい》

3月　**石山合戦《いしやまかっせん》が終わる**（➡P184）

安土桃山《あづちももやま》時代

- 8月 **一乗谷城《いちじょうだにじょう》の戦《たたか》い**（➡P120）
- **小谷城《おだにじょう》の戦《たたか》い**（➡P122）
- 9月 伊勢長島一揆《いせながしまいっき》（第二次）
- 12月 松永久秀《まつながひさひで》が降伏《こうふく》する
- 1574 41歳《さい》
- 6月 上杉謙信《うえすぎけんしん》に『洛中洛外図屏風《らくちゅうらくがいずびょうぶ》』を贈《おく》る
- 7月 **伊勢長島一揆《いせながしまいっき》（第三次）**（➡P124）
- 1575 42歳《さい》
- 5月 **長篠《ながしの》の戦《たたか》い**（➡P150）
- 8月 越前一向一揆《えちぜんいっこういっき》を破《やぶ》る
- 1576 43歳《さい》
- 1月 信長《のぶなが》が安土城《あづちじょう》を築《きず》きはじめる（➡P172）
- 5月 **天王寺《てんのうじ》の戦《たたか》い**（➡P154）
- 7月 **木津川口《きづがわぐち》の戦《たたか》い（第一次）**（➡P156）
- 1577 44歳《さい》
- 2月 **和歌川《わかがわ》の戦《たたか》い**（➡P158）
- 6月 信長《のぶなが》が安土城下《あづちじょうか》を楽市《らくいち》・楽座《らくざ》にする
- 9月 **手取川《てどりがわ》の戦《たたか》い**（➡P160）

安土桃山《あづちももやま》時代

- 8月 信長《のぶなが》が佐久間信盛《さくまのぶもり》を追放する
- 11月 柴田勝家《しばたかついえ》が加賀《かが》を攻《せ》め取る
- 1581 48歳《さい》
- 2月 **京都《きょうと》で馬揃《うまぞろ》えをおこなう**（➡P186）
- 7月 安土城《あづちじょう》の天守《てんしゅ》を提灯《ちょうちん》で飾《かざ》る（➡P172）
- 9月 **天正伊賀《てんしょういが》の乱《らん》（第二次）**（➡P188）
- 1582 49歳《さい》
- 3月 **天目山《てんもくざん》の戦《たたか》い**（➡P190）
- 4月 秀吉《ひでよし》が備中高松城《びっちゅうたかまつじょう》を攻《せ》める
- 5月 光秀《みつひで》が中国《ちゅうごく》攻《ぜ》めを命じられる
- 6月 **本能寺《ほんのうじ》の変《へん》**（➡P212）
- **二条御所合戦《にじょうごしょかっせん》**（➡P216）
- 家康《いえやす》の伊賀越《いがご》え（➡P137）
- 山崎《やまざき》の戦《たたか》いで秀吉《ひでよし》が光秀《みつひで》を破《やぶ》る
- 神流川《かんながわ》の戦《たたか》いで滝川一益《たきがわかずます》が北条軍《ほうじょうぐん》に敗《やぶ》れる
- 1590 信長《のぶなが》の死から8年目
- 7月 秀吉《ひでよし》が小田原城《おだわらじょう》の北条氏《ほうじょうし》を降伏《こうふく》させ、天下を統一《とういつ》する

さくいん

※赤字は人名です。

あ

明智光綱　あけちみつつな……31
明智光秀　あけちみつひで……31、37、91、154、186、195、212、216、224
麻縄　あさなわ……34
浅井長政　あざいながまさ……70、94、96、114、122、132、182
浅井久政　あざいひさまさ……126
朝倉景健　あさくらかげたけ……132
朝倉義景　あさくらよしかげ……86、94、96、114、120、133
足利将軍邸　あしかがしょうぐんてい……92
足利義昭　あしかがよしあき……80、88、90、120、134
足利義輝　あしかがよしてる……88
安宅船　あたけぶね……157
安土城　あづちじょう……79、172
『敦盛』　あつもり……66、99、215
姉川の戦い　あねがわのたたかい……96、133
荒木村重　あらきむらしげ……127、166、180、182、202
有岡城の戦い　ありおかじょうのたたかい……180
伊賀越え　いがごえ……137
伊賀忍者　いがにんじゃ……188
石山合戦　いしやまかっせん……112、184
石山本願寺　いしやまほんがんじ……112、114、124、154、184
伊勢長島一揆(第一次)　いせながしまいっき(だいいちじ)……125
伊勢長島一揆(第三次)　いせながしまいっき(だいさんじ)……124
伊勢長島一揆(第二次)　いせながしまいっき(だいにじ)……125
一乗谷城の戦い　いちじょうだにじょうのたたかい……120
一向一揆　いっこういっき……112
一向宗　いっこうしゅう……112
稲葉山城の戦い　いなばやまじょうのたたかい……68
稲生の戦い　いのうのたたかい……48
今井宗久　いまいそうきゅう……93
今川義元　いまがわよしもと……58、66、130
上杉景勝　うえすぎかげかつ……194、203
上杉謙信　うえすぎけんしん……160、163、203
宇佐山城　うさやまじょう……114
打掛　うちかけ……138
馬印　うまじるし……223
馬揃え　うまぞろえ……186
永姫　えいひめ……197
永楽通宝　えいらくつうほう……98、204、223
会合衆　えごうしゅう……92
延暦寺　えんりゃくじ……114、116
お市の方　おいちのかた……71、122、134、138、197
お犬の方　おいぬのかた……138、197
応仁の乱　おうにんのらん……92
正親町天皇　おおぎまちてんのう……187
大津　おおつ……90
奥平信昌　おくだいらのぶまさ……150
桶狭間の戦い　おけはざまのたたかい……66
織田有楽斎　おだうらくさい……197
織田蝶　おだちょう……222
小谷城の戦い　おだにじょうのたたかい……122
織田高長　おだたかなが……196
織田信興　おだのぶおき……197
織田信雄　おだのぶかつ……188、195、196
織田信孝　おだのぶたか……195、196
織田信忠　おだのぶただ……124、162、176、194、196、216、225
織田信友　おだのぶとも……50
織田信秀　おだのぶひで……20、28、54、196
織田信光　おだのぶみつ……50

織田信行　おだのぶゆき……48、54、196
織田信良　おだのぶよし……196
織田秀信　おだひでのぶ……196
織田木瓜　おだもっこう……222
おね……193
小見の方　おみのかた……31

か

肩衣袴　かたぎぬばかま……56
甲冑　かっちゅう……128
金ケ崎城　かねがさきじょう……94
金ケ崎の戦い　かねがさきのたたかい……94
亀山城　かめやまじょう……212
蒲生氏郷　がもううじさと……197
家紋　かもん……56、129、222
韋胴服　かわどうふく……223
観音寺城　かんのんじじょう……88
帰蝶　きちょう……24、30
木津川口の戦い（第一次）　きづがわぐちのたたかい（だいいちじ）……156
木津川口の戦い（第二次）　きづがわぐちのたたかい（だいにじ）……178
吉乃　きつの……197
吉法師　きっぽうし……28
城戸弥左衛門　きどやざえもん……189
岐阜城　ぎふじょう……74
京都　きょうと……90、92
教如　きょうにょ……184
清洲城　きよすじょう……48、50
吉良・大浜の戦い　きらおおはまのたたかい……29
九鬼嘉隆　くきよしたか……124、146、156、178、200
草津　くさつ……90
曲輪　くるわ……122
黒田官兵衛　くろだかんべえ……180、195
軍旗　ぐんき……98
顕如　けんにょ……102、112、135、184
元服　げんぷく……28
江　ごう……71
甲州金　こうしゅうきん……204
五三桐　ごさんのきり……223
腰巻　こしまき……138
小袖　こそで……56、138
御殿　ごてん……77
小早　こはや……157
小牧山城　こまきやまじょう……69、72
金平糖　こんぺいとう……101

さ

雑賀衆　さいかしゅう……154、158
雑賀孫一　さいかまごいち……154、158、201
斎藤龍興　さいとうたつおき……65、68
斎藤道三　さいとうどうさん……24、30、46、53
斎藤利三　さいとうとしみつ……219
斎藤義龍　さいとうよしたつ……53
堺　さかい……92
酒井忠次　さかいただつぐ……151、168、200
榊原康政　さかきばらやすまさ……97、132
月代　さかやき……56
佐久間信盛　さくまのぶもり……127
里村紹巴　さとむらじょうは……219
侍烏帽子　さむらいえぼし……56
三の丸殿　さんのまるどの……197
志賀城　しがじょう……52
志賀の陣　しがのじん……114
信貴山城の戦い　しぎさんじょうのたたかい……176
設楽原　したらがはら……150
七徳の武　しちとくのぶ……74
柴田勝家　しばたかついえ……45、48、55、160、194
下間頼旦　しもつまらいたん……124
十六葉菊　じゅうろくようぎく……223

城下町　じょうかまち……76
正徳寺　しょうとくじ……46
浄土真宗　じょうどしんしゅう……112
勝幡城　しょうばたじょう……54
陣羽織　じんばおり……222
新府城　しんぷじょう……191
垂髪　すいはつ……138
末森城　すえもりじょう……32、54
素襖　すおう……56
相撲　すもう……99
石州銀　せきしゅうぎん……204
石仏　せきぶつ……79
宣教師　せんきょうし……78、100、135
双髻　そうけい……138
僧兵　そうへい……116

た

大紋　だいもん……56
鷹狩り　たかがり……98
高天神城　たかてんじんじょう……193
高遠城　たかとおじょう……190
滝川一益　たきがわかずます……190、194、199
武田勝頼　たけだかつより……140、150、190、198
武田信玄　たけだしんげん……118、136、162
竹千代　たけちよ……22
太刀　たち……34
地球儀　ちきゅうぎ……100
茶筅髷　ちゃせんまげ……34
茶々　ちゃちゃ……71
茶道　ちゃどう……99
千代　ちよ……187
鉄甲船　てっこうせん……178
鉄砲　てっぽう……35、93、152、158
手取川の戦い　てどりがわのたたかい……160
天下布武　てんかふぶ……74
天正伊賀の乱（第一次）　てんしょういがのらん（だいいちじ）……188
天正伊賀の乱（第二次）　てんしょういがのらん（だいにじ）……188
天正越座金　てんしょうえつざきん……204
天王寺砦　てんのうじとりで……154
天王寺の戦い　てんのうじのたたかい……154
天目山の戦い　てんもくざんのたたかい……190
胴丸　どうまる……129
徳川家康　とくがわいえやす……22、96、118、133、137、150、183、193、194
徳姫　とくひめ……197
時計　とけい……101
土田御前　どたごぜん……32
鳶ケ巣山砦　とびがすやまとりで……150
豊臣秀吉　とよとみひでよし……41、88、95、122、131、180、195、212、219

な

長篠城　ながしのじょう……150
長篠の戦い　ながしののたたかい……150
那古野城　なごやじょう……28、32
名古屋城　なごやじょう……33、51
七尾城　ななおじょう……160
南蛮兜　なんばんかぶと……128
南蛮寺　なんばんじ……100
南蛮人　なんばんじん……100
南蛮船　なんばんせん……101
南蛮胴具足　なんばんどうぐそく……128
南蛮屏風　なんばんびょうぶ……101
南蛮文化　なんばんぶんか……100
南蛮貿易　なんばんぼうえき……101
二条御所合戦　にじょうごしょかっせん……216
二条城　にじょうじょう……82、90
丹羽長秀　にわながひで……172、195、199
濃姫　のうひめ……30、52
野田城　のだじょう……136

は

羽柴秀勝　はしばひでかつ……196
初　はつ……71
馬防柵　ばぼうさく……151
浜松城　はままつじょう……119
林秀貞　はやしひでさだ……49
林美作守　はやしみまさかのかみ……49
半袴　はんばかま……34
火打ち袋　ひうちぶくろ……34
比叡山　ひえいざん……114、116
ひょうたん……34
平蜘蛛　ひらぐも……177
平手政秀　ひらてまさひで……19、28、31、52、192
二引両　ふたつひきりょう……222
冬姫　ふゆひめ……197
古渡城　ふるわたりじょう……32
へし切り長谷部　へしきりはせべ……127
焙烙　ほうろく……157、178
細川幽斎　ほそかわゆうさい……195
本圀寺の変　ほんこくじのへん……91
盆山　ぼんさん……79
本多忠勝　ほんだただかつ……118
本能寺の変　ほんのうじのへん……212

ま

前田菊姫　まえだきくひめ……138
前田利家　まえだとしいえ……194、202
前田利長　まえだとしなが……197
魔王　まおう……116
真柄十郎左衛門　まがらじゅうろうざえもん……132
槙島城　まきしまじょう……134
町衆　まちしゅう……92
松平信康　まつだいらのぶやす……168、197
松永久秀　まつながひさひで……176、183、201
三方ケ原の戦い　みかたがはらのたたかい……118
三木城　みきじょう……180
箕作城　みつくりじょう……88
妙覚寺　みょうかくじ……216
無文字　むもじ……223
村井貞勝　むらいさだかつ……195
村上水軍　むらかみすいぐん……156、178
村上武吉　むらかみたけよし……178
村上元吉　むらかみもとよし……156
村木城　むらきじょう……192
室町幕府　むろまちばくふ……90、120
毛利水軍　もうりすいぐん……156、178
毛利輝元　もうりてるもと……146、156
毛利元就　もうりもとなり……56
守役　もりやく……28
森蘭丸　もりらんまる……213、214、225

や

焼き打ち　やきうち……116
山内一豊　やまうちかずとよ……187
槍　やり……35
湯帷子　ゆかたびら……34
淀殿　よどどの……71

ら

楽市・楽座　らくいち・らくざ……76、175
洛中洛外図屏風　らくちゅうらくがいずびょうぶ……163
ルイス・フロイス……100、135
六角承禎　ろっかくしょうてい……88

わ

和歌川の戦い　わかがわのたたかい……158

主要参考文献

『現代語訳 信長公記』中川太古訳(新人物文庫)／『完訳フロイス日本史② 信長とフロイス 織田信長篇II』松田毅一·川崎桃太訳(中公文庫)／『フロイスの見た戦国日本』川崎桃太著(中公文庫)／『時代劇と風俗考証 やさしい有職故実入門』二木謙一著(吉川弘文館)／『織田信長 覇道の全合戦』(廣済堂出版)／『歴史群像シリーズ 激震 織田信長』(学研)／『図解·歴史人物「なぜと謎」シリーズ 織田信長 1534-1582』(学研)／『天下一統 日本の歴史11』(集英社)／『歴史群像シリーズ 図説·戦国合戦図屏風』(学研)／『信長の戦い』(双葉社)／『詳説日本史図録』(山川出版社)／『ビジュアルワイド 図説日本史』(東京書籍)／『歴史文学地図 地図で知る戦国 上巻·下巻』(武揚堂)／『そのときどうした!? クイズ歴史英雄伝① 織田信長』(ポプラ社)／『逆説の日本史(四) 完本 信長全史』井沢元彦著(小学館)／『歴史人 2011年7月号 信長の真実』(KKベストセラーズ)／『歴史人 2015年12月号 織田信長合戦全記録』(KKベストセラーズ)

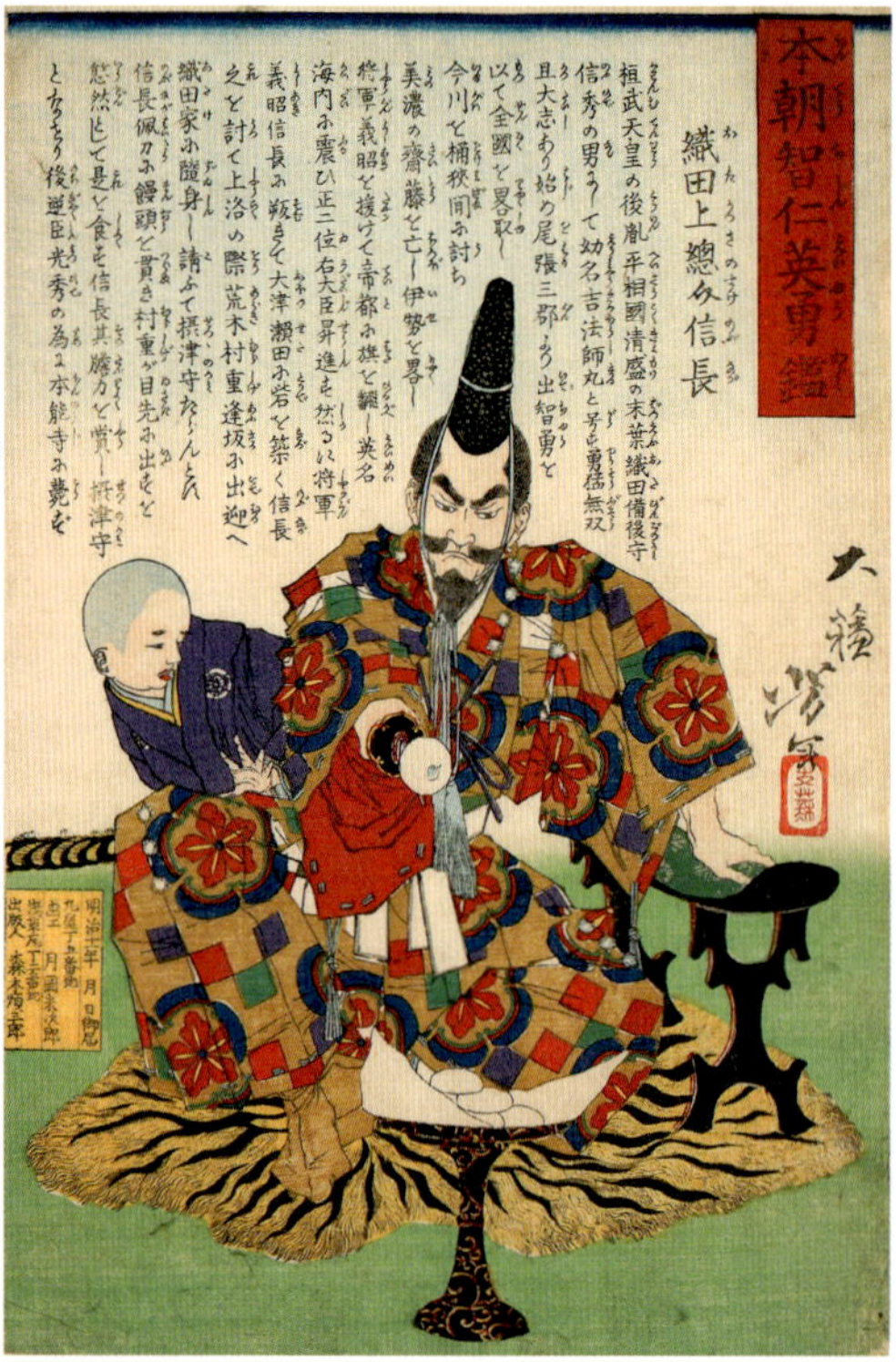

「本朝智仁英勇鑑 織田上総介信長」東京都立中央図書館特別文庫室所蔵

織田信長像

刀にまんじゅうを刺して荒木村重(➡P202)に差し出す場面をえがいた絵。

185 石山合戦の布陣図（国立国会図書館所蔵）

187 正親町天皇画像（東京大学史料編纂所所蔵[模写]）

195 細川藤孝画像・村井貞勝画像（東京大学史料編纂所所蔵[模写]）

196 織田秀信画像（東京大学史料編纂所所蔵[模写]）

197 細川昭元夫人画像（東京大学史料編纂所所蔵[模写]）

198 武田勝頼画像（東京大学史料編纂所所蔵[模写]）／追いつめられる勝頼（国立国会図書館所蔵）

199 滝川一益像（国立国会図書館所蔵）／丹羽長秀画像（東京大学史料編纂所所蔵[模写]）／太平記英勇伝 七十 庭五郎左衛門長秀（東京都立中央図書館特別文庫室所蔵）

200 九鬼嘉隆像（東京大学史料編纂所所蔵[模写]）／鳥羽城・酒井忠次像（国立国会図書館所蔵）

201 雑賀孫一像・松永久秀像（国立国会図書館所蔵）／太平記英勇伝 四十六 鈴木孫市（東京都立中央図書館特別文庫室所蔵）

202 太平記英勇伝 三十八 荒木摂津守村重（東京都立中央図書館特別文庫室所蔵）／前田利家画像（東京大学史料編纂所所蔵[模写]）

203 上杉謙信像（米沢市上杉博物館所蔵）

204 永楽通宝・石州銀・甲州金（露一両金）・天正越座金（日本銀行金融研究所貨幣博物館所蔵）

214 本能寺焼討之図（愛知県図書館所蔵）

217 洛中洛外図屏風（米沢市上杉博物館所蔵）／二条御所に攻めこむ明智軍（国立国会図書館所蔵）

219 斎藤利三像・明智光秀像（国立国会図書館所蔵）

222 木瓜桐文緋羅紗陣羽織（大阪城天守閣所蔵）

223 織田信長所用韋胴服（上田市立博物館所蔵）／織田信長像（長興寺所蔵・豊田市郷土資料館写真提供）／信長の馬印（国立国会図書館所蔵）

224 明智光秀画像[伝]（東京大学史料編纂所所蔵[模写]）／山崎の戦いで敗れる光秀（国立国会図書館所蔵）

225 織田信忠画像（東京大学史料編纂所所蔵[模写]）／森蘭丸像・本能寺で戦う蘭丸（国立国会図書館所蔵）

写真資料所蔵・提供一覧

3　織田信長像（長興寺所蔵・豊田市郷土資料館写真提供）／織田信長像（神戸市立博物館所蔵）Photo : Kobe City Museum / DNPartcom

10　延暦寺（[公社]びわこビジターズビューロー写真提供）

11　小谷城跡・姉川古戦場・安土城跡（[公社]びわこビジターズビューロー写真提供）

47　教導立志基 三十二 織田信長（山口県立萩美術館・浦上記念館所蔵）

53　斎藤道三[利政]画像・斎藤義龍画像（東京大学史料編纂所所蔵[模写]）

55　柴田勝家像（福井市立郷土歴史博物館所蔵）

56　毛利元就画像・浅井長政画像（東京大学史料編纂所所蔵[模写]）／織田信長像（長興寺所蔵・豊田市郷土資料館写真提供）

68　斎藤龍興像（国立国会図書館所蔵）

71　浅井長政画像・浅井長政室[織田氏]画像（東京大学史料編纂所所蔵[模写]）

74　天下布武の印（国立国会図書館所蔵）

77　岐阜城からの眺望（岐阜市写真提供）

78　織田信長像（東京大学史料編纂所所蔵[模写]）

92　京の町屋（室町時代）復元模型（国立歴史民俗博物館所蔵）／洛中洛外図屛風（米沢市上杉博物館所蔵）

93　住吉祭礼図屛風（堺市博物館所蔵）／今井宗久像（国立国会図書館所蔵）

98　永楽通宝（日本銀行金融研究所貨幣博物館所蔵）／信長軍旗（国立国会図書館所蔵）

100　南蛮人（国立歴史民俗博物館所蔵）／南蛮人来朝之図（長崎歴史文化博物館収蔵）

127　国宝 刀 名物 へし切長谷部（福岡市博物館所蔵　要史康撮影）

128　南蛮胴具足・南蛮帽子形兜鉢（岐阜市歴史博物館所蔵）／織田家伝来 南蛮笠形兜（川越歴史博物館所蔵）

129　織田信長所用伝 紺糸威胴丸具足（建勲神社所蔵）

130　今川義元像（国立国会図書館所蔵）

131　豊臣秀吉画像（東京大学史料編纂所所蔵[模写]）／秀吉を見送る信長（国立国会図書館所蔵）

132　浅井長政画像（東京大学史料編纂所所蔵[模写]）／姉川合戦図屛風（福井県立歴史博物館所蔵）

133　朝倉義景像（国立国会図書館所蔵）

134　浅井長政室[織田氏]画像・足利義昭画像（東京大学史料編纂所所蔵[模写]）

135　顕如上人画像（東京大学史料編纂所所蔵[模写]）・南蛮人来朝之図（長崎歴史文化博物館収蔵）

136　武田信玄[晴信]画像[伝]（東京大学史料編纂所所蔵[模写]）／大日本名将鑑 武田大膳太夫晴信入道信玄（山口県立萩美術館・浦上記念館所蔵）

137　徳川家康画像（東京大学史料編纂所所蔵[模写]）

138　浅井長政室[織田氏]画像・細川昭元夫人画像・前田菊姫画像（東京大学史料編纂所所蔵[模写]）

152　長篠合戦図屛風（長浜城歴史博物館所蔵）

163　洛中洛外図屛風（米沢市上杉博物館所蔵）

173　特別史跡安土城跡出土金箔軒丸瓦・特別史跡安土城跡出土金箔菊紋瓦（滋賀県教育委員会所蔵）

175　安土城図（大阪城天守閣所蔵）

182　織田信長画像（東京大学史料編纂所所蔵[模写]）

183　徳川家康像（国立国会図書館所蔵）

イラストレーター紹介

福田彰宏

１～４章場面イラスト／織田信長／平手政秀／織田信秀／織田信行／ルイス・フロイス／松永久秀／荒木村重／織田信忠／森蘭丸／斎藤道三／柴田勝家／毛利元就／今川義元／豊臣秀吉／武田信玄／徳川家康／丹羽長秀／前田利家／上杉謙信／上杉景勝／明智光秀

pigumo

１～４章解説イラスト・「なるほどエピソード」・「ウソ？ホント!?」・「トンデモ伝説」・「名勝負」

成瀬京司

１～４章 CG

あおひと

蒲生氏郷／雑賀孫一

奥田みき

お市の方／おね

カゼマチ

九鬼嘉隆／黒田官兵衛／酒井忠次

喜久家系

武田勝頼／滝川一益

菊屋シロウ

江

なんばきび

斎藤道三／足利義昭

ホマ蔵

朝倉義景

松浦はこ

初

山口直樹

顕如／織田信雄

Natto-7

浅井長政／村上武吉

tsumo

濃姫／茶々

マンガ家紹介

藤科遥市

マンガ「信長、参上！」／マンガ「信長と道三」／マンガ「決戦！桶狭間」／マンガ「信長、京へ！」／マンガ「魔王・信長！」／マンガ「長篠で大勝利！」／マンガ「信長、天下人へ！」／マンガ「さらば、信長！」／マンガ「信長の夢を継ぐ！」

桐丸ゆい

１～４章４コママンガ

●監修者紹介 **矢部 健太郎**

[やべ けんたろう]

1972年、東京都生まれ。國學院大學大学院文学研究科日本史学専攻博士課程後期修了、博士（歴史学）。現在、國學院大學文学部教授。専門は日本中世史および室町・戦国・安土桃山時代の政治史。おもな著書に、『豊臣政権の支配秩序と朝廷』（吉川弘文館）、『関ヶ原合戦と石田三成』（吉川弘文館）、『関白秀次の切腹』（KADOKAWA）など。監修に『超ビジュアル！日本の歴史人物大事典』『超ビジュアル！日本の歴史大事典』『超ビジュアル！戦国武将大事典』（すべて西東社）がある。

●CG製作 ―――― 成瀬京司
●マンガ ―――― 藤科遥市　桐丸ゆい
●イラスト ―――― 福田彰宏　pigumo　あおひと　奥田みき　カゼマチ　喜久家系　菊屋シロウ　なんばきび　ホマ蔵　松浦はこ　山口直樹　Natto-7　tsumo
●デザイン ―――― ダイアートプランニング（坂口博美、五十嵐直樹、石野春加）
●地図製作 ―――― ジェオ
●DTP ―――― ダイアートプランニング　明昌堂
●制作協力 ―――― アミューズメントメディア総合学院　いすみ　にしき
●校正 ―――― 大道寺ちはる　マイプラン
●編集協力 ―――― 浩然社

超《ちょう》ビジュアル！ 歴史人物伝《れきしじんぶつでん》 織田信長《おだのぶなが》

2016年 8月10日発行　第1版
2024年 2月15日発行　第1版　第9刷
●監修者 ―――― 矢部 健太郎
●発行者 ―――― 若松 和紀
●発行所 ―――― 株式会社西東社《せいとうしゃ》
〒113-0034 東京都文京区湯島2-3-13
電話　03-5800-3120（代）
URL　https://www.seitosha.co.jp/

ISBN978-4-7916-2500-0